DESENVOLVIMENTO
E IDENTIDADE
NA ADOLESCÊNCIA

BIOGRAFIA

MARKUS P. NEUENSCHWANDER é professor associado no Departamento de Psicologia Educacional do Instituto de Educação, Universidade de Berna (Suíça).

Também trabalha como delegado no Gabinete de Investigação e Desenvolvimento que se dedica à formação de professores na Universidade e no distrito de Berna.

Os seus temas principais de investigação são a qualidade das escolas, as condições do êxito escolar, as relações família–escola, a adolescência, o desenvolvimento da identidade, a planificação da carreira e a prevenção na área da saúde.

MARKUS NEUENSCHWANDER

DESENVOLVIMENTO E IDENTIDADE NA ADOLESCÊNCIA

TRADUÇÃO DE
LAURA TSCHAMPEL

ALMEDINA

DESENVOLVIMENTO E IDENTIDADE NA ADOLESCÊNCIA

AUTOR
MARKUS NEUENSCHWANDER

TÍTULO ORIGINAL
ENTWICKLUNG UND IDENTITÄT IM JUGENDALTER

TRADUÇÃO
LAURA TSCHAMPEL

PREFÁCIO
BRIGITTE DETRY

COORDENADOR DE COLECÇÃO
VASCO SANTOS

EDITOR
LIVRARIA ALMEDINA
www.almedina.net
editora@almedina.net

DESENHO GRÁFICO
FBA. FERRAND, BICKER & ASSOCIADOS
info@fba.pt

EXECUÇÃO GRÁFICA
G. C. - GRÁFICA DE COIMBRA, LDA.
producao@graficadecoimbra.pt

ISBN 972-40-1769-9
DEPÓSITO LEGAL: 188443/02
NOVEMBRO, 2002

© 1996, Paul Haupt Publishers, CH – Berne

Toda a reprodução desta obra, por fotocópia ou outro qualquer processo,
sem prévia autorização escrita do Editor, é ilícita e passível
de procedimento judicial contra o infractor.

© ALMEDINA, JOAQUIM MACHADO LDA.

ÍNDICE

PREFÁCIO 11

1. INTRODUÇÃO 17

   1.1. A história de Carla 17
   1.2. Interpretação 20
   1.3. Premissas, conceitos e previsões 21

2. QUESTÕES E RESUMO DOS CAPÍTULOS 29

   2.1. Questionamento 30
   2.2. Resumo dos capítulos 31

3. UM CONCEITO DE DESENVOLVIMENTO 33

   3.1. Experiências de vida importantes e desenvolvimento 35
   3.2. Superação como micro-processo de desenvolvimento 42

      3.2.1. Excurso: sobre o conceito de superação na teoria do
         stress 42
      3.2.2. Desenvolvimento através da superação-desenvolvimento
         de estratégias de superação 44

   3.3. Resultados do processo-coping 48
   3.4. Quatro fases de desenvolvimento: uma espiral de desenvolvi-
      mento 50

4. IDENTIDADE E CONCEITOS ANÁLOGOS - UMA SÍNTESE   59

4.1.	Sujeito	61
4.2.	Psicanálise ou como é que obtenho saúde psíquica	65
	4.2.1. Correntes na tradição de Marcia	68
	4.2.2. O modelo de Jane Loevinger	75
4.3.	Teorias do comportamento ou a identidade existe?	77
4.4.	Princípios humanistas ou qual a importância das experiências subjectivas para a própria identidade?	79
4.5.	Princípios estruturalistas ou o que permanece constante em estruturas variáveis?	81
	4.5.1. Piaget	81
	4.5.2. Conceitos de identidade dos alunos de Piaget	84
4.6.	Princípios cognitivos ou o que penso de mim próprio	86
	4.6.1. Definições descritivas do auto-conceito	88
	4.6.2. Definições avaliativas do auto-conceito	93
	4.6.3. Identidade e sentimento de controlo	95
4.7.	Princípios relativos à personalidade psicológica ou porque é que sou único como pessoa?	100
4.8.	Princípios psicossociais ou como é que o meio social influencia a auto-imagem?	102
4.9.	Princípios sociológicos ou como é que me apresento na sociedade?	106
4.10.	Princípios ecológicos ou qual é a materialização que me representa?	111

5.	CONCEITO DE IDENTIDADE E DESENVOLVIMENTO NA ADOLESCÊNCIA	115
5.1.	Conceito de identidade	115
	5.1.1. O limite da identidade	122
	5.1.2. Conteúdos	123
	5.1.3. Estrutura	126
	5.1.4. Dimensões	127
	5.1.5. Interacção das dimensões	132
5.2.	Modelo de desenvolvimento da identidade	134
	5.2.1. Adolescência: a idade da transição	134
	5.2.2. Notas preliminares para um modelo de desenvolvimento da identidade	137
	5.2.3. Um modelo de desenvolvimento da identidade na adolescência	142

5.2.4. Comprovação da tipologia	147

6. ANÁLISE ESPECÍFICA DOS CONTEÚDOS E HIPÓTESES — 149

6.1. A identidade pessoal	152
6.2. Identidade e relação com os pais	154
6.2.1. Alguns resultados da investigação científica	161
6.2.2. Dimensões	163
6.2.3. Quatro estatutos de emancipação	166
6.3. O modelo em resumo e as hipóteses	169
6.4. Escalograma -uma escala de desenvolvimento da identidade	172

7. ANÁLISE DOS DADOS — 177

7.1. Amostra	178
7.2. Instrumentos	179

8. ANÁLISE DE UMA ESCALA DE DESENVOLVIMENTO — 187

8.1. Identidade pessoal	187
8.1.1. Características da escala	187
8.1.2. Escalograma	192
8.1.3. Design do estudo sequencial	195
8.1.3.1. Método	196
8.1.3.2. Resultados	198
8.1.4. Tese contrária: o processo de desenvolvimento multi-dimensional	207
8.1.4.1. Número e descrição dos cluster	209
8.1.4.2. Escalograma e escala de cluster	211
8.1.5. Interpretação sumária e primeiras conclusões	215
8.2. Relação com os pais	217
8.2.1. Características da escala	217
8.2.2. Escalograma	221
8.2.3. Design sequencial	224
8.2.3.1. Método	224
8.2.3.2. Resultados	225
8.2.4. Tese contrária: evolução multi-dimensional do desenvolvimento	234
8.2.4.1. Número de cluster e descrição dos cluster ..	235

8.2.4.2. Escalograma e Escala Cluster 235

8.2.5. Interpretação resumida e primeiras conclusões 239

9. VALIDAÇÃO E SUA RELAÇÃO À TEORIA 243

9.1. Relação entre identidade pessoal e relação com os pais 244

9.1.1. Método 245

9.1.2. Resultados 245

9.1.3. Interpretação e resumo do capítulo 246

9.2. Desenvolvimento do bem-estar 247

9.2.1. Método 249

9.2.2. Resultados 249

9.2.2.1. Identidade pessoal 250

9.2.2.2. Relação com os pais e bem-estar 253

9.2.3. Interpretação e resumo do capítulo 257

10. DISCUSSÃO E PERSPECTIVAS NA PRÁTICA DO ACON-SELHAMENTO 261

10.1. Balanço final e questões abertas 261

10.2. Perspectivas no aconselhamento educacional de jovens 267

11. POSFÁCIO: UM ENCORAJAMENTO E CONSOLO PARA OS JOVENS E SEUS PAIS 273

12. BIBLIOGRAFIA 275

PREFÁCIO

A TRADUÇÃO DO LIVRO de Markus P. Neuenschwander[1]: "**Entwicklung und Identität im Jugendalter**", com o título português de "Desenvolvimento e Identidade na Adolescência" propõe um modelo mais alargado do que os instrumentos que conseguimos adaptar para português e do que a investigação financiada[2] pelo Programa Praxis XXI, de que o autor foi consultor, concretizou. A obra de psicologia do desenvolvimento que a Editora Almedina de Coimbra hoje publica constitui um modelo tão rico que pode potencializar o estudo em áreas delimitadas por três parâmetros: desenvolvimento psicológico, identidade e adolescência. O título é, deste ponto de vista, anunciador do que promete: seria difícil encontrar melhor síntese de psicologia do desenvolvimento sócio-emocional na adolescência. Assim se percebe a sua adequada inserção na colecção: "Psicanálise e Psicologia", dirigida pelo Dr. Vasco Santos.

É raro verem-se traduzidas obras de autores de expressão alemã: este trabalho da tradutora Laura Tschampel terá a vantagem de

---

[1] Da Universidade de Berna.

[2] Realizada conjuntamente pelo C.E.S.I.S. (Centro de Estudos para a Investigação Social) e pelo C.P.C.A. (Centro de Psicologia Cognitiva e da Aprendizagem) da F.P.C.E. da U.N.L.

trazer entre nós, além das indispensáveis referências bibliográficas em língua inglesa que também se encontram bem presentes neste livro, o conhecimento de outros autores suíços e alemães. Clarifica a densidade do texto alemão, tornando assim acessível ao leitor uma extensa revisão da literatura científica em psicologia do desenvolvimento sobre a formação da identidade na adolescência.

Mas a obra de M. Neueschwander não se limita a uma revisão da literatura, propõe também um modelo original, consistente do ponto de vista teórico e validado empiricamente. Como o título indica, este livro é portanto um compêndio em volta de três temas: desenvolvimento, identidade e adolescência:

O que é desenvolver-se? Num curto exemplo, Moshman (1999) propunha esclarecer a definição de uma mudança desenvolvimentista, diferenciando-a de uma mudança adquirida por aprendizagem. Propõe o exemplo de dois tipos de modificações: a maturidade sexual na puberdade, por um lado e por outro, uma aquisição própria da aprendizagem: a de se parar em frente do semáforo vermelho. As diferenças implicadas nas duas modificações, nas duas aquisições são as seguintes: a duração temporal implicada, demorada no primeiro caso, é curta, no segundo; a orientação natural do fenómeno no primeiro caso, é social no segundo; o carácter progressivo e dirigido internamente do primeiro, traduz-se pela dependência do meio no segundo.

Podemos então definir, com este autor, as mudanças desenvolvimentistas como: "changes that (a) take place gradually over a substantial period of time, (b) represent progress towards maturity, (c) are largely directed by genetic and other internal factors, and (d) involve qualitative changes in fundamental bodily structures and functions" (Moshman, 1999, 3)

Se concordarmos com esta definição do desenvolvimento, será no entanto, que ela se aplica ao desenvolvimento psicológico? Deste ponto de vista, necessitamos de demonstrações empíricas, de estudos transversais e longitudinais em psicologia como é o caso das investigações de M. Neuenschwander que tornam manifesta a existência de ciclos psicológicos. Dispõe-se para tal, com esta obra, de um quadro epistemológico e metodológico, a desenvolver com certeza, com mais investigações, em diferentes países. Importa enfim realçar, para além do valor das conclusões a que a pesquisa suíça conduziu, o seu interesse metodológico, numa abordagem construtivista.

Será que o desenvolvimento psicológico continua depois da infância? Os livros de J. Piaget e dos seus continuadores tratam essencialmente do desenvolvimento psicológico da criança.

A questão do desenvolvimento cognitivo depois da infância é, no entanto, tratada aprofundadamente pelo próprio J. Piaget, tendo em conta o aparecimento do raciocínio formal. Por outro lado, tanto os trabalhos de L. Kohlberg, como os dos seus discípulos[3] demonstram a continuidade do desenvolvimento moral, ao longo das várias etapas da vida, durante mas também a seguir à infância. Relativamente à adolescência, a questão da continuidade do desenvolvimento sócio-emocional, desde a primeira investigação feita por E. Erikson, na esteira de S. Freud, tem sido objecto de menos demonstrações teóricas e empíricas. Com efeito, os trabalhos de J. E. Marcia que tiveram a vantagem de transformar conceitos psicanalíticos "numa base frutuosa para a investigação empírica" (Moshman, *op.cit.,* p. 77) nunca demonstraram a existência de uma sequência de desenvolvimento nos estatutos de identidade. E não é um dos menores méritos da obra de Markus Neuenschwander o de esclarecer esta questão.

A questão da formação da identidade na adolescência complexifica-se por outras características psicossociais, nomeadamente a emancipação da tutela parental tratada paralelamente à formação da identidade pessoal neste livro de M. Neuenschwander. Nas culturas tradicionais, a transição da infância para a idade adulta é feita por ritos de passagem. Nas sociedades ocidentais, parece como que concedido ao jovem um período de "moratória" – nos termos de E. Erikson – entre o fim da infância e a chegada à idade adulta, alcançando progressivamente a sua autonomia.

---

[3] Entre nós, a obra de O. Lourenço, publicada igualmente pela Editora Almedina.

Concretamente, **a adolescência é a fase de desenvolvimento da identidade psicológica.** Entre nós, o estudo da identidade psicológica na adolescência, na sequência das obras de Erikson (1963;1968) e Marcia (1966; 1988; 1993) já tem sido objecto de investigações importantes: citemos como óptimos exemplos, a pesquisa de E. Costa publicada pelo I.N.I.C./Imprensa Nacional – Casa da Moeda e a de M. Fleming, publicada pelas Ed. Afrontamento, ambas da Universidade do Porto. A obra de M. Neuenschwander alarga a noção dos estatutos de Marcia, tanto do ponto de vista do seu sentido como da sua sequência desenvolvimentista, e concretiza a questão do desenvolvimento da autonomia em áreas de conteúdos e dimensões específicas.

A questão das áreas específicas da identidade, já patente nas obras de Erikson e Marcia (acima citadas) e dos seus continuadores (por exemplo, Kroger, 1988) é estudada nesta obra de M. Neuenschwander essencialmente no que diz respeito a duas grandes áreas de conteúdos de identidade: a identidade pessoal e a identificação com os pais (e a respectiva remodelação destas identificações na adolescência). Posteriormente, nomeadamente no projecto "Abandono escolar precoce e formação da identidade na adolescência", projecto financiado pelo Programa Praxis XXI [4], outros conteúdos estão a ser analisados, além destas duas áreas principais.

A originalidade da análise é de cruzar os conteúdos de identidade com o que o autor chama dimensões de identidade (os acontecimentos significativos, a valorização e o sentimento de controlo): ver exposição do modelo original no capítulo V e a sua validação empírica nos capítulos seguintes.

A questão da identidade no tempo, i.e. da continuidade obriga enfim a reunir as diversas facetas da nossa personalidade "num princípio que integra tanto os acontecimentos passados como futuros numa biografia coerente" (Blasi & Glosi, 1995, p. 417). Seria talvez interessante prolongar, o que M. Neuenschwander não faz, do lado das narrativas biográficas (ver Alves e Gonçalves, 2001).

---

[4] Da responsabilidade das duas instituições acima citadas, C.E.S.I.S. e C.P.C.A., e tendo como investigador responsável, Brigitte Detry.

O último capítulo do livro foca **implicações para o desenvolvimento psicológico em contextos educativos**. O autor referencia aplicações possíveis do modelo considerado para as tarefas de conselheiro(a) escolar. Na investigação portuguesa já citada, estudamos aplicações possíveis do modelo à questão do abandono escolar precoce. Algumas teses de Mestrado em Ciências da Educação da U.N.L./F.C.S.H. o têm aplicado a outros contextos educativos.

Outubro, 2001.

BRIGITTE DETRY

1. INTRODUÇÃO

1.1. A HISTÓRIA DE CARLA

Primeira parte

A CARLA TEM 10 ANOS e ainda gosta de brincar com bonecas Barbie, que pode pentear e vestir. Com as suas três amigas distrai-se sempre com essa brincadeira. Carla anda muitas vezes de patins ou de bicicleta no seu bairro ou joga futebol com os rapazes da vizinhança. As brincadeiras de criança deixam cada vez mais de a fascinar, aborrecendo-a. Nas tardes livres em que não tem escola, acompanha regularmente a mãe quando esta vai às compras, e fala dos problemas do quotidiano com ela.

Numa tarde, quando Carla e a mãe estão sentadas juntas depois das compras, falam sobre a mudança de escola que deverá acontecer em breve. Carla vai passar para o 2.º ciclo e está contente com isso, ao mesmo tempo que se encontra na expectativa. Mas a escola estranha, com os novos colegas e professores, metem-lhe medo. Ela não quer de forma alguma perder as suas amigas. A mãe tenta acalmá-la e fazer com que desapareça o medo e os sentimentos ambivalentes em relação à escola nova. Ela está orgulhosa por a filha ter conseguido entrar para a escola.

Segunda parte

Dois anos depois, a Carla sente-se completamente à vontade no ambiente escolar e no caminho para a escola. Mas está também muitas vezes descontente com a sua situação de vida e sente-se ultrapassada devido aos diversos novos desafios. Os professores são rígidos e a Carla traz muitas vezes más notas para casa. Ela precisa de muito mais tempo para completar os trabalhos de casa do que antes e, por isso, não pode brincar tantas vezes com as suas amigas, pelo que se sente triste, sentindo a falta delas. No início, as novas colegas parecem ser antipáticas. Fazem disparates e dizem piadas sobre os professores. Não revelam interesse em brincar com Carla. Em vez disso, falam durante horas sobre rapazes nos cruzamentos ou nas estações. Carla sente-se insegura, não sabe se deve ser solidária com as novas amigas ou fiel às antigas companheiras. Por enquanto, continua a brincar com as antigas amigas nos tempos livres, mas estabelece contacto com as novas colegas durante os intervalos das aulas.

Carla reconhece pequenas mudanças no seu corpo. Apesar de a sua mãe lhe explicar o significado, ela envergonha-se. O que será que pensam os outros colegas sobre ela quando a vêm nas aulas de desporto ou na natação? Carla investiga-se a si própria às escondidas, em frente ao espelho. Por vezes observa furtivamente como os corpos das outras raparigas da sua turma também mudam.

Terceira parte

Quando Carla tem 15 anos, é quase impossível reconhecê-la. Ela tornou-se uma jovem atraente e, no exterior, parece já ser bastante crescida. Quer sair à noite com os seus novos amigos e amigas e tem discussões com os pais acerca das horas a que deve voltar para casa. Mesmo dando ouvidos aos pais acerca de resoluções importantes como, por exemplo, a escolha do emprego e seguindo os seus conselhos, critica-os muito e sente-se limitada por eles. Carla exige receber mais dinheiro na semanada, um leitor de cassetes só para ela e mais dinheiro para roupas. Apaixonou-se pela primeira vez por um rapaz mas separou-se logo dele passados três meses. Ele era um chato, é assim que ela explica a separação. Fala horas a fio com as suas amigas sobre os seus desejos e problemas com o seu actual namorado e observa simultaneamente como as suas amigas se apaixonam por outros rapazes. Participa regularmente em festas que resultam em felicidade despreocupada ou, por vezes, em infelicidade e desgosto. Isso acontece porque nessas festas começam muitas relações novas. Mas também há muitos pares que se separam. Ela experimenta novos hobbys e ocupações de tempos livres. Gosta muito de passar horas na cama, no seu quarto, ouve música, escreve um diário e sonha com o seu futuro, por vezes melancólica, por vezes euforicamente contente. Carla procura o seu estilo pessoal de vida: quem sou eu e o que será de mim?

Quarta parte

Carla acabou de terminar um curso de vendedora e tem o seu primeiro emprego numa cidade diferente. Parece muito satisfeita com a viragem operada na sua vida. Está a pensar se há-de ir viver com o seu novo namorado. Mas não se conhecem há muito tempo. Com o seu salário, ela ganha para a renda e alimentação. Está regularmente em contacto com os pais e tem uma boa relação com eles. Desde que saiu de casa já não discute com eles e sente-se aceite. A sua saída de casa foi dura para os pais. Mas eles apercebem-se de que ela é independente e responsável e sentem-se felizes por isso. Carla encontrou um caminho com o qual se sente feliz. Ela formula pontos de vista concretos e desejos na sua vida, que já conseguiu em parte realizar. Ela pretende muitas coisas.

Quinta e última parte

O emprego, a habitação e o círculo de amigos são agora familiares. Carla esqueceu muitos dos desejos e esperanças de futuro porque o emprego necessita de grande parte da sua energia. Põe--se a pensar em como poderia mudar a vida que se lhe tornou penosa. O que é que tem de acontecer para que Carla saia da sua rotina e surja algo de novo?

1.2. INTERPRETAÇÃO

Nesta história inventada, que poderia ser verdadeira, são representadas metaforicamente características importantes do modelo de desenvolvimento a estudar: uma rapariga torna-se adulta. A história está repartida em cinco partes, sendo que a primeira e a quinta são estruturalmente idênticas.

Os padrões comprovados de comportamento e relação provocam segurança, mas transmitem o sentimento de monotonia e insatisfação. As experiências de vida importantes, como por exemplo a passagem para outra escola, modificam as condições de vida de tal maneira que as pessoas têm de reencontrar o seu caminho. No início (segunda parte), a mudança provoca insegurança, podendo mesmo levar a uma crise. Assim que se reconhece segurança na nova situação, pode-se voltar a explorar o meio (terceira parte). A segurança, traduzindo-se por valores, apoio social ou possibilidades materiais, pode ser facultada por jovens da mesma idade, parentes, ou proporcionar outros recursos. O novo ambiente é vivido inicialmente como estranho, mesquinho e sem vida, como um deserto. Lentamente, Carla começa a encontrar o seu caminho nesse novo meio e aprende coisas novas sobre si própria (quarta parte): ela desenvolve opiniões próprias e ganha uma perspectiva de vida. Com o tempo, estas novas seguranças tornam-se-lhe conhecidas e perdem a capacidade de a satisfazer em relação a novos desafios, passam a ser questionadas, recomeçando o processo inicial (quinta parte = primeira parte).

Nestas quatro partes que se repetem, está representado um processo de desenvolvimento humano que se realiza sob a forma de uma espiral. As pessoas que se desenvolvem, como os caminhantes, têm que ser activos por si próprios, adaptando-se simultaneamente às condições mutáveis do meio. Assim, o desenvolvimento surge da interacção da actividade própria e das influências exógenas.

1.3. PREMISSAS, CONCEITOS E PREVISÕES

Esta história não resume apenas o conceito de desenvolvimento aqui demonstrado, mas incide também sobre outros temas do presente trabalho. De que fenómenos iremos tratar? Serão agora explicitadas algumas previsões do trabalho, sob a forma de teses:

- As pessoas saudáveis sentem o seu desenvolvimento como uma continuidade. Elas percebem, apesar de todas as mudanças, que ainda são as mesmas pessoas que eram há um ano atrás. Na vivência do seu ego, existem constantes que podem proporcionar essa experiência. Essas constantes protegem da ameaça que é a própria personalidade. Os acontecimentos excepcionais em si não destroem a continuidade da experiência a longo prazo, mesmo quando parecem provocar uma mudança profunda do meio onde se vive.
- A partir dos dois anos, as pessoas tentam dar resposta à pergunta "quem sou eu?". A pergunta é diferente para cada um dos indivíduos. As pessoas podem responder à pergunta "quem sou eu?" com capacidades, atributos ou outras descrições. A Carla poderá descrever-se, na primeira parte, como uma rapariga que gosta de brincar com bonecas. As pessoas podem, na maior parte das vezes, exprimir precisamente quais são as pessoas de família às quais se sentem ligadas ou não. Elas revelam desse modo uma vivência pessoal que pode ser abstraída numa construção que não é real, mas surge no pensamento do analista e se aproxima da vivência pessoal (Kelly, 1955).

- As pessoas têm reacções que possibilitam a experiência delas próprias, enquanto agentes de processos e acontecimentos. É assim possibilitado o controlo sobre si próprio, sobre os outros e sobre as coisas. A capacidade de reacção pessoal possibilita a experiência de se ser uma pessoa independente e única.
- As pessoas são activas por si próprias e livres. São responsáveis pelas suas acções, apesar de serem influenciadas pelo meio. Ambicionam a felicidade ao procurarem desenvolver os seus potenciais e tornarem-se personalidades integradas e congruentes (Rogers, 1961). Controlam os seus comportamentos e o seu desenvolvimento através de experiências subjectivas, que se concentram na sua imagem do eu. Só no trabalho da própria imagem do eu é que a personalidade se pode actualizar.

Os quatro pontos abrangem fenómenos que demonstram proximidade interna e que serão a partir de agora designados pela noção de identidade. Nesta concepção, *identidade,* no sentido de uma *definição de trabalho,* significa o esquema mnemónico que surge à nascença, e se complexifica através da identificação, adaptação e reflexão com um grupo de objectos concretos e abstractos percepcionados, num *sujeito* sem características, não conhecido imediatamente (ilustração 1.1). Estes objectos podem ser ordenados numa categoria de conteúdo da identidade pessoal, social, material, abstracta e relativa à acção. Podem ser descritos como atitudes, valores ou características e têm uma relação estreita com o sujeito. Formam o elemento central do auto-conceito. *O auto-conceito* é utilizado neste trabalho da mesma forma que a auto-imagem. A *identificação* resulta numa identidade estruturada e designa o processo de percepção de um objecto e da sua integração no auto-conceito. As novas experiências são avaliadas, integradas e por vezes abstraídas a partir da base da auto-imagem actual. Este processo abrange cognições, emoções e motivos. A própria identificação pressupõe um auto-conceito e não pode explicar a sua

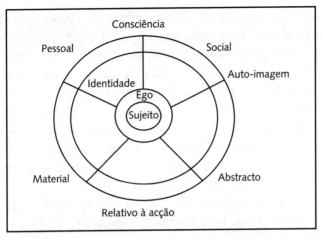

ILUSTRAÇÃO 1.1: Conceito de identificação: representação estrutural segundo a dimensão central-periférica com os cinco conteúdos: pessoal, social, material, abstracto e identidade relativa à acção

origem. Por tal são responsáveis os processos que possibilitam a separação sujeito-objecto e que são desenvolvidos no capítulo cinco.

Os *objectos de identificação* individuais são representados como esquemas e formam os elementos centrais da auto-imagem. Existem esquemas periféricos na auto-imagem que não pertencem à identidade. A representação das próprias roupas, por exemplo, pode ser um elemento da auto-imagem mas não da identidade própria. Como saber quais são estes esquemas? É diferente de indivíduo para indivíduo. A pergunta crítica delimitadora é: O que aconteceria se algo mudasse neste objecto? Se daí resultasse uma crise, então este elemento da auto-imagem também é um elemento da identidade. As noções "auto-conceito", "identidade", "eu", formam uma hierarquia de inclusão, sendo que esta noção apresenta processos e características suplementares próprios.

Os esquemas individuais da identidade são avaliados segundo critérios como moralmente bom ou mau, ideal ou real e central para a própria identidade, ou avaliados como sendo periféricos e consequentemente ordenados na auto-imagem. Estas dimensões estruturam a auto-imagem e possibilitam a construção de uma *auto-estima* global. Esta representa a valorização global da auto-imagem com base na comparação dos próprios desejos/ideais e no relacionamento com os outros. A auto-estima de conteúdo específico está mais próxima da experiência concreta e revela a avaliação de capacidades e características específicas (por exemplo: "eu sou bom a matemática, mas não sei desenhar"). A auto-estima torna-se tanto mais específica quanto mais concreta é a capacidade valorizada ou a característica. A auto-estima adquire, assim, uma estrutura hierárquica (Rosenberg, 1979).

Destas definições parte-se para a aceitação do facto de o sujeito, no sentido de uma constante, ser imutável. O sujeito não pode interagir consigo próprio. Quando um sujeito, por exemplo, se quer ver a si próprio, reflectir sobre si mesmo, percepciona sempre a auto-imagem, ou seja, o objecto. As áreas centrais da identidade são aquelas que se chamam *ego*. O ego é existencial, ou seja, global, independente do conteúdo e estável com o decorrer dos tempos e das situações. O ego não compreende o sujeito, como se poderia deduzir da ilustração 1.1. Ao serem deslocados os esquemas, do ego para a periferia da auto-imagem ou simplesmente de fora da auto-imagem para a estrutura de memória geral, o ego é reestruturado, o que é vivenciado como sendo muito penoso, provocando medo. Reestruturações como esta podem fazer cair o indivíduo em crises profundas porque as crenças e experiências têm de ser reavaliadas. A resistência deste auto-esquema mais central contra mudanças garante a continuidade da experiência. Quanto mais perifericamente os objectos de identificação estão localizados na auto-imagem, mais se modificam e desenvolvem.

No presente trabalho, são tidos em conta os conteúdos da identidade pessoal e social. No centro encontram-se fenómenos que foram avaliados pelos jovens como sendo "relevantes para o auto-conceito", ou seja, que têm a ver com a identidade. O trabalho não investiga, por isso, o auto-conceito, mas sim o desenvolvimento da identidade.

Os objectos de identificação estão hierarquicamente estruturados. Da relação entre o sujeito e os objectos (ou as classes de objectos) de identificação individuais, surgem as *partes de identidade* individuais. A identidade forma-se a partir delas. É porque o indivíduo tem de viver com o meio que a identidade tem de ser reestruturada, sobretudo nas regiões periféricas, o que significa que o esquema da estrutura é dissolvido e que as novas condições do meio são adaptadas e construídas de novo. A dinâmica que resulta da dissolução e reestruturação é descrita no capítulo cinco.

Com a ajuda de um modelo em espiral de quatro graus de desenvolvimento, é descrito o desenvolvimento da identidade na adolescência: 1) globalmente, 2) relativamente ao conteúdo da identidade pessoal e 3) relativamente à identidade social tomando como exemplo a relação com os pais, ou a desvinculação dos pais. Segundo este modelo em espiral, as pessoas desenvolvem-se numa sequência de quatro fases que se repetem. Essas fases esquematizam continuamente fases e processos de desenvolvimento que estão a decorrer. O ponto de partida é um conceito avançado de tarefas de desenvolvimento e da sua superação, no sentido de um processo de adaptação (Havighurst, 1948; 1972; Oerter, 1982): as pessoas, num meio mais ou menos estável, são confrontadas com tarefas de desenvolvimento (segunda fase) que serão superadas na terceira fase. Quando a superação é bem sucedida, a tarefa de desenvolvimento foi resolvida (quarta fase). Se suceder o contrário, o indivíduo permanece na primeira, segunda ou terceira fase, ou regride para uma fase anterior. A base da superação de uma tarefa de desenvolvimento são as estratégias de superação já adquiridas, a auto-estima global e específica, as capacidades, as redes sociais, os recursos materiais, as atitudes e outros recursos (Lazarus & Folkman, 1984).

O trabalho concentra-se numa determinada idade, a adolescência, porque uma análise de idade específica possibilita uma análise mais concreta e, assim, conceptualizações mais precisas. A identidade desenvolve-se ao longo da vida mas na adolescência é, pela primeira vez, objecto de auto-reflexões conscientes. A razão dessa reflexão está na disponibilidade de novas operações (formais) cognitivas, que possibilitam a reflexão sobre objectos abstractos. Devido ao amadurecimento psico-sexual, que torna necessária uma nova imagem do corpo, e à adopção de um novo papel em relação ao meio, as mudanças da identidade na adolescência adquirem uma importância especial. Muitos jovens mudam propositada e conscientemente a sua identidade. Ao contrário das crianças, os jovens podem verbalizar os processos do desenvolvimento da identidade, de modo a ser possível realizar uma investigação estandardizada, por inquérito.

Estas definições de trabalho, que são desenvolvidas, explicadas e comprovadas no quinto capítulo, têm como objectivo o resumo dos conceitos que vão ser utilizados no presente trabalho de forma consistente e compreensível. Foram apresentadas no início porque não são utilizadas uniformemente na literatura científica.

Apesar de todas as diferenças entre as teorias da identidade, quatro delas têm uma metateoria em comum. O homem é compreendido holisticamente como um ser autónomo, que configura a sua vida num contexto e reage a ele, com autonomia e responsabilidade em relação a si próprio. Num princípio organicista, são investigadas as totalidades, que não têm de ser necessariamente explicadas com a qualidade dos seus elementos. Por outro lado, a visão mecanicista do mundo foca a relação de origem e de reacção de elementos individuais dos fenómenos (ver resumo em Altman & Rogoff, 1987). Com base na discussão sobre teorias do sujeito, Herzog postulou (1991a; 1991b) uma mudança de paradigma quando propõe uma imagem humana organicista em vez da mecanicista tradicional e liga esse princípio a uma psicologia do eu: o homem possui um eu e pode, por isso, decidir livremente. O seu comportamento não é uma simples reacção a um estímulo do meio, mas é sobretudo controlado através de complexos processos do eu.

Há já quase 20 anos que Haan (1977) daí tirou as consequências ao reunir os princípios base de Piaget e os conceitos psicanalíticos numa teoria, da qual resultou o *desenvolvimento através da superação de crises*. Esta consequência não permaneceu incontestada nem necessária, mas faz sentido. O presente trabalho tem um compromisso com o princípio organicista e o paradigma "desenvolvimento através de superação" (Filipp, 1981; Montada, 1981; Rutter, 1983; Ulrich, 1987), o que terá consequências abrangentes para a formação do modelo.

2. QUESTÕES E RESUMO DOS CAPÍTULOS

A IDENTIDADE é um conceito com variadas facetas, que não pode ser suficientemente definido através de uma metateoria organicista. A definição de trabalho apresentada também não é suficiente. Neste trabalho, procurar-se-á alcançar um resultado da variada literatura sobre identidade psicológica, e precisá-lo num conceito. Por fim, esse conceito deverá ser também descrito e operacionalizado, visto que ainda existe uma falta de investigações empíricas nas teorias da psicologia da identidade. As operacionalizações obrigam à redução da complexidade teórica, trazendo-a à luz, para que a teoria ganhe contornos. É por isso que o conceito aqui sugerido não é investigado na sua variedade total empírica. A sua relação com o desenvolvimento adquire, no entanto, uma atenção especial. Deve-se alertar para que não haja demasiadas expectativas em relação às investigações empíricas, que não conseguem revelar a totalidade fenomenal da discussão teórica abrangente e da formação da teoria.

2.1 QUESTIONAMENTO

Cada conceito de identidade tem de chegar ao problema base, que é: qual a parte invariável ("idêntica") ao longo das situações e do tempo e qual a parte variável? São questões base da psicologia moderna do desenvolvimento e da personalidade. O presente trabalho deve, portanto, focar as duas questões seguintes:

1. Como é que a identidade pode ser conceptualizada no âmbito da psicologia científica? Podem-se encontrar relações entre a identidade e os conceitos da psicologia da personalidade ou diferencial? Existem tipos de identidade? Em que medida é que o homem é estável ao longo do tempo e do espaço?
2. De que modo decorre o desenvolvimento e como é que é regulado? Quais os processos e fases que têm por base o desenvolvimento da identidade? Até que ponto é que a identidade forma uma invariante do desenvolvimento?

Na conceptualização da identidade dever-se-á retomar em especial a questão: até que ponto a identidade se desenvolve? Este problema já foi implicitamente colocado por Erikson (1968), ao ser compreendido, por um lado, como experiência da continuidade no tempo e como invariante da personalidade, e, por outro lado, falando de *desenvolvimento* da identidade. Será o conceito de identidade uma *contradictio in se?* O desenvolvimento da identidade decorre de forma contínua ou descontínua (Benedict, 1938)?

Possivelmente, há algumas partes da identidade que se desenvolvem, mas esta apresenta aspectos invariáveis: como é que se podem caracterizar estas duas partes? Já que a identidade dá sempre uma nota pessoal, ela caracteriza a personalidade de uma pessoa. Qual a relação destas características estáveis e diferenciais com as características variáveis da identidade?

A identidade apresenta conteúdos diferentes. Marcia (1966) e Waterman (1985), por exemplo, foram defensores de uma conceptualização de conteúdo específico da identidade. Assim como no problema da continuidade temporal, também aqui se põe a questão de como se pode entender a identidade tendo em conta a situação e as características individuais da pessoa. Uma questão base da psicologia da personalidade, a que é aqui estudada, é: em que situações é que os conteúdos individuais de vida se relacionam com a identidade? Este trabalho não poderia, no entanto, abordar a questão da relevância da identidade para o comportamento. O trabalho foca, pelo contrário, processos intra-psíquicos e a relação entre eles.

2.2 RESUMO DOS CAPÍTULOS

O seguinte resumo dá uma ideia geral sobre a construção do livro e deverá facilitar a orientação da sua leitura. Ao mesmo tempo, deve clarificar as linhas de argumentação.

Nos capítulos três a seis, deverão ser debatidas as teorias classificadas segundo o princípio que será apresentado, e serão definidos e esclarecidos os conceitos postulados. O ponto central estará inicialmente nas considerações da psicologia do desenvolvimento, ou seja, dar-se-á preferência aos processos que incidem sobre o desenvolvimento da identidade ou a adolescência. Em seguida, serão apresentadas as teorias sobre variados aspectos da identidade.

No terceiro capítulo é apresentado um conceito geral de desenvolvimento da identidade que foca o processo de passagem de uma fase da vida para outra. Estes processos são formalizados partindo das noções de tarefas de desenvolvimento e sua superação numa sequência de quatro fases, que se repetem sempre a um nível diferente segundo o princípio da espiral. No quarto capítulo, são discutidas e confrontadas teorias psicológicas acerca das noções identidade, eu, ego, sujeito e auto-imagem. O capítulo tem como objectivo demonstrar as facetas da noção de identidade, ordenar conceitos de identidade possíveis uns com os outros e relacioná-los. Daí deriva um conceito geral de identidade no quinto capítulo, que é demonstrado através de exemplos da investigação sobre jovens. Em seguida, o conceito será ligado a um modelo, com a ajuda de um conceito de desenvolvimento. No sexto capítulo, esse modelo é concretizado com dois conteúdos: a identidade pessoal e a relação com os pais (identidade social).

No sétimo capítulo, é apresentada a base de dados para a verificação empírica deste modelo. A partir desses dados é desenvolvido, no oitavo capítulo, um escalograma, cuja validade foi demonstrada para a identidade pessoal e a relação com os pais, respectivamente, e é comprovado com uma análise sequencial num estudo transversal/longitudinal. Com as análises cluster, põe-se à prova a tese contrária, ou seja, se o desenvolvimento da identidade decorre de forma multidimensional. No nono capítulo, ambos os escalogramas da identidade pessoal e da relação com os pais são, por fim, testados em relação à sua concordância e são validados com escalas de bem-estar.

O décimo capítulo reúne os resultados e discute-os no contexto da teoria sugerida. Daí são retiradas utilizações possíveis para o contexto pedagógico e conselhos para a educação.

3. UM CONCEITO DE DESENVOLVIMENTO

No terceiro capítulo é apresentada uma visão geral da psicologia do desenvolvimento, em que é demonstrado um modelo do desenvolvimento da identidade.

O que é o desenvolvimento? As pessoas mudam, desde a sua concepção até à sua morte. Um ponto comum entre os vários processos de desenvolvimento é o aspecto do aparecimento de algo de novo (Herzog, 1991b). O desenvolvimento pode ser descrito como uma mudança contínua no tempo: um estado de partida A parte para um estado B, de acordo com as regras de um processo que está a decorrer. Por outro lado, alguns psicólogos do desenvolvimento, em especial os que partilham uma perspectiva de causalidade endógena (por exemplo Buseman, 1953), preferem um grau de separação maior e diferenciam idades ou graus de desenvolvimento. Eles descrevem as características de cada um dos estádios e descuidam os processos que fazem a passagem de um grau para o outro. O presente trabalho foca os processos da passagem de um grau de desenvolvimento para outro.

Os princípios da psicologia do desenvolvimento dependem, no seu conteúdo, de valores sociais válidos e de condições históricas. Não se pode dar nenhuma direcção de desenvolvimento válida que não seja discutida num contexto étnico e que não esteja relacionada com a cultura. As noções concebidas de um ponto de vista estruturalista podem ser suficientes para as exigências da psicologia do desenvolvimento universal. Podem não o ser tanto relativamente a princípios que se orientam por conteúdos. Elas fornecem muitas vezes a direcção do desenvolvimento a que Werner (1980) chamou o princípio ortogenético: integrar, diferenciar, especificar e centrar. Estas noções estão estruturalmente de acordo com a natureza dos fenómenos mas não têm conteúdo e têm pouca relevância pedagógica, já que as acções são sempre concretas e direccionadas para objectos específicos.

Este trabalho foca o desenvolvimento de estruturas, que se relacionam com dois conteúdos. Com Piaget (1932), pensa-se que as estruturas se modificam e reorganizam constantemente. Quando há experiências novas na interacção pessoa-meio que não podem ser assimiladas, elas produzem um desequilíbrio mental que é superado. Esse desequilíbrio torna-se um motor de desenvolvimento, que motiva a construção de novas estruturas. O ponto de partida do processo de desenvolvimento é, portanto, um desequilíbrio psíquico, que pode ser acompanhado de mais ou menos emoções intensas (crise) e que é superado. Assim, o desenvolvimento aproxima-se dos processos de superação de stress. Haan (1977) formulou um paradigma novo da psicologia do desenvolvimento: desenvolvimento através de superação. Herzog (1991b) clarificou este paradigma com a expressão inglesa "coping-man". O paradigma surgiu na investigação da adolescência, porque esta foi vista durante muitos anos como anos de crise (Buseman, 1953; Erikson, 1968; Lazarus & Folkman, 1984; Seiffge-Krenke, 1990). Segundo este paradigma, o desenvolvimento acontece partindo de acontecimentos que não são integrados e que provocam processos de superação. Os inúmeros pequenos acontecimentos do quotidiano que não são assimilados, que acontecem a todos no dia-a-dia, também provocam processos de acomodação de curto prazo. Contudo, este trabalho incide sobre um período de análise maior. Para a descrição e esclarecimento de processos de desenvolvimento a longo prazo é sobretudo indicado o conceito de experiências de vida importantes, já que esses acontecimentos podem determinar o decurso da vida durante anos.

3.1 EXPERIÊNCIAS DE VIDA IMPORTANTES E DESENVOLVIMENTO

As experiências de vida importantes são investigadas tanto no contexto clínico-psicológico como no contexto da psicologia do desenvolvimento (Filipp, 1981), sendo que existem bastante mais trabalhos no primeiro caso (Katschnig, 1980).

1. As experiências de vida importantes constituem um grupo de acontecimentos do meio que são uma figura significativa sobre o fundo e que não se inserem facilmente na estrutura do meio percepcionada, porque não é apenas a memória que é organizada e estruturada, mas também o meio (Neisser, 1986). As experiências de vida importantes destroem a constelação conhecida do estímulo no meio e produzem um corte na transformação do meio. Não se pode definir nada sobre a eficácia do comportamento porque essa determinação é circular (Lazarus & Folkman, 1984). As experiências de vida importantes despoletam muitas vezes reacções de stress. Assim, as emoções negativas e intensas têm um significado que indica a deterioração das capacidades de trabalho cognitivo e estímulo psicológico (Lazarus, 1966). As reacções de stress podem, portanto, ser resultado de experiências de vida importantes mas não são as únicas que as definem. A sua superação exige recursos. Está patente o perigo da doença. A intensidade das reacções de stress ou de crise é, por um lado, dependente da importância subjectivamente prevista e do número de experiências de vida importantes e, por outro lado, da qualidade dos recursos presentes, ou então, da eficiência das estratégias de superação utilizadas.

2. Segundo Filipp (1981), a investigação dos acontecimentos de vida, em psicologia do desenvolvimento tem uma tradição curta. As experiências de vida importantes não podem ser entendidas como acontecimentos individuais, estão antes relacionadas com outros acontecimentos de vida igualmente importantes. Por exemplo, o acontecimento que é o facto

de se ter problemas por causa da aparência, tem a ver, durante a adolescência, com mudanças físicas e hormonais e com o interesse crescente por relações com pessoas do sexo oposto. À necessidade de ter novos contactos com jovens da mesma idade podem estar ligadas as discussões com os pais, etc. Muitas das experiências de vida importantes formam uma constelação e traduzem uma situação total de vida (Montada, 1981). As experiências vão para além do seu conteúdo imediato e não podem ser interpretadas como acontecimentos individuais. Elas provocam no indivíduo um processo de desenvolvimento porque não são assimiláveis e provocam um desequilíbrio cognitivo.

As experiências de vida importantes podem despertar de cinco fontes diferentes, sendo que estas podem interagir umas com as outras:

- A sociedade ou determinados subgrupos fixam determinadas *normas de desenvolvimento* em cada um dos grupos de idade individuais, que os indivíduos têm de preencher. Essas normas orientam-se por necessidades sociais ou de grupo, mas também pelo amadurecimento biológico dos indivíduos. Quando uma criança atinge o amadurecimento para poder falar, tem de resolver a tarefa da utilização da língua como meio de comunicação em situações sociais (Havighurst, 1972). Oerter (1978) chamou tarefas de desenvolvimento a tais normas de desenvolvimento, assim como à capacidade de trabalho dos indivíduos para as cumprir. Quando essas normas não são cumpridas, o indivíduo é obrigado, sob ameaças e sanções, a recuperar o déficit. As normas de desenvolvimento concretizam-se nos acontecimentos e tornam-se, dessa forma, relevantes para o indivíduo.
- O meio pode passar, por seu lado, por uma transição, de onde podem surgir experiências de vida importantes (por exemplo, a queda do muro de Berlim em 1989). Acontecimentos como este, independentes da idade, são expressão de

uma cultura e de condicionantes histórico-temporais, e são relevantes para toda uma sociedade, na medida em que são modificadas regras sociais e normas.

- O indivíduo aproxima-se activamente do meio de acordo com a imagem organicista humana, com expectativas e valores. Essas expectativas e valores foram, em parte, assumidas pela sociedade e em parte estipuladas individualmente. Possibilitam a valorização de acontecimentos enquanto relevantes para o desenvolvimento, de forma diversa de indivíduo para indivíduo. As pessoas podem *criar acontecimentos* (Flammer, 1988) pessoais relevantes para o desenvolvimento no sentido de um objectivo pessoal de acção ou enquanto produto derivado de acções. Elas podem ajudar a dar forma ao seu desenvolvimento, ou mesmo, em parte, serem elas próprias a produzi-lo (Lerner, 1985). Piaget (1947) referiu-se a uma vontade de desenvolvimento, que se exprime sobretudo em crianças pequenas nas reacções terciárias circulares. Ou, quando um adolescente tem, por exemplo, como objectivo ir passar férias sozinho pode encontrar novas experiências que o modificam.

- Sucedem às pessoas acontecimentos específicos da idade devido a mudanças condicionadas *geneticamente* que levam à continuação do desenvolvimento. A pessoa tem de aprender a esgotar o seu potencial. Por exemplo, quando uma criança pequena aprende a andar, tem que descobrir como é que pode utilizar essa capacidade de forma proveitosa.

- Mudanças imprevisíveis importantes (golpes do destino) podem ter o carácter de experiências de vida importantes. Alguns desses acontecimentos inesperados podem surgir em determinadas fases da vida, quando não são específicos da idade. O desemprego dos pais, por exemplo, torna-se um golpe do destino quando as crianças ainda são financeiramente dependentes deles. Aos olhos da criança, este acontecimento tem consequências terríveis. Outros acontecimentos são, também, independentes da idade como a perda de uma pessoa próxima (por morte ou separação, por exemplo), perdas materiais, acidente, etc.

As experiências de vida importantes podem, portanto, ser específicas da idade, isto é, provocadas normativamente através de uma sociedade ou dos seus subgrupos para determinados grupos ou indivíduos, ou, independentes da idade, ou seja, através dos próprios indivíduos, de mudanças temporais e históricas ou condicionadas pelo destino (ver tabela 3.1). De qualquer forma, as experiências provocam processos de desenvolvimento, por parte do indivíduo, que podem ser designadas por superação de situações ou acomodação (capítulo 3.2). Assim, a psicologia do desenvolvimento não pode apenas descrever a constância e a mudança de características e qualidades, devendo estas, pelo contrário, ser analisadas, trazendo à luz os acontecimentos relevantes para o desenvolvimento, provocando processos de desenvolvimento nas pessoas (Montada, 1981). Este princípio possibilita, por outro lado, planos de investigação quase experimentais e ecologicamente válidos, para a pergunta como é que as pessoas se desenvolvem num meio que se vai transformando (idem).

TABELA 3.1
Origem das experiências de vida importantes

	Indivíduo	Sociedade/Subgrupos	Destino
Específico da idade	condicionado por amadurecimento	Normas de desenvolvimento	(falta de) sorte
Não específico da idade	objectivo de acção	Mudança social	(falta de) sorte

As experiências de vida importantes podem ser entendidas como tarefas de desenvolvimento (Lüthi, 1991). Começará então por ser descrito o conceito de tarefas de desenvolvimento, e, em seguida, o dos motivos.

O conceito de tarefas de desenvolvimento foi sugerido por Havighurst (1948; 1972). As tarefas de desenvolvimento são definidas enquanto tarefas cuja resolução ou objectivo é dado através de normas sociais e/ou através de valores individuais e que formam o tema dominante de determinada fase da vida (Erikson 1959; ao contrário de Oerter, 1978). As tarefas tornam-se relevantes para o desenvolvimento quando são relativamente gerais, quando a sua resolução influencia substancialmente o restante decurso da vida e quando proporcionam mudanças estruturais nas pessoas que não podem ser anuladas. As tarefas simples de acção, como, por exemplo, fazer bem o laço com os atacadores dos sapatos na infância, não são, por isso, tarefas de desenvolvimento. As tarefas de desenvolvimento e a sua superação bem sucedida possibilitam novas orientações e estruturas, de modo a que o indivíduo atinja um novo grau de desenvolvimento. A pessoa que atribui as tarefas e as soluções dessas mesmas são definidas. O sucesso ou insucesso da produção é constatado, recompensado ou sancionado por quem atribuiu as tarefas (Flammer & Avramakis, 1992).

Não pode ser formulado nenhum catálogo dessas tarefas que resista porque as tarefas normativas de desenvolvimento são específicas da cultura e da época. Com efeito, Havighurst (1972) retirou determinadas tarefas do seu livro (1948) desde a sua primeira edição, introduzindo outras novas. Ele enumera, em 1972, oito tarefas de desenvolvimento normativas para a adolescência que Dreher & Dreher (1985;1991) actualizaram numa lista de 10 tarefas:

1. Construção de um círculo de amigos: são estabelecidas novas relações, mais profundas em ambos os sexos.
2. Aceitação de manifestações novas do próprio corpo: transformações do corpo e aceitação do seu próprio corpo.
3. Apropriação de comportamentos que, na nossa sociedade, se esperam de um homem ou de uma mulher.
4. Início de uma relação íntima com um companheiro ou companheira (namorado/namorada).
5. Tornar-se independente da casa paterna ou desvincular-se da casa dos pais.

6. Saber o que se quer e o que é necessário saber (aprender) para tal.
7. Desenvolver representações acerca de como devem ser os futuros parceiros e família.
8. Ter-se a si mesmo em imagem: saber quem se é e o que se quer.
9. Desenvolvimento da sua própria representação do mundo: ter consciência de quais os valores a que se dá importância e que deverão ser aceites como normas do seu comportamento.
10. Desenvolvimento de uma perspectiva de futuro: planear a sua vida e controlar objectivos que se pensa poder atingir.

Estas 10 tarefas podem ser resumidas na construção de uma identidade (Dreher & Dreher, 1985; Erikson, 1959; Havighurst 1972). Schwaller entrevistou (1991) jovens utilizando mais de doze tarefas de desenvolvimento e a sua superação, num estudo de réplica em Sensebezirk (Suíça), partindo de uma investigação de Dreher & Dreher (1985). Os perfis de prioridade são comparáveis, no seu todo, aos da investigação de Dreher & Dreher (1985). Flammer & Avramakis (1992) produziram uma sistemática de tarefas de desenvolvimento, na qual não seguiram critérios de conteúdo, mas distinguiram os tipos de acontecimentos: acontecimentos normativos, acontecimentos normativos limitados a determinados subgrupos e acontecimentos subjectivos, por um lado e, por outro lado, quatro tipos diferentes que são evidenciados, de como as tarefas de desenvolvimento devem ser solucionadas. Grob, Flammer & Rhyn (1995) compararam as reacções de adultos com o tratamento de tarefas de desenvolvimento, efectuado pelos jovens.

Estas taxonomias de Havighurst (1972), Schwaller (1991) e Flammer & Avramakis (1992) são interessantes porque procuram identificar e sistematizar os temas centrais e as questões dos jovens. Podem ser repartidas hierarquicamente em tarefas superiores ou em partes de tarefas. As partes de tarefas são em parte trabalhadas paralelamente e, em parte, sequencialmente.

Ao contrário das tarefas para o desenvolvimento, que são normativas, as *ocasiões para o desenvolvimento* são acontecimentos importantes da vida, independentes da idade. Formam um desafio para que os indivíduos se confrontem com novas situações e acontecimentos que lhes sucedem. As pessoas preocupam-se muito com essas ocasiões, que têm uma acção patogénica potencial (Filipp, 1981). Essas ocasiões tornam-se relevantes para o desenvolvimento quando levam à construção de estruturas diferenciadas e adequadas ao meio. Um caso especial de ocasiões para o desenvolvimento podem ser os acontecimentos críticos da vida no sentido de Holmes & Rahe (1967), que representam um golpe profundo na vida e exigem um trabalho excepcional de adaptação que não pode ser anulado. Exemplos de acontecimentos críticos são, segundo Holmes & Rahe (1967), o casamento, o desemprego da própria pessoa e uma gravidez indesejada.

Não existem muitas obras, na literatura científica, acerca das ocasiões de desenvolvimento, ao contrário do que sucede com as tarefas de desenvolvimento normativas (Flammer & Avramakis, 1992). Isso pode ter a ver com o interesse geral pelo conceito de desenvolvimento normativo e ser investigado com os percursos de vida macroscópicos. É justamente na área clínica, na área da psicologia da personalidade e na investigação da autobiografia que se utiliza um conceito de desenvolvimento individual, ao lado de um normativo. Assim, as fases do desenvolvimento da identidade segundo Rogers (1961; 1989), por exemplo, não estão ligadas à idade, são antes orientadas por processos individuais de desenvolvimento e progresso. A experiência importante "perda de um dos pais", pode levar a um reorientação na área social e a um desenvolvimento pessoal. Ou então, o empreendimento do objectivo de emprego "psicologia", como exemplo de uma oportunidade de desenvolvimento auto-induzido, pode mudar radicalmente a auto-imagem de um adolescente e do seu comportamento social para com os jovens da mesma idade.

3.2 SUPERAÇÃO COMO MICRO-PROCESSO DE DESENVOLVIMENTO

O conceito de superação derivou da investigação do stress (Seyle, 1956) e foi introduzido por Lazarus (1966) na psicologia científica. A superação (em inglês "coping"), é entendida por muitos autores como um nome que inclui todas as reacções a acontecimentos ameaçadores ou experiências desagradáveis no quotidiano ("daily hassles"). Esta definição-estímulo pede uma taxonomia das situações de stress que só se torna possível através de reacções ao stress. Segundo esta definição, deve-se esperar que um comportamento seja observado antes de ser definido. Esta definição também é, por isso, circular. Superação define-se, na esteira de Lazarus & Folkman (1984, 141), numa interacção pessoa-meio, enquanto esforço específico de situação, para saber lidar com exigências que ultrapassam os recursos pessoais. A superação não é, portanto, o resultado de um processo, mas sim um esforço e um resultado desejado. Esse esforço pode falhar. O indivíduo e a sociedade formam o processo de superação em efeito recíproco. O meio reage com novos estímulos à transformação de comportamento dos indivíduos, que, por sua vez, suscitam novos processos no indivíduo (Dreher & Dreher, 1991).

Assim como o conceito das experiências importantes, também a superação, tanto na investigação clínica como na da psicologia do desenvolvimento, foi investigada, sendo que os trabalhos com uma orientação clínica são em maior número. Será inicialmente apresentada, de forma resumida, esta direcção da investigação e, em seguida, a da psicologia de desenvolvimento.

3.2.1 EXCURSO: SOBRE O CONCEITO DE SUPERAÇÃO NA TEORIA DO STRESS

Lazarus & Folkman (1984) descrevem o processo de superação em três fases: no primeiro passo avaliam-se os factores de stress ("primary appraisal") e surgem reacções de stress. A este primeiro processo seguem-se processos que estimam os recursos ("secondary appraisal"). Existe uma grande variedade de recursos. Lazarus & Folkman (1984), nomeiam seis categorias principais: saúde e energia, convicções positivas, capacidade de solucionar problemas, capacidades sociais, apoio social e recursos materiais. Devido a esses recursos, mas também dependendo da situação e da especificidade do problema, escolhe-se um comportamento, que é constantemente reavaliado durante a sua execução, e é mudado, se necessário.

O decurso do processo de superação depende, em particular, das estratégias utilizadas. Na literatura científica, é possível encontrar inúmeros processos de superação. Com a distinção entre superação centrada no problema ou superação centrada na emoção, Lazarus & Folkman (1984) conseguiram uma classificação reconhecida, que, contudo, continuou a ser mais desenvolvida (Flammer, Neunschwander & Grob, 1995).

- *Estratégias centradas no problema* designam um processo objectivo e analítico que é primariamente focado no meio, mas que também pode ser direccionado para o interior do sujeito. Existem vários modelos diferentes que descrevem o processo cognitivo de resolução de problemas (Aebli, 1980; 1981; Wertheimer, 1945). Braukmann & Filipp (1981) diferenciaram o processo de resolução de problemas de experiências de vida, numa sequência de cinco graus: depois (1) da análise do problema tem (2) de ser definido um objectivo. Em acontecimentos não controláveis, com grande significado pessoal, uma redefinição de objectivo pode já ser uma característica da resolução do problema. Segue-se (3) uma análise das possibilidades de acção e alternativas. O seu resultado controla (4) a execução da acção. Por fim, (5) procede-se à avaliação e atribuição de consequências da acção.
- *Estratégias centradas nas emoções* consistem em processos cognitivos que têm o objectivo de reduzir o mal-estar emocional. Trata-se de todos os processos cognitivos que modificam o

significado subjectivo de uma situação, sem a mudar objectivamente. Esses processos abrangem estratégias como a fuga, o eufemismo, o distanciamento, a atenção selectiva, as comparações positivas, etc. Os mecanismos de defesa de Freud (1940) também estão contidos nesse grupo, ou seja, o recalcamento, a negação, a projecção, a anulação, a intelectualização, a racionalização, a regressão e o deslocamento.

Quais são as variáveis que determinam as estratégias a que se vai dar preferência? Lazarus & Folkman (1984) postularam um princípio dinâmico: as pessoas tendem, por um lado, a utilizar estratégias subjectivamente comprovadas; por outro lado, o comportamento de superação também é determinado através da colocação do problema da situação, ou seja, algumas ameaças podem ser desactivadas através da acção interventiva no meio (por exemplo, discussões no local de trabalho), enquanto outras situações não podem ser mudadas (por exemplo, a morte de um cônjuge) e só podem ser superadas quando centradas na emoção. O ponto de vista variável por pessoa ("commitment") e as convicções ("believes"), em especial a convicção de controlo (ver também Braukman & Fillip, 1981), ambos influenciam o processo de superação.

3.2.2 DESENVOLVIMENTO ATRAVÉS DA SUPERAÇÃO – DESENVOLVIMENTO DE ESTRATÉGIAS DE SUPERAÇÃO

Enquanto os trabalhos de investigação orientados clinicamente estão sobretudo interessados na explicação da doença ou da saúde, a investigação orientada pela psicologia do desenvolvimento focou o processo através do qual as transformações que sobrevivem, dependendo da idade, e a formação do novo podem ser descritas e explicadas. As semelhanças dos princípios residem na aceitação do facto de os processos de stress leve e moderado ou mesmo de stress pesado serem provocados e trazerem consigo modificações de personalidade (Haan, 1977). Rogers (1961) equipara mesmo o desenvolvimento com a cura da doença, e é por isso que o seu conceito de desenvolvimento não dá indicações sobre a idade.

Enquanto na investigação clinicamente orientada se é confrontado, na maior parte das vezes, com estados pesados de stress, a psicologia do desenvolvimento dedica-se mais vezes ao stress leve a moderado. Em ambos os princípios, os processos de superação têm como base uma acomodação a novas condições (Freud, 1923; Oerter, 1982). Os processos de superação são, então, processos de desenvolvimento, quando se trata de uma acomodação a estados de desenvolvimento, numa perspectiva de longo prazo. Esses processos a longo prazo são constituídos, segundo Olbrich (1990), por uma quantidade de situações de desafio, que são superadas. A partir desses processos, cristalizam-se estruturas experimentadas que são modificadas através de estratégias flexíveis. A perspectiva a longo prazo é dada, no presente trabalho, através do quadro das tarefas de desenvolvimento e ocasiões, cuja superação reside no espaço de anos ou meses.

Haan (1977) distinguiu três processos diferentes de comportamentos de superação, partindo de conceitos psicanalíticos e de psicologia genética estruturalista, que se distinguem estruturalmente: "coping" (superação), "defending" (defesa) e "fragmentizing" (fragmentação, decomposição). *"Coping"* designa a superação de uma crise normativa, de forma a que a acção resultante ou a reacção às exigências da situação seja adaptada. Este *modus* possibilita a construção de novas estratégias com as quais se pode atingir um equilíbrio adequado (equilibração em Piaget). Coping é um *modus* especial, no qual é construído um comportamento adequado.

Segundo Haan (1977), o processo-coping é descrito enquanto interacção entre assimilação e acomodação (no sentido de Piaget): as exigências normativas e situacionais são percepcionadas. A assimilação é feita em quatro graus: 1) são chamados os programas disponíveis (cognitivo, social, valores/juízos), 2) a modificação é realizada através de afectos e, 3), através de processos-eu sendo depois 4) coordenada numa acção adaptada às exigências da situação. No modus-defesa, pelo contrário, os afectos e processos-eu não podem assimilar as exigências da situação, resultando assim em acções inadaptadas. A acção resultante representa por seu lado um input que pode modificar os programas existentes (acomodação). Assim, no modelo de Haan, é utilizado o estímulo de desenvolvimento de um indivíduo activo, dotado de determinado programa de comportamento, para transformar ou continuar a programação do seu repertório de comportamentos (Olbrich, 1981).

A *defesa* e a *fragmentação* surgem na confrontação de potenciais comportamentos em que a pessoa não corresponde à exigência da situação. O stress é tão grande que a capacidade de recursos disponíveis é excedida. Nestes *modi* não acontece a coordenação entre a situação e os recursos disponíveis. O produtor de stress é repelido e/ou o comportamento pode ter um carácter patológico (fragmentação). É inadequado, não se constróem novas estruturas, o desenvolvimento não acontece. Com a defesa, Haan abrange os mecanismos de defesa segundo Freud (1923) (ver acima). Relevante para o desenvolvimento é, portanto, o *modus coping,* porque só nele *(modus)* são construídas novas estruturas, a tarefa de desenvolvimento é solucionada ou a situação é superada.

A percepção e a valorização afectiva da exigência da situação é, segundo Haan (1977), determinante para a escolha do *modus* para que suceda o desenvolvimento. Quando um indivíduo não consegue reagir a exigências representadas cognitivamente de acordo com uma rotina e quando as exigências não excedem os recursos disponíveis, o *modus-coping*, e assim também a curiosidade e a exploração, são activados. O processo total pode ser fomentado através de apoio social. *Coping* pode ser um trabalho de síntese de diferentes experiências que podem ser ligadas a uma estrutura (Frey & Hauser, 1987).

Na psicologia do desenvolvimento não foram apenas descritos microprocessos de desenvolvimento com o conceito de superação, mas foi também investigado se determinadas estratégias de superação são específicas da idade. Lazarus & Folkman (1984) resumem os resultados de forma a que, com o aumento da idade *per si,* o comportamento não se altere. Contudo, os recursos são melhorados e as condições do meio transformam-se e, por isso, as novas estratégias de superação tornam-se mais frequentes. No entanto, até agora, ainda existem poucas investigações sobre o desenvolvimento de processos e estratégias de superação. Foi investigado o desenvolvimento dos comportamentos de superação em cinco investigações de tipo transversal, efectuadas com adolescentes (Bachman, O'Malley & Johnston, 1978; Haan, 1974; Kelly, 1979; Moriarty & Toussieng, 1975; Vaillant, 1977). Para além disso existem poucos estudos de tipo longitudinal (Labouvie-Vief, Hakim-Larson & Hobart, 1987).

Vaillant (1977), por exemplo, distingue estratégias imaturas, como tirar partido da vida, fantasiar, agressão passiva, projecção, entre outras, estratégias neuróticas como a intelectualização, deslocação, dissociação, recalcamento, formação reactiva e estratégias de defesa e amadurecimento como repressão, altruísmo, sublimação e antecipação. Ele demonstra, num estudo transversal de um período de 30 anos (Grant Study), como as estratégias imaturas são cada vez mais raras com o aumento da idade, enquanto as maduras são cada vez em maior número. O padrão de evolução das estratégias neuróticas é, pelo contrário, heterogéneo. No entanto, a amostra abrange apenas 59 inquiridos e não é representativa.

A relação entre superação e desenvolvimento é multidimensional: por um lado, o desenvolvimento pode ser descrito com processos de superação, e, por outro lado, as estratégias e processos de superação a que se deu preferência no âmbito do desenvolvimento da personalidade são transformadas. Estas interacções foram, até agora, pouco investigadas. No quinto capítulo, procura-se esclarecer melhor estes processos, partindo de um conceito de identidade.

Pode-se concluir que o desenvolvimento humano na adolescência é provocado e controlado pelas experiências de vida importantes por um lado, ou seja, pelas tarefas de desenvolvimento e situações de desenvolvimento e, por outro lado, através do processo de superação dessas experiências de vida.

3.3 RESULTADOS DO PROCESSO-COPING

A função dos processos de superação reside na redução de stress e tensão, para que seja possível absorver novas informações sobre o meio e sobre a própria pessoa, mantendo-se a autonomia e a liberdade de movimentos. A superação de experiências de vida importantes pode ser bem ou mal sucedida. A superação é bem sucedida quando as experiências de vida importantes são utilizadas para o próprio desenvolvimento. Segundo Havighurst (1972, 2), o reconhecimento social, o bem-estar e o sucesso nas tarefas subsequentes, são critérios para uma superação com sucesso das tarefas de desenvolvimento. Estes critérios exteriores são também válidos para experiências de vida importantes e possibilitam a avaliação do sucesso ou insucesso no processo de superação:

1) A realização de tarefas de desenvolvimento traz consigo o reconhecimento e a estimativa de valor social. O *elogio público* e, em último caso, a ausência de sanções medem o quanto os valores e normas sociais são aceites e realizados pelo indivíduo.
2) O *bem-estar* é um conceito global para a descrição da situação afectiva e cognitiva de uma pessoa. O bem-estar é subjectivo e agradável (Diener, 1984). Pode ser interpretado enquanto experiência cognitiva, de forma análoga à auto--estima ou como uma falta de discrepância entre estados de objectivos existentes e estados de objectivos ambicionados (Michalos, 1979; 1985: desejo vs. realidade). Outros autores reduzem o bem-estar a uma emoção. Heady &

Wearing (1991) chamam a atenção para um aspecto estável da psicologia da personalidade. Mas também pode ser entendido como produto de uma satisfação da necessidade bem sucedida, com sucesso ou obtenção de um objectivo, liberdade de conflito, comparação entre desejo e posse ou superação bem sucedida de uma crise (Fordyce, 1983, dá uma lista de "factores para a felicidade"). Grob (1991) conceptualiza o bem-estar com seis dimensões: "atitude positiva para com a vida", "auto-estima", "alegria de viver" e, na escala inversa, "queixas físicas", "consciência dos problemas" e "disposição depressiva". Ele mostrou, nas suas investigações, efeitos recíprocos entre experiências de vida importantes e bem-estar (ver também Headey & Wearing, 1991). A colectânea editada por Abele & Becker(1991) dá uma visão geral abrangente sobre a investigação do bem-estar.

Resumindo, o bem-estar pode ser definido como uma disposição de base positiva e o afastamento de queixas físicas e psíquicas, com base numa concordância global entre circunstâncias reais e as próprias expectativas, entre desejos pessoais e apoios/expectativas sociais.

3) Quando há superação bem sucedida de acontecimentos da vida, o homem adquire novas competências e performances. Estas podem ser transferidas para outros questionamentos. Ao mesmo tempo, a expectativa da própria capacidade de acção ou o *sentimento de controlo* (Flammer, 1990) aumentam (Bandura, 1977; Lazarus & Folkman, 1984).

Estes três critérios, reconhecimento social, bem-estar e sentimento de controlo, dependem uns dos outros: o elogio público aumenta a auto-estima e o bem-estar do indivíduo. Um elevado sentimento de controlo aumenta a possibilidade de alcançar objectivos pessoais, de modo a que as condições ideais e reais se tornem mais congruentes – uma condição para o bem-estar (Flammer,

Grob, Lüthi & Kaiser, 1989; Headey, Holmström & Wearing, 1984). O elogio e o castigo, assim como o sucesso/insucesso objectivo são uma reacção à acção da pessoa e possibilitam a experiência de contingência que transforma o sentimento de controlo (Skinner & Chapman, 1984).

A superação de um acontecimento nem sempre é possível, por exemplo, quando o peso dos problemas ultrapassa os recursos do indivíduo. Em alguns casos, os recursos construídos noutras áreas da vida podem ser transferidos para o problema que surge. Até que estejam disponíveis recursos suficientes, o desenvolvimento nesta área estagna. Noutros casos, um acontecimento não pode ser superado porque é repelido e não existe confrontação. Nesse caso, a personalidade pode regredir para um estado anterior ou adoecer. Não se constróem novas estruturas e algumas estruturas existentes serão mesmo possivelmente dissolvidas.

3.4 QUATRO FASES DO DESENVOLVIMENTO: UMA ESPIRAL DE DESENVOLVIMENTO

Da análise lógica de experiências de vida importantes e da sua superação podem-se determinar quatro fases diferentes. Nessas fases formalizam-se e sistematizam-se os processos de desenvolvimento que são percorridos durante a *passagem* de uma fase de desenvolvimento para outra. Cada fase contém determinados processos característicos, pelos quais se distingue qualitativamente formando uma totalidade estruturada. A fase seguinte só é atingida devido a um trabalho pessoal na fase em questão; o trabalho de elaboração pode não ter sucesso. As fases que se seguem têm como condição a conclusão bem sucedida das fases anteriores.

Uma tarefa ou ocasião de desenvolvimento só pode ser considerada superada quando se passou por todas as quatro fases. Quando isso acontece, atinge-se uma espiral ou grau de desenvolvimento mais alto. As quatro *fases* podem ser descritas como se segue, partindo da discussão nos capítulos 3.1 até 3.3 (figura 3.1 e 3.2).

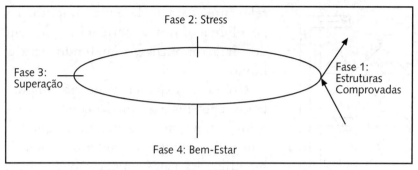

ILUSTRAÇÃO 3.1: Representação esquemática do modelo em espiral

Uma pessoa com estruturas cognitivas consolidadas (primeira fase) é confrontada com experiências de vida importantes que provocam reacções ao stress (segunda fase). Quando o stress ultrapassa as capacidades de tratamento disponíveis, os acontecimentos são repelidos e a pessoa regride para a fase 1. Quando sucede o contrário, o *coping-modus,* no sentido de Haan (1977) é activado e a pessoa alcança a fase 3.

Assim que existem recursos suficientes, tenta-se superar construtivamente estes acontecimentos (fase 3). Quando não é possível construir estruturas diferenciadas e integradas, as pessoas permanecem na fase 3 ou regridem para uma fase anterior. Quando o processo de superação é concluído com sucesso, constitui-se um estado de equilíbrio alcançado a outro nível. Resultam daí o elogio social, o bem-estar e novas competências (fase 4). Quando os acontecimentos da vida não podem ser assimilados, o indivíduo regride de novo para a fase três e tenta reconstruir um equilíbrio estável.

Parte-se do princípio que vão sucedendo experiências de vida importantes às pessoas, durante toda a vida, nas mesmas áreas da vida. Esta admissão é trivial: existe uma variedade de acontecimentos possíveis em todas as áreas da vida que podem acontecer de forma específica nas diferentes fases da vida. Por exemplo: os jovens saem de casa da sua família e formam a sua própria família como adultos. Tais acontecimentos são, por assim dizer,

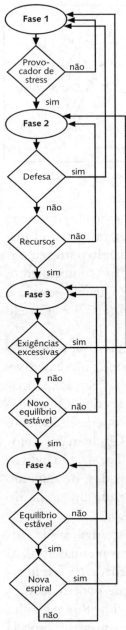

ILUSTRAÇÃO 3.2: Diagrama de evoluções possíveis

relevantes para o desenvolvimento, ao possibilitar novas experiências que têm de ser acomodadas, remetendo para o novo.

Com cada experiência de vida importante repetem-se as quatro fases descritas acima, sendo que as experiências que foram ganhas em situações anteriores, podem ser utilizadas para a superação de novas experiências de vida, já que, apesar de as quatro fases se repetirem, as pessoas continuam a evoluir. Estes processos podem ser descritos com o princípio de espiral. Cada espiral tem uma sequência de quatro fases. Quando elas são ultrapassadas com sucesso, está concluído um passo do desenvolvimento, e é alcançado um alto nível numa determinada área da vida. As pessoas podem-se encontrar, em diferentes áreas da vida, em diferentes espirais.

O princípio da espiral foi caracterizado por Buseman (1953) como sequência de fases emocionais e intencionais. Ambas as fases são opostas em muitos aspectos: as fases emocionais são caracterizadas por explosões de afectos e desassossego; as crianças irritam-se facilmente e provocam dificuldades na educação. São as fases da passagem. Nas fases intencionais, as crianças são, segundo Buseman (1953) mais calmas, é mais fácil lidar com elas, e são mais direccionadas para um objectivo. As crianças consolidam trabalhos alcançados com calma. Estas duas fases formam, em conjunto, um grau de desenvolvimento. Buseman (1953) defendeu a tese de que as novas produções não se desenvolviam em espirais únicas, mas que aconteciam em mais espirais. Os mesmo conteúdos (por exemplo o papel do sexo masculino ou feminino) são trabalhados sempre de novo, em bastantes graus de desenvolvimento (ver utilização na didáctica moderna). Enquanto modelo de explicação possível para as passagens, Buseman (1953) citou de forma muito breve os "procedimentos-Kipp", tal como são descritos na cibernética do seu tempo. Ele descreveu seis graus de desenvolvimento, da infância até à adolescência. A estranheza dos nomes faz hoje lembrar experiências pedagógicas. Exemplos disso são "Schwatzalter" (idade da tagarelice) e "Flegelalter" (idade do amuo).

Kegan (1986) formulou, por outro lado, seis graus de desenvolvimento do eu na tradição construtivista, que realizam estados de equilíbrio numa espiral cada vez mais alta e que abrangem um desenvolvimento para toda a vida. Kegan refere, na elaboração da sua teoria, Jean Piaget, entre outros, que também sugeriu um modelo em espiral de fases que se seguem em sequência para a descrição do animismo infantil (Piaget, 1926, p175): a dúvida segue-se à certeza não comprovada implícita, e à dúvida segue-se a reacção reflectida. Mas a reflexão vai ser, por seu lado, corrompida através de novas tendências implícitas, etc. Com este modelo, Kegan explica as averiguações que indicam que as formas de pensamento animistas são observáveis tanto nas crianças mais jovens como nas mais velhas. Kegan seguiu de início uma outra questão, assim como Piaget (1926). Os seus graus de desenvolvimento centraram-se nas necessidades básicas, alternadamente de acordo com a pertença ou com a dependência/independência. Chamam-se o eu incorporado, impulsivo, soberano, interpessoal, institucional e ultra-individual. Kegan (1986), relaciona a noção de equilíbrio, partindo de Piaget, com a estrutura do esquema, e, mais concretamente, com a relação sujeito-objecto. Uma estrutura é, segundo Kegan, um equilíbrio, quando se pode tornar objecto da própria percepção. As partes do sujeito, através da reflexão e no decurso do desenvolvimento, transformam-se num eu diferenciado, numa pertença espiritual que ajuda a controlar o comportamento.

Buseman (1953) e Kegan (1986) são dois representantes cuja concepção do desenvolvimento reside no princípio da espiral. As pessoas desenvolvem-se através de uma troca entre estados de equilíbrio e desequilíbrio. Com cada novo equilíbrio é atingido um nível mais alto, uma espiral mais alta. Contudo, as espirais são descritas de forma muito diferente no que diz respeito ao seu conteúdo: Buseman direcciona a sua teoria para o quotidiano da educação, enquanto Kegan (1986) parte mais de uma teoria de Piaget e de experiências clínicas e humanísticas.

O modelo de espiral defendido é certamente válido para muitas áreas da vida. No entanto, faltam até agora investigações empíricas que o comprovem. Os indivíduos podem-se encontrar em diversos graus, em diversas áreas, dependendo de como interagem as várias áreas umas com as outras ("décalages horizontaux" segundo Piaget, 1947). As relações hierárquicas entre as diferentes áreas da vida (por exemplo, a área relações sociais antecede a área família), podem ser definidas, na psicologia do desenvolvimento, como sendo tarefas e situações de desenvolvimento em posição superior ou subordinadas, nas quais se realiza a mesma evolução em quatro fases. A tarefa dos jovens de reorganizar as suas relações sociais reparte-se, entre outras, em emancipação dos pais, construção de uma nova relação com jovens da mesma idade e com as autoridades, etc. Nesse caso deve-se partir do princípio que os processos influenciam reciprocamente os diferentes graus hierárquicos. As tarefas subordinadas repartem-se por sua vez em partes de tarefa que são trabalhadas em sequência ou paralelamente. No capítulo cinco e seis, estas relações serão precisadas e preenchidas com conteúdos através do exemplo da identidade, da desvinculação dos pais e da identidade pessoal.

Podem-se identificar motores do desenvolvimento nas diferentes fases, de acordo com o modelo sugerido:

1. Segunda fase: a sociedade impõe exigências. Existem normas que formam a base de uma mudança social de todas as possibilidades. Essas normas podem fortalecer a dinâmica auto--poética num sistema cognitivo, de forma a que este se torne instável e que resvale para uma nova forma de organização (Jantsch, 1992). Mas já tinha sido anteriormente postulado que as experiências de vida importantes também podiam ser induzidas ou desejadas pelo indivíduo, próprio ou endógeno. As pessoas podem provocar novos acontecimentos. Piaget (1947) postulou uma vontade de mudança relacionada com as reacções circulares terciárias. Infelizmente, ele só demonstrou esse conceito num grau de desenvolvimento na infância. Jantsch (1992) refere, na teoria sistémica, um auto-fortalecimento da dinâmica imanente ao sistema, que se torna instável e que pode resvalar para uma nova forma de organização (auto-catálise). Neste segundo caso, o motor de desenvolvimento está no indivíduo. Devemos supor que as forças do indivíduo e as do meio o podem apoiar reciprocamente, inibir ou neutralizar. Outros motores formam as causas das experiências de vida importantes (capítulo 3.1).
2. A terceira fase descreve os processos de superação que possibilitam um novo equilíbrio, motivados pela ambição do alcance desse novo equilíbrio. Até agora o desenvolvimento foi essencialmente descrito com conceitos da psicologia da superação. Agora põe-se, no entanto, a questão, de as mesmas funções, assimilação e acomodação, tanto descreverem os processos de tratamento da informação através dos quais o indivíduo se acomoda a uma situação, como terem de explicar o salto para uma nova fase de desenvolvimento. Falta a análise da condição que demonstraria quando é que o tratamento da informação, a assimilação e a acomodação são relevantes para o desenvolvimento.

O desenvolvimento implica a contestação e o equilíbrio. Esta tese é comum na psicologia do desenvolvimento. Vou citar resumidamente cinco autores:

- Segundo Piaget (1947) e os seus seguidores (por exemplo, Kohlberg, 1974), a contestação cognitiva provoca processos de equilíbrio: quando os esquemas presentes levam a contestações interiormente lógicas, ou quando as novas experiências não podem ser integradas nas estruturas do esquema existente, surgem processos de desenvolvimento.
- Riegel (1980) refere um equilíbrio como período de calma que não favorece o desenvolvimento e foca, em vez disso o conceito de crise. As crises surgem com a assincronicidade das dimensões em causa (biológica-interna, psicológica-individual, sociológica-cultural, exterior-física) e a sua superação termina, dependendo do sucesso ou insucesso, positiva ou negativamente para o sistema. Apenas a crise, a dialéctica entre tese e antítese, possibilita o novo e explica o desenvolvimento.
- Rogers (1951, 181-186) descreve um processo de quatro fases que demonstra como um eu congruente é confrontado com as contradições e ambivalências da nossa cultura e as interioriza. Assim, o eu está desorganizado e a pessoa procura uma terapia. Durante a psicoterapia, o eu é organizado e construído de novo, até que a congruência e o bem-estar sejam restabelecidos. Este processo pode-se repetir porque numa só terapia, muitas vezes, não se podem dissolver todas as tensões. Esta descrição pode ser pouco precisa e não estar sistematizada em graus e por esquemas, mas transmite competências e simplifica o trato com o novo conflito.
- Segundo Jantsch (1992), os sistemas na base de estruturas de equilíbrio (homeostáticas ou autopoiéticas) evoluem para uma nova forma de organização comportando estruturas de equilíbrio através de um estado instável, devido às informações não integráveis (introdução de energia) ou ao próprio

fortalecimento (que pode ser caracterizado por uma estrutura dissipativa). Os sistemas com estruturas dissipativas demonstram um desequilíbrio considerável. Estes processos são explicados por Jantsch (1986) com base em processos sociais. Existem muitos pontos concordantes entre processos de evolução de sistemas e o conceito de desenvolvimento através de superação de stress (ver acima).

É verdade que, no modelo aqui defendido, um desequilíbrio também controla os processos de desenvolvimento, mas não os descreve de forma suficiente: o desenvolvimento não é homeostase, é outra coisa, nomeadamente, a construção de novas estruturas, equilíbrios e adaptações a um estado ideal (recalibrar, segundo Watzlawick, Beavin & Jackson, 1990). Estes processos são observáveis tanto em crianças pequenas (Piaget, 1947), como em adolescentes (por exemplo, Kegan, 1986) ou em pessoas mais velhas (Baltes & Willis, 1982; Erikson, 1968).

4. IDENTIDADE E CONCEITOS ANÁLOGOS – UMA SÍNTESE

NO CAPÍTULO 1.2 já foi dada uma definição de trabalho do eu, da identidade e do auto-conceito. As noções serão explicadas mais pormenorizadamente no capítulo 5. Neste capítulo vai ser introduzida uma perspectiva geral sobre definições possíveis. Dessa forma, será possível situar mais precisamente o modelo aqui apresentado, face às variadas teorias existentes. Ao mesmo tempo tentar-se-á dar conta da grande variedade de noções utilizadas, confrontando-as umas com as outras, e ordená-las, já que alguns autores tratam dos fenómenos da identidade utilizando a noção de eu ou de auto-conceito, enquanto outros utilizam, pelo contrário, a noção de ego (Freud, 1923), de *proprium* ou de personalidade (Allport, 1955), de auto-imagem (Offer, Ostrov & Howard, 1984), de sistema do eu (Kelly, 1955), de esquema -eu (Markus, 1977) ou de teoria do eu (Epstein, 1973). Hoje em dia, existem muitas palavras compostas com a noção eu/auto, como em auto-eficácia (Bandura, 1977), auto-actualização (Rogers, 1961), auto-consistência (Harter, 1983), auto-atenção (Filipp, 1980), auto-crescimento (Rosenberg, 1979), auto-percepção (Bem, 1967) etc. A noção "eu"/"auto" é utilizada de forma bastante heterogénea nesses conceitos. A noção de identidade é utilizada em variadas investigações psicológicas, enquanto perspectiva de investigação, o que se reflecte em noções como identidade no trabalho, identidade cultural/nacional, identidade sexual, etc.

As várias escolas de psicologia focam questões diferentes e diferem também nos métodos e orientações científicas. É por isso que se utilizam as noções identidade, eu e auto-conceito, de forma heterogénea. Ludwig Körner (1992) já fez a tentativa de dar uma ideia geral acerca da noção do eu em diferentes escolas de psicoterapia, tendo dado aos princípios psicanalíticos uma posição central. No presente trabalho ter-se-ão em conta os princípios cognitivos e as teorias de campo anglo-americanas.

Ao tentar encontrar uma explicação para a noção, Hausser (1983) entrevistou 174 jovens acerca da sua relação quotidiana com a identidade e avaliou as respostas pela análise de conteúdo, classificando-as em 25 categorias. A maioria dos jovens relacionou a identidade com características pessoais. As noções como eu/ego integrado e auto-estima, em particular, foram muitas vezes associadas. A variedade e a baixa frequência da distribuição das respostas justificam a compreensão quotidiana difusa desta noção.

O resumo das publicações que se segue não pode ser completo porque só entre 1974 e 1995 existem 13351 publicações (artigos e capítulos de livros) sobre a noção de identidade e 13431 publicações sobre a noção de auto-conceito (minha investigação da literatura científica no catálogo da American Psychological Association APA, 1974 até Março de 1995). Da análise que se segue foram excluídos *a priori* trabalhos de campo especializados que não têm a ver com a psicologia científica (filosofia, filologia, teologia, etc) assim como todos os contributos de congressos e a chamada "literatura cinzenta". Os trabalhos de investigação sobre a juventude, onde era dada atenção central a pelo menos uma das noções identidade, auto-conceito, ego, eu ou identidade, e que não eram exclusivamente empíricos foram, pelo contrário, tidos em consideração. Quando eram considerados aspectos da psicologia do desenvolvimento, optou-se também por incluir o trabalho. A literatura científica escolhida tinha de ser acessível e cobrir a maior variedade possível de escolas de psicologia para que fosse possível dar uma ideia geral acerca da amplitude de utilização das noções, num resumo suficientemente abrangente. A escolha da literatura científica é por isso exemplar e arbitrária.

Serão, em seguida, explicadas as definições das noções e ordenadas de acordo com as escolas científicas nas quais assentam. Dentro de cada uma das escolas, as teorias serão representadas no contexto da história do seu surgimento, de maneira a que as relações recíprocas e as linhas históricas sejam indicadas. No entanto, por razões de espaço, as teorias não serão aqui discutidas exaustivamente. Quando vários autores/autoras pertencem à mesma escola científica contemporânea, ficam ordenados no mesmo conjunto de questões. Este princípio de apresentação permite assentar as noções no seu contexto teórico e responder a perguntas base decisivas, que têm vindo a ser estudadas por essa escola de psicologia em particular. Contudo, a noção de sujeito será agora apresentada sem ser possível entrar na história da filosofia.

4.1 O SUJEITO

Apesar de James (1890; 1909) ter trazido a discussão sobre a relação sujeito-objecto para a psicologia moderna, ele não foi o primeiro a problematizá-la. Na história da filosofia ocidental foram os filósofos gregos da natureza (Thales de Mileto, Pitágoras, Demócrito, entre outros) que puseram primeiro a questão da existência de objectos da natureza. A noção de sujeito foi discutida pela primeira vez pelos sofistas (Protágoras e Górgias entre outros), ao entenderem as pessoas enquanto seres egocêntricos. No Ocidente, Sócrates e Platão foram os primeiros que procuraram chamar a atenção para a separação sujeito-objecto (ver resumo em Kranz, 1955).

O objecto é objecto da percepção, da experiência ou do pensamento. Pode ser constituído por variados conteúdos. Apesar disso, a maior parte das teorias da identidade postulam um sujeito com conteúdo específico. O sujeito não tem sido muito investigado na psicologia. James (1890, 195) já tinha afirmado que o sujeito é um objecto de estudo muito mais difícil que o objecto, o "mim". Alsaker (1990) comentou que a maior parte das investigações psicológicas apenas tinham em conta o lado objectivo, descuidando a parte subjectiva. O sujeito da investigação empírica é provavelmente impossível de atingir por não ser directamente observável, permanecendo assim no campo da especulação. Consequentemente, os psicólogos do comportamento, no início do século XX, criticaram o valor de explicação do conceito de identidade. Com a viragem cognitiva dos anos 60, o conceito de identidade foi reestabelecido mas quase não se encontra até hoje nos livros de introdução à psicologia (investigação própria em livros de introdução à psicologia em inglês e alemão).

James (1890) entende o sujeito ("I") como princípio da acção. O sujeito é aquele que age e o agente dos processos. A força para a actividade é-lhe imanente, não a controla. Com efeito adquire facilmente o carácter de um *homúnculo,* de uma última fonte de energia independente. O perigo de tal definição reside sobretudo numa antropologia que não aceita categorias religiosas. No entanto, a discussão na história da filosofia mostrou que, na área profana, não se podem aceitar causas últimas. James (1890) postulou um sujeito, criticando a tradição filosófica, que está subjacente ao estado de consciência temporário do sujeito enquanto substância fixa, que permite conhecer a continuidade entre nascimento e morte. Aquele autor não atribui, contudo, ao sujeito, a função de explicar comportamentos porque a sua força age sem objectivo e apenas dá energia.

Muitos dos psicólogos cognitivos entendem o sujeito não enquanto substância, mas enquanto *constructo,* que se formou a partir da experiência com objectos no mundo (Epstein, 1973; Kelly, 1955; Shavelson & Marsh, 1986; Werff, 1990). O sujeito é um princípio de explicação abstracto para actividades humanas e processos em geral. Ao mesmo tempo, o sujeito deverá explicar a vivência da liberdade humana, já que uma acção que é determinada competentemente através do sujeito foi uma escolha feita livremente.

- Blasi (1988) conceptualiza o sujeito com quatro dimensões que são contemporâneas em todas as experiências e que caracterizam a sua subjectividade: 1) eficácia (em inglês "agency"); 2) identidade da própria pessoa que age e percepciona ao mesmo tempo, que se reflecte a si própria e se distancia de si mesma; 3) experiência de unidade em situações diferentes; e 4) a experiência de ser diferente, distinguindo-se do próximo e dos objectos.
- A definição humanista de Rogers (1961) é semelhante ao conceito de Blasi (1988): o sujeito é descrito enquanto sentimento físico espontâneo que age mas que pode ser verbalizado. É formado através de uma experiência de "aqui e agora".
- Gendlin (1981), referindo Rogers, desenvolveu uma técnica terapêutica, a focagem, com a qual é possível conhecer o "felt sense". O "felt sense" não é uma experiência espiritual, mas sim uma experiência física de objectos, uma percepção física de uma situação, de uma pessoa ou de um acontecimento. Contém emoções, mas é mais complexo. Segundo o meu entendimento, das poucas explicações que consegui obter, o "felt sense" é uma espécie de sujeito, porque designa uma experiência existencial da própria existência humana, da vida humana, simplesmente. A focagem seria assim uma técnica com a qual o sujeito seria dado a conhecer no sentido dessa definição.

Nestes dois princípios tornam-se claras linhas de argumentação muito diferentes: James (1980) coloca uma substância no início da actividade psíquica que não é especificada em detalhe ou comprovada, e que também não contém nenhum valor enquanto explicação. A vida é vista a priori como um ser. Uma posição semelhante é também defendida, por exemplo, pelo filósofo existencialista Albert Camus (1957) (ver Werff, 1990). O sujeito não tem características, mas é inseparável enquanto processo do organismo, ligado à vida. A posição cognitiva, por outro lado, escapa, de facto, ao perigo de uma hipótese de explicação homunculística, mas afasta-se da pergunta crítica, o quê ou qual a instância que age, reflecte e deu origem a este *constructo*. Começa com a experiência, que já é sempre o produto de um processo porque um sujeito no sentido de uma percepção ou experiência é já um objecto e, no fundo, não é um sujeito. O princípio aqui defendido orienta--se pelas definições de James (1890).

A determinação racionalista do sujeito que os psicólogos modernos cognitivos às vezes defendem, não vai ao encontro da metateoria organísmica aqui defendida, já que a imagem humana organísmica não parte primariamente do racional nem do instintivo, mas do que é vivo e activamente espontâneo, da pessoa activa. Nesta concepção, o sujeito significa o cerne do organismo, a vida, simplesmente. Ele possibilita uma perspectiva pessoal e característica, a subjectividade. Ele é a própria corrente do comportamento, sem controlar o comportamento. É por isso que não é um *homúnculo*. A sua definição não pode ser estrutural, tem de ser funcional, processual ou lógica porque não tem características e só se pode reconhecer pela sua reacção. Talvez só se possa postular em axioma e ser plausível, sem ser falsificável ou verificável. A definição funcional do sujeito explica fenómenos de constância, porque as funções, segundo Piaget (1932) e ao contrário das estruturas, não sucumbem à evolução (ver em baixo). O sujeito é difícil de determinar através de categorias psicológicas porque não pode ser reflectido e não se pode atingir empiricamente (James, 1890). É um conceito na zona cinzenta, entre a psicologia científica empírica e a filosofia. É provavelmente porque o sujeito não é passível de ser conhecido que o esclarecimento da relação sujeito-objecto não foi conseguido até hoje. Ao contrário do sujeito, os objectos podem ser conhecidos e transformados. Podem, por isso, ser ordenados em áreas da vida diferentes. Da possível vivência da variedade de objectos serão agora apenas focados objectos da identidade.

4.2 PSICANÁLISE OU COMO É QUE OBTENHO SAÚDE PSÍQUICA?

A psicanálise foi fundada pelo médico de Viena, Sigmund Freud (síntese em Freud, 1940). Freud (1923) postulou um modelo "tópico" de personalidade com três instâncias: o id inato constrói o lugar para duas pulsões inconscientes, o impulso sexual e o impulso agressivo. Freud chamou-lhes mais tarde pulsão de vida e de morte. Estes dois impulsos necessitam de satisfação permanente (princípio do prazer). A criança pequena aprende, no entanto, com o exemplo do treino para a limpeza na fase anal, que não pode realizar imediatamente todas as suas necessidades. Aprende a sintonizar a satisfação das suas necessidades com as expectativas do meio (princípio da realidade). A criança constrói um ego que controla o próprio comportamento ao servir de intermediário entre o meio e os próprios impulsos. O pensamento consciente e o sentimento estão ordenados no ego. Os impulsos que não podem ser traduzidos em comportamentos têm de ser reprimidos. São reenviados para o inconsciente, exteriorizando-se, no entanto, por via dos sonhos, de lapsos no falar, e no escrever. Na fase fálica do desenvolvimento, as crianças constroem uma consciência – o super ego. O super ego surge da identificação com o super ego dos pais e é constituído através de regras morais e prescrições de comportamentos. O super ego pode ser caracterizado através dos princípios da moralidade. O ego tem de continuar a servir de intermediário entre o id, as exigências do meio e o super ego restritivo.

As três instâncias super ego, ego e id, são definidas dinâmica e funcionalmente, assim como do ponto de vista tópico. O ego é uma região no aparelho psíquico e está subordinada a uma mecânica específica. Enquanto com Freud as pessoas são entendidas primariamente como sendo controladas por impulsos e o foco do seu trabalho terapêutico como tendo por base o super ego, na nova investigação psicanalítica trabalha-se com o ego (Hartmann, 1960; Fromm, 1963; Erikson, 1959; 1968). Este não é entendido enquanto produto do id, mas enquanto própria fonte de energia, que começa a agir a partir do nascimento. Um ego forte e funcional torna-se critério de saúde psíquica. Os conflitos psico-dinâmicos são solucionados ao serem reflectidos conscientemente. Assim, os impulsos e fantasias podem, não só ser repelidos, como ser superados construtivamente e sublimados. O ego possibilita a saúde psíquica através da superação construtiva de conflitos.

Partindo deste modelo de personalidade, surgiram uma série de teorias do ego e da identidade que não serão todas aqui nomeadas (ver resumo em Lüdwig Körner, 1992). Partindo da psicologia do ego neo-analítica, a teoria de Erikson (1959; 1968) adquiriu uma fama especial. O *ego* é o sujeito e o princípio de organização. Ele verifica a realidade e concilia-a com os impulsos sexuais do id e com as normas interiorizadas do super ego. A identidade é um subsistema do ego e designa a sua função: estabelecer um equilíbrio entre as próprias exigências e as exigências sociais (Erikson, 1959, 190). Tal acontece quando o ego integra os diferentes papéis ("identidades do ego"), que formam uma ponte entre o ego e o meio. Eles manifestam o modelo estimado de comportamento em situações sociais. O papel concretiza a identidade (social) numa determinada situação. Por outro lado, Erikson define identidade enquanto resultado da necessidade de se delimitar do meio ("identidade pessoal"), formando a identidade uma condição para a solidariedade em relação ao grupo ("identidade de grupo") e para as relações íntimas.

Paralelamente ao aspecto social da identidade, Erikson também acentua a importância de um aspecto genético: o desenvolvimento humano é entendido enquanto crescimento segundo um plano base genético (princípio epigenético). Durante o crescimento, o sentimento de unidade interior aumenta, adquire-se uma boa capacidade de juízo e a capacidade de realizar alguma coisa (Erikson, 1968, 86). Daí, Erikson infere oito estádios do desenvolvimento psicossocial. Os estádios distinguem-se através de uma tarefa central de desenvolvimento e de um conflito psicossocial típico (desequilíbrio), no qual todos os conflitos existem de forma latente. O conflito dominante da adolescência é a construção de uma identidade: integridade *versus* difusão.

Frey & Hausser (1987) interpretam a noção de identidade, segundo Erikson, como sendo o resultado de uma reflexão: vários conteúdos de experiência são trabalhados, ou seja, são ligados numa forma congruente com uma estrutura definida. Essa forma constrói uma continuidade na vida da pessoa, porque Erikson (1968, 15) define a identidade enquanto "sentimento subjectivo de uma semelhança e continuidade fortalecedoras". A identidade representa o ponto de partida do plano de vida direccionado para o futuro.

A "identidade" é utilizada por Erikson com, pelo menos, três significados (Erikson, 1968, 205): a identidade é 1) uma *procura* inconsciente *de uma continuidade* nas vivências, 2) um *sentimento* consciente *de unicidade individual* e 3), a *solidariedade para com os ideais de um grupo*. Ela contém, portanto, conotações psicológicas, sociais e de desenvolvimento.

Os conflitos típicos da idade, segundo a teoria do desenvolvimento de Erikson, foram investigados na sua sequência empírica por Ochse & Plug (1986) e puderam ser comprovados na população branca sul-africana mas não na população negra sul-africana. O postulado de Erikson, de que a validade da sua teoria superaria a cultura, tem de ser relativizado. Whitbourne e os seus colaboradores (Whitbourne, Zuschlag, Elliot & Waterman, 1992) questionaram recentemente, num design sequencial abrangendo 22 anos, adultos com idades compreendidas entre os 20 e os 42 anos, para descobrir até que ponto tinham sido superadas as crises psicossociais de Erikson (1959). Eles descobriram, de acordo com as expectativas, que a solução de uma determinada crise está correlacionada com os estádios de desenvolvimento psicossocial de Erikson (1959). O estudo não pode prestar declarações acerca de qual a idade em que as crises psicossociais atingem o seu ponto máximo, devido ao seu design experimental. Mesmo que os estudos dispendiosos de Ochse & Plug (1986) e Whitbourne *et al.* (1992) não tenham conseguido cobrir o modelo de desenvolvimento de Erikson em toda a sua extensão — isso é quase impossível devido à grande extensão da teoria — eles conseguiram comprovar várias das afirmações feitas por aquele autor.

Herzog (1994) pode ter criticado as noções de Erikson por serem pouco definidas e o princípio por ser de natureza biológica e, por isso, incapaz de ter em conta, de forma acertada, influências sociais e históricas no desenvolvimento da adolescência. Mas a teoria de Erikson foi muito utilizada nos bastidores da teoria psicanalítica, tanto entre os psicoterapeutas, como na psicologia científica do desenvolvimento e da investigação da identidade. Berzonsky (1989) menciona mesmo que a maior parte dos trabalhos sobre o desenvolvimento da identidade se encontram mais ou menos em conformidade com o contexto de Erikson (ver também Fend, 1991). Erikson conseguiu distanciar-se do contexto da teoria psicanalítica e desenvolver uma teoria do ciclo vital de desenvolvimento que aborda aspectos sociais ao lado dos psíquicos e sexuais (consultar também a avaliação da teoria em Flammer, 1988).

4.2.1 CORRENTES NA TRADIÇÃO DE MARCIA

Partindo de Erikson (1959; 1968), Marcia descreveu pela primeira vez na sua dissertação (1964) quatro estatutos de identidade ("identity status"), que deveriam tornar mais acessível o conceito multifacetado de "formação da identidade", para a investigação empírica. Existe uma grande variedade de trabalhos de investigação sobre os estatutos de identidade: Meeus (1996) contou 650 publicações no Social-Science-Citation-Index (SSCI). É dada preferência aos estatutos de identidade de Marcia. O resultado demonstra as averiguações introduzidas acima, da existência de uma investigação intensiva, nos últimos anos, sobre a identidade. Os quatro estatutos de identidade são descritos da seguinte maneira:

1. Os jovens com uma identidade difusa ("diffuse identity) não têm ponto de vista nem nenhuma ideia sobre as suas vidas em geral ou sobre a formação do quotidiano em con-

creto. A política e a ideologia deixam-nos indiferentes. Desviam-se dos problemas que se acumulam sem tentar encontrar uma solução.

2. Os jovens com uma identidade assumida ("foreclosure identity"), assumiram os pontos de vista dos pais, sem os criticar, nas diversas áreas da vida e são por isso dependentes deles. Estes jovens são determinados por estranhos porque ainda não alcançaram nenhum ponto de vista e nem sequer fizeram um esforço para tal. Têm medo de situações novas porque ainda não aprenderam a aceitar exigências e a vencer crises.

3. O estatuto de identidade crítica ("moratorium") abrange, segundo Marcia, os jovens que se encontram numa crise visto que, embora se tenham esforçado activamente em várias áreas da vida, ainda não tiveram sucesso. Sente-se a influência dos pais nas suas atitudes, mas estes jovens são relativamente independentes deles. Estes jovens têm uma aparência "não-conforme", ou mesmo "selvagem" (Marcia, 1966), o que pode ser indicador de luta para encontrar uma individualidade própria.

4. O conceito da identidade alcançada ("achieved identity") já foi descrito por Erikson (1968): depois de um confronto (crise), os jovens com uma identidade alcançada adquiriram uma ideia da maneira como gostariam de formar a sua família e orientar a sua actividade profissional. Têm crenças elaboradas sobre a sua orientação política e ideológica. A perspectiva adoptada nas três áreas família, trabalho e ideologia é independente dos pais.

Estes quatro estatutos de identidade distinguem-se, por um lado, por os jovens terem passado por uma crise ou pela forma exploratória com que decorreu o processo de desenvolvimento da identidade (Meeus, 1992). São formados pela combinação de explorações altas *vs* baixas e capacidade de resolução alta *vs* baixa (Fend, 1991). Por outro lado, podem ser distinguidos por disporem ou não de pontos de vista em diversas áreas da vida (família, trabalho, ideologia) ou por tentarem ou não pôr esses pontos de vista em prática nas suas vidas (Marcia, 1967, 119, utiliza a expressão inglesa "commitment"). Marcia e os seus seguidores reclamaram sempre uma operacionalização da identidade específica por área. Marcia (1967; 1976) determinou primeiro um estatuto de identidade específico por área, com uma entrevista semi-estandardizada, e esclareceu a extensão do estatuto de identidade por área, tendo por base tabelas e impressões subjectivas do entrevistador. A validade e fidelidade nas investigações de Marcia foi satisfatória.

O conceito de estatuto de identidade foi validado com muitos *constructos* de personalidade como a auto-estima (Marcia, 1967), a crença na autoridade (Marcia, 1966; 1980), a autonomia (Matteson, 1974; Waterman, Buebel & Waterman, 1970), a inteligência (Marcia, 1966) e a competência para dar explicações (Donovan, 1975). As fases do desenvolvimento da identidade foram dadas a conhecer em diversas áreas da vida, em especial nas áreas trabalho, crenças religiosas, ideologia política (Parker, 1985), papel dos sexos, atitudes, sexualidade, amizade/intimidade, relações de autoridade e família (relação com os pais; ver capítulo 6.2). Rotheram-Borus (1989) chegou à conclusão, na sua investigação, que os jovens de cor nos EU se encontravam mais vezes numa situação de crise do que os jovens brancos porque o alcançar de uma identidade étnica positiva é uma tarefa especialmente difícil. No entanto, não foram encontradas diferenças étnicas, no conjunto, no decurso do desenvolvimento da identidade (Marcia, 1993b). Recentemente procurou-se mostrar a relação entre conteúdos de identidade (objectivos, valores, crenças) e processos do desenvolvimento da identidade (Waterman, 1988). Nos últimos tempos, foram investigadas estratégias de educação e intervenção que apoiam o desenvolvimento da identidade e que podem conduzir à direcção desejada (Marcia, 1989; Raskin, 1989). Paralelamente, surgiu uma discussão sobre métodos no compêndio de entrevistas de Marcia (1966) através de diferentes versões de escalas de inquéritos estandardizadas (Marcia, 1983; 1988; Adams, Shea & Fitch, 1979; Grotevant & Adams, 1984). Existem vários resumos abrangentes no ponto de investigação actual (Marcia, 1980; Bernard, 1981; Waterman, 1982; 1985; 1988; Côté & Levine, 1988; Marcia, 1993a).

Método: por causa das dúvidas em relação à validade da entrevista de Marcia (1966), Adams e os seus colaboradores (Adams, *et al.*, 1979; Grotevant & Adams, 1984) desenvolveram um instrumento abrangente chamado "Extended objective measure of ego identity status" (EOM-EIS): as pessoas inquiridas têm de responder, com cruzes, a perguntas relacionadas com a identidade, para cada uma das oito áreas: trabalho, religião, política, estilo de vida filosófico, amizade, encontros com amigos/amigas, papel dos sexos e tempos livres numa escala Likert de seis pontos. Esta operacionalização é mais válida do que a entrevista clínica de Marcia (1966). No entanto, a consistência interna (Cronbachs Alpha) é, em algumas áreas, praticamente inaceitável (.37 < Alpha < .77). Em todo o caso, este instrumento pode classificar de forma métrica as pessoas e controlar assim a quantidade de desejo social existente, com uma escala pessoal. O instrumento é hoje um método comum para a determinação do estatuto de identidade dos jovens. Marcia resume a discussão dos métodos (1993a).

Uma parte significativa das investigações dos estatutos de identidade segundo Marcia pode ser classificada numa das duas interpretações seguintes:

- Segundo o princípio genético, que é defendido sobretudo pelo grupo Waterman (Waterman, *et al.*, 1970; Waterman, Geary & Waterman, 1974; Waterman & Goldman, 1976; Archer & Waterman, 1983; Waterman, 1988), os quatro estatutos foram interpretados enquanto sequência temporal (Fend, 1991). Hoje em dia, a série em sequência é dita segura e os factores que provocam os processos de mudança são conhecidos (Waterman, 1988).
- Numa perspectiva diferencial, os estatutos de identidade são entendidos como estratégias de processos de tratamento da informação e interpretados através da psicologia da persona-

lidade ou seja, em termos de estrutura. Os defensores são Berzonsky e os seus colaboradores (1989; 1992; Berzonsky, Rice & Niemeyer, 1990) e Jackson & Bosma (1990). Seguidamente ambos os princípios serão apresentados, de forma resumida.

O princípio genético dos estatutos de identidade interpreta os quatro estatutos enquanto sequência de desenvolvimento da identidade, sendo que não estão formulados estádios definidos e que não existe nenhuma sequência de estádios conhecida. A sequência seguinte é muitas vezes postulada (Waterman, 1982): identidade difusa-assumida-crítica-alcançada. Este padrão de sequência tem três características: 1) A identidade alcançada só pode sê-lo através do estatuto da identidade crítica. 2) Os jovens que já passaram por uma crise não podem regredir para o estatuto da identidade assumida. 3) A posição do estatuto de identidade assumida, na sequência do desenvolvimento dos três outros estatutos, não é clara. Neste ponto de vista, a identidade é formada através da superação de crises normativas ("identity formation"), ao ser alcançado um ponto de vista pessoal exploratório, auto--activo e auto-reflexivo ("commitment") nas questões relevantes da vida.

Waterman & Goldman (1976) comprovaram esta sequência numa investigação de natureza transversal, tendo sido operacionalizados quatro estatutos de identidade com a ajuda de uma variante da entrevista de Marcia (1966). Infelizmente, a evolução exacta do desenvolvimento de cada um dos estatutos não foi publicada. De qualquer forma, a apresentação da interpretação passou despercebida. Mas, pelo menos, foi possível comprovar a sequência dos estatutos nos seus princípios. Esta falta metodológica serviu de pretexto a Kroger (1988), numa investigação de natureza transversal, para comprovar de novo a sequência, com 76 jovens da Nova Zelândia. Ela trabalhou com a entrevista clínica de Marcia (1966) nas áreas trabalho, religião, política e papéis sociais, e conseguiu verificar as averiguações de Waterman & Goldman (1976).

Meilman (1979) mostrou, num estudo longitudinal, a dependência da idade, por parte dos quatro estatutos de identidade. Waterman concluiu, já em 1982, no seu resumo de literatura, que esses quatro estatutos são qualificados para descrever o desenvolvimento da identidade na adolescência, apesar de muitas vezes não existirem avaliações de dados estatísticos suficientes ou diferenças significativas, relativamente às áreas específicas.

Como alternativa para este entendimento da psicologia do desenvolvimento, Jackson & Bosma (1990) sugerem uma *interpretação diferencial*: é segundo ela que os quatro estatutos de identidade se diferenciam primariamente na dimensão da exploração. Os jovens nos estatutos de identidade assumida e difusa exploram, ao contrário dos jovens nos dois outros estatutos, que quase não exploram. A noção "exploração" designa a reflexão sobre alternativas, o recolher activo de informações, o tentar o novo e o reconhecimento de temas novos. A exploração é uma condição para a superação construtiva de tarefas de desenvolvimento. Muitas investigações estão perto de interpretar exploração enquanto variável de personalidade estável que se expande para lá da situação ou enquanto dimensão de identidade (Jackson & Bosma, 1990). É por isso que é pouco plausível o desenvolvimento de um estatuto de identidade sem exploração (por exemplo, a identidade difusa) para um estatuto com exploração (por exemplo, a identidade crítica). A exploração foi sempre relacionada com o conceito de controlo no sentido de Rotter (1966). As pessoas com um controlo interno alto esperam poder determinar as situações. Rotter supõe que essa expectativa seja consistente através de vários períodos e várias áreas da vida e entende o controlo enquanto variável estável, da personalidade. As investigações demonstraram que as pessoas com mais controlo interno produzem mais e são mais activas do que as pessoas com mais controlo externo (Flammer, 1990). Matteson (1974) e Abraham (1983) provaram, nas suas investigações, que os jovens com uma identidade alcançada têm mais frequentemente controlo interno do que os jovens nos outros estatutos de identidade. Nos jovens com uma identidade crítica foi encontrado o segundo valor mais alto de controlo interno. Quando o controlo é entendido enquanto variável estável de personalidade no sentido de Rotter (1966), estes resultados também vão contra a interpretação dos estatutos de identidade enquanto estatutos de desenvolvimento. Poderiam representar estilos estáveis, que demonstrariam como os jovens lidam consigo e com o meio.

Berzonsky *et al.* (1990) entendem identidade enquanto teoria do eu no sentido de Epstein (1973; ver em baixo). Cada um dos estatutos de identidade distingue-se na forma como é trabalhada a informação relacionada com o eu e na forma como é integrada na teoria do eu. Os estatutos de identidade alcançada e crítica são descritos como sendo exploratórios e orientados para a informação. Os jovens com uma identidade assumida são caracterizados como sendo orientados pela norma e os que têm uma identidade difusa são caracterizados como sendo orientados para a fuga. De forma semelhante a Jackson & Bosma (1990), Berzonsky *et al.* (1990) compreendem os estatutos de identidade como estruturas e como quatro estratégias diferentes de superação e não enquanto sequência determinada pelo desenvolvimento.

Os quatro estatutos de identidade foram muitas vezes investigados especificamente por sexos. Quando Marcia incluiu pela primeira vez mulheres nas suas investigações (Marcia & Friedman, 1970), alargou a sua entrevista para a área "relações sociais" porque esperava que os homens encontrassem mais cedo pontos de vista nas áreas política, trabalho e família, o que se confirmou. Com este compêndio alargado de entrevistas, Marcia & Friedman (1970) puderam mostrar que o conceito dos quatro estatutos de identidade podia ser utilizado da mesma forma com homens e com mulheres. Orlofsky (1977) investigou a masculinidade/feminilidade de estudantes com uma escala. Essa escala correlacionava-se com o estatuto de identidade medido dos estudantes: quanto mais masculino era o estudante, mais demonstrava um estatuto de identidade alcançado. Estes resultados não foram, no entanto, confirmados por Waterman (1985) e Berzonsky *et al.* (1990), porque não encontraram na sua operacionalização nenhum efeito relacionado com os sexos. É possível que os resultados contraditórios tenham por base um efeito de tempo: enquanto no fim dos anos 60 e princípio dos anos 70, o desenvolvimento da identidade decorreu de acordo com a especificidade dos sexos, as diferenças foram-se igualando pouco a pouco, em meados dos anos 80. Ao contrário do que se passou em 1970, Marcia (1993b) chegou à conclusão explícita de que o desenvolvimento da identidade dos homens e das mulheres decorria, em média, ao mesmo tempo. Esta igualação dos sexos não deve, no entanto, como já foi dito anteriormente, iludir perante as diferenças existentes entre os sexos, em várias dimensões, como por exemplo em relação à auto-estima e à depressividade.

4.2.2 O MODELO DE JANE LOEVINGER

Independentemente de Erikson, Jane Loevinger desenvolveu um conceito da evolução do eu bastante conhecido, sobretudo nos EU. Apesar de Loevinger ser psicanalista e de ter partido dos conceitos freudianos, diz-se ligada à tradição de W. James e dos psicólogos do ego/filósofos do século XIX. Ela define o ego como uma organização estruturada e integrada ou como "função sintética" em geral (Loevinger, 1982, 5). Estas noções não são, no entanto, esclarecidas. Do ego surge a personalidade integrada ao tentar reunir partes que se contradizem.

O desenvolvimento do ego é descrito em seis estádios com estruturas diferentes, que são por sua vez definidos como pontos possíveis de fixação ou tipos de carácter de crianças e jovens. A sequência de estádios não foi salientada de forma clara, Loevinger quer deixar aberta a possibilidade de introduzir estádios intermédios por causa de novos conhecimentos. Entre cada um dos estádios, ela introduz fases de passagem (I-2/3; I-3/4; I-4/5) que não representam tipos de carácter estatísticos, focando antes as mudanças.

No estádio pré-social (o tempo imediatamente a seguir ao nascimento) o ego ainda não existe, a separação sujeito/objecto e a constância dos objectos desenvolvem-se. No *estádio simbiótico* (I-1), a criança entra numa relação simbiótica com a mãe. É apenas quando a separação eu-meio se concretizou claramente que a criança consegue chegar ao *estádio impulsivo* (I-2), a fase dos impulsos incontroláveis. Os impulsos das crianças são recompensados ou castigados mas ainda não podem ser controlados pelas crianças.

Segue-se uma fase intermédia (I-2/3), que Loevinger (1982, 16) designa como estádio da defesa própria. A criança adquire o controlo dos impulsos, ao aprender a antecipar recompensas ou castigos, ou seja, aprende regras. No estádio conformista (I-3) a criança orienta o seu bem-estar pelo do grupo. Assim, a criança conformada não obedece primariamente porque poderia ser recompensada ou castigada. Durante a passagem para o estádio seguinte (I-3/4), as crianças tornam-se cada vez mais conscientes do seu eu e descobrem a variedade de aspectos das situações. No estádio da consciência (1-4) existe um sentimento de responsabilidade e de auto-crítica. As regras são comprovadas de acordo com os critérios de cada um e o comportamento orienta-se, não só por regras, mas também por princípios morais alcançados.

Na passagem para o estádio autónomo (1-4/5), a dependência emocional aumenta e o sentimento de individualidade sobe. Neste estádio autónomo (I-5), existem capacidades importantes para superar conflitos interiores entre exigências diferentes e deveres. O mundo é percepcionado como sendo variável e complexo. As pessoas, neste estádio, podem percepcionar a necessidade de autonomia de outras pessoas e pretendem alcançar a realização do eu. No *estádio integrado* (1-6), para além dos elementos do estádio autónomo, consolida-se um sentimento para a identidade no sentido da conceptualização do eu segundo Maslow (1962). Este último estádio é descrito de forma muito curta, por tópicos.

As descrições dos estádios mais altos foram atingidas com conceitos das teorias do desenvolvimento de Kohlberg (1974) e Rogers (1961). O foco de conteúdo está na área moral.

Loevinger & Wessler (1970) desenvolveram um teste de preenchimento de espaços em branco para medir o estádio de desenvolvimento do eu em crianças e jovens, que possibilita uma validação empírica. Os estádios de Loevinger, de desenvolvimento do ego, foram muitas vezes validados com variáveis pessoais e sociais diferentes, sobretudo com variáveis para a educação de crianças (por exemplo Adams & Jones, 1981). Os resultados foram, na maior parte das vezes, conformes à teoria.

4.3 TEORIAS DO COMPORTAMENTO OU A IDENTIDADE EXISTE?

Os teóricos americanos do comportamentalismo radical como J. Watson e B. F. Skinner contestaram a existência da identidade ou do eu, dizendo que a identidade não podia ser percepcionada pelos sentidos e que só podia ser deduzida através do comportamento. A identidade e o eu, diziam esses autores, eram, em vez disso, *constructos* sem utilidade. É por causa desta discussão que é necessário fundamentar o valor de explicação da identidade.

Até hoje a necessidade da noção de identidade é questionada, mas a maioria dos autores aceita o seu valor explicativo. Partindo da experiência subjectiva de consistência e continuidade, estendendo-se para lá do tempo e das situações, o valor da noção de identidade e do eu é hoje aceite por muitos autores. Para além disso, o sentimento subjectivo de conseguir influenciar os resultados e de ter um eu é uma experiência intersubjectiva partilhada importante o que se verifica pelo seu uso (ver princípios humanistas em baixo). O trabalho de elaboração do eu e da identidade tem também um valor terapêutico e pode influenciar o bem-estar (Rogers, 1961) e a produção no emprego/escola (Pekrun, 1991; Fend, 1991; Friedman & Farber, 1992).

Existe uma variedade de investigações teóricas e empíricas nas quais os comportamentos internos por um lado e manifestos por outro foram explicados com sucesso através da identidade e do eu. Muitas teorias da psicologia moderna têm por tema questões relativas ao eu e à identidade, são valorizadas pelas pessoas no quotidiano e por investigadores como sendo centrais para a vivência e o comportamento humano (Dreher & Dreher, 1985; Schwaller, 1991; Meeus, 1992). Com efeito, a identidade e o eu abrangem representações subjectivas relevantes e podem integrar, num contexto coerente, muitos fenómenos centrais para o entendimento do pensamento e comportamento humanos – embora por vezes à custa da falta de clareza das noções. Para além disso, a identidade é um conceito viável, utilizado quotidianamente.

Muitos autores avaliaram os conceitos do eu e da identidade como sendo positivos e úteis, quando confrontados com as teorias do comportamento. Ajudam a controlar as informações que dizem respeito ao eu (Markus, 1977) e ao comportamento (Krappmann, 1982). Epstein (1973) procurou explicitamente definir esta noção, numa discussão sobre o valor do auto-conceito, no sentido de uma teoria do eu e, assim, construir uma ponte entre os fenomenólogos que tratam do sujeito e os teóricos do comportamento interessados na objectividade. Deste modo, ele pretendia clarificar a utilidade da noção de auto-conceito. Por outro lado, apesar da sua posição neo-behaviorista, Bandura (1978) também postulou, juntamente com o meio e o comportamento, um sistema do eu enquanto terceira instância de explicação. Sem entrar em pormenores, Hausser (1983) também chegou à conclusão, depois de uma discussão crítica acerca das teorias sobre o auto-conceito, que a identidade ainda hoje é uma noção útil, com valor explicativo relevante. Na minha interpretação, a identidade torna-se útil para a comunicação quotidiana e científica, quando tem por base uma área teórica e experimental definida.

4.4 PRINCÍPIOS HUMANISTAS OU QUAL A IMPORTÂNCIA DAS EXPERIÊNCIAS SUBJECTIVAS PARA A PRÓPRIA IDENTIDADE?

Segundo a tradição humanista da psicologia moderna, as pessoas formam a imagem de si próprias com base nas suas experiências subjectivas. A noção mais importante de Rogers (1989) não é, no entanto, a identidade, mas o auto-conceito. Ele define auto-conceito como sendo "uma forma consistente de percepção estruturada (...) composta por percepções do "eu" ou "me" e das percepções das relações desse "eu" com o mundo exterior e as outras pessoas" (Rogers, 1989, 42). Ao contrário do que sucede com o auto-conceito, o *me* de Rogers (1989), como em Perls (1987), é definido enquanto fronteira de contacto entre figura e fundo da percepção. O *me* é a figura que se distingue do pano de fundo do meio. Forma a fronteira de contacto entre o contacto social e a relação com os próprios sentimentos, e a percepção, fina como uma membrana. Mas esta fronteira não permanece parada, é flexível e está sempre a ser determinada de novo, permanecendo por isso sempre fixa nos seus conteúdos. É nesta medida que Rogers atribui um carácter processual ao *me*.

Nos termos de Rogers (1961), o auto-conceito surge, como em Freud (1921; 1923), através da interacção com o meio (Kreuter-Szabo, 1988). A satisfação das necessidades espontâneas das crianças pequenas é constantemente valorizada e controlada pelos pais e outras pessoas de autoridade. Os valores estranhos interiorizados podem ameaçar a congruência das experiências relacionadas com os sentimentos e o auto-conceito, o que faz baixar a auto-estima, podendo mesmo exteriorizar-se sob a forma de doença psíquica. Ao contrário de Freud, para o qual só um "eu forte" pode curar a personalidade, o auto-conceito, segundo Rogers, tem de se adaptar ao aqui e agora das experiências subjectivas, conseguindo assim uma auto-imagem mais adequada. Este postulado possibilita a delimitação das outras teorias do auto-conceito, ao mesmo tempo que justifica a noção do próprio auto-conceito.

Rogers reclama um outro tipo de congruência, entre eu-real e eu-ideal, para se ser psiquicamente saudável e feliz. No auto-conceito real, estão contidas as representações actuais existentes de facto, abrangendo os aspectos de como alguém se percepciona e descreve numa determinada situação. O auto-conceito-ideal contém as representações desejadas relativamente ao eu, que reflectem a forma como alguém gostaria de ser (Rogers, 1961; ver também Oosterwegel & Oppenheimer, 1990; Oppenheimer & Oosterwegel, 1991). O auto-conceito-*deveria-ser* é um terceiro aspecto do auto-conceito. Descreve as representações que são apoiadas socialmente e chama-se, na psicanálise, super ego (Erikson, 1968; Freud, 1923; Markus & Wurf, 1986).

O auto-conceito enquanto concentração de experiências subjectivas transforma-se, em Rogers e nalguns dos seus alunos, num conceito condutor das suas actividades de aconselhamento (Gendlin, 1981; Giddan, 1988). A auto-estima deve assim ser realçada e integrada em cada uma das experiências e tornar-se acessível para serem trabalhadas as informações. O auto-conceito e a identidade devem ser enriquecidos com conteúdos subjectivos valorizados positivamente e deve surgir a auto-imagem actual numa continuidade de lembranças agradáveis de fases diferentes da vida. Através do melhoramento das estratégias de superação, as crises do auto--conceito ou da identidade são superadas com a ajuda de um conselheiro (Giddan, 1988).

Os elementos desta psicologia humanista do auto-conceito foram retomados por vários teóricos modernos e ligados a conceitos da psicanálise e do construtivismo (Kegan, 1986) ou a princípios cognitivos (Werff, 1985; 1990). De facto, nem Rogers (1961), nem Maslow (1962) demonstraram uma teoria da identidade ou do auto-conceito completas, e as noções utilizadas são pouco claras (Kreuter-Szabo, 1988). A relevância destes princípios está menos contida na diferenciação teórica, do que na transposição terapêutica e no evidenciar do significado da experiência subjectiva para a formação do auto-conceito e como estímulo para a formação de teorias modernas.

4.5 PRINCÍPIOS ESTRUTURALISTAS OU O QUE PERMANECE CONSTANTE EM ESTRUTURAS VARIÁVEIS?

Na tradição estruturalista de Piaget e discípulos, não foi possível identificar um conceito de identidade unitário. O próprio Piaget utiliza o conceito de forma ambígua embora alguns fenómenos, que designa através do conceito de identidade, sejam fulcrais para a sua teoria.

4.5.1 PIAGET

Piaget (1932;1947) e alguns dos seus discípulos utilizaram o conceito de "identidade" na sua forma original, significando igualdade (do latim identitas- igualdade), entre outros, desligada de conteúdo. Assim, a identidade não está primariamente relacionada com o auto-retrato. Foi possível retirar três conceitos de identidade diferentes de variadas obras de Piaget. Flammer (1988) e, mais pormenorizadamente, Kesselring (1988), resumem de forma ampla as demonstrações da interessante obra de Piaget; aqui serão rapidamente demonstrados alguns dos seus conceitos de identidade.

1 – Quando se encontrava a meio da sua produção literária, Piaget (1947) descreve uma teoria do desenvolvimento segundo a qual as crianças, no fim do primeiro ano de vida, aprendem a conservação dos objectos. A partir do fim do estádio pré-operatório, quando tem cerca de sete anos, a criança adquire também a capacidade de perceber a constância da forma e da quantidade. Nas duas fases seguintes, a das operações concretas e a das operações formais, desenvolvem-se outras constantes (por exemplo a constante do peso, do volume, etc.). Estas constantes ("identidades") são exemplo de um equilíbrio cognitivo em relação a certos conteúdos. Como define Piaget a identidade, de uma forma geral?

Segundo Piaget (1947), são construídos esquemas, a partir das acções, que não são estruturados mas que representam evoluções de comportamentos. Os esquemas podem ser coordenados em estruturas. Estas estruturas são variáveis e vão-se adaptando constantemente às diferentes condições do meio. É por isso que as estruturas particulares de desenvolvimento não se caracterizam pela igualdade de estruturas. No entanto, as estruturas atingem estádios de equilíbrio nas diferentes fases de desenvolvimento, em cada novo conteúdo. Essas estruturas distinguem-se através de quatro características, sendo elas a identidade, a composição, o associativismo e a inversão. Para a última fase de desenvolvimento, a das operações formais é, no entanto, necessário ter em conta a ligeira alteração dessas características (comparar com grupo INRC). Quando os sistemas apresentam estas quatro características, Piaget atribui-lhes um equilíbrio e chama-lhes grupo ou agrupamento. Esses grupos ou agrupamentos são transformados em regras que mostram a dimensão e o tipo de reversibilidade (pensamento ou comportamento).

A *regra da identidade* diz existir um e apenas um elemento (o elemento identidade) que produz um elemento - parceiro com qualquer um dos elementos – parceiros, por inclusão nas operações (Flammer. 1988, 139). Quando uma criança fica parada está, segundo a operação, ainda no mesmo sítio $(x + 0 = x)$. Ou, relacionando com a percepção da pessoa, a regra significa: as crianças no estádio pré-operatório, aprendem que as pessoas permanecem as mesmas apesar de mudarem de roupas (Kesselring, 1988). Por detrás da sequência dos estádios descontínuos, as crianças descobrem a permanência da identidade da pessoa. Na produção da percepção da identidade está, portanto, inerente uma estrutura de equilíbrio que, devido a comandos genéticos e à adaptação, se desenvolve no meio.

Segundo Piaget (1947) a identidade não é, ao contrário de outras teorias, nem uma estrutura nem um conteúdo, mas sim um critério de definição de um equilíbrio estrutural. A identidade pode ser transferida para a percepção das pessoas e do eu, mas é utilizável, no geral, em todos os esquemas. Nas estruturas de equilíbrio, existem, apesar das variações estruturais, operações idênticas que explicam os fenómenos de constância como estando inseridos no desenvolvimento. A aparente relação paradoxal entre estabilidade e desenvolvimento estrutural dilui-se, porque a identidade é uma propriedade do pretendido estádio de desenvolvimento: o equilíbrio. Este não evita uma mudança das estruturas, devido à instabilidade da estrutura, mas permite constantes.

2 – No entanto, Piaget tinha anteriormente definido constante de maneira muito diferente (1932). Segundo Piaget (1932, 393), a identidade da vida não se encontra na estrutura, mas sim, nas suas *funções,* por exemplo a assimilação e a acomodação. Os objectos percepcionados são então reconhecidos quando é possível estabelecer a concordância com um esquema próprio. Piaget fala de assimilação quando objectos exteriores se adaptam ao esquema; quando são os próprios esquemas e as suas estruturas que mudam, ou seja quando estes se dissolvem ou são construídos de novo, entra em jogo a acomodação. Estas funções ficam presentes durante a vida inteira e controlam os processos pessoa -meio.

Ou seja, as funções matemáticas descrevem a identidade dos objectos que mudam por si próprios ao decidir, por exemplo, da sua proporcionalidade. Em funções lineares do tipo $y = ax + b$, a relação entre x e y permanece igual, embora x e y se possam alterar. Nesta função, a proporção forma a identidade de x e y. Torna-se assim evidente a estreita relação entre função e identidade (Flavell, 1979).

Piaget (1947) aborda o conceito de identidade recorrendo a fenómenos de constante. Enquanto o jovem Piaget os tentava explicar através de funções inatas, o Piaget de 40 anos, relaciona-os com estruturas de equilíbrio adquiridas. No entanto, não é estabelecido um acordo em relação ao conceito de identidade no que respeita o conteúdo, o que não suscitava o interesse do estruturalista Piaget, mas sim quanto à sua relevância para o desenvolvimento.

3 – Piaget, Sinclair & Bang (1968), trabalharam com uma terceira definição de identidade. Eles observaram num pequeno grupo de crianças dos quatro aos oito anos que já os mais novos do grupo pareciam convencidos da existência de um "eu igual" para além do tempo de vida. No estádio pré - operatório, as pessoas são identificadas pelas crianças como sendo as mesmas, sendo--lhes atribuído um eu. O eu adquire a característica de identidade na base de uma experiência contínua transmitindo, consequentemente, um sentimento de individualidade e subjectividade. Através desta compreensão da identidade, Piaget aproxima-se fortemente da tradição das investigações sobre a identidade.

4.5.2 CONCEITOS DE IDENTIDADE DOS ALUNOS DE PIAGET

A heterogeneidade do conceito identidade de Piaget é retomada pelos seus alunos e é mesmo alargada. Seguidamente serão apenas apresentados alguns tópicos de autores escolhidos, na medida em que acrescentam aspectos e pontos de discussão novos e relevantes:

• Enquanto Piaget se referiu à identidade de forma geral, ela é discutida pelo seu aluno *Flavell* (1979) mais detalhadamente. Flavell (1979, 96) define identidade como "o isolamento ou diferenciação cognitivos de uma característica permanente do objecto, por parte da criança, nomeadamente a sua identidade ou o seu 'permanecer igual', de entre características variáveis como a forma, o tamanho ou outras manifestações do seu aspecto". Assim, para Flavell (1977), a identidade é uma *característica dos objectos*. O eu, como em Piaget et al. (1968), é essencialmente definido através de características da identidade. Segundo Flavell (1977), o reconhecimento do eu está sujeito ao mesmo processo de desenvolvimento das cognições sociais e é explicado através do desenvolvimento sensório-motor de Piaget. Flavell (1979) distingue a identidade qualitativa, na qual um arame dobrado permanece o mesmo arame, da identidade quantitativa, na qual o arame, apesar de dobrado, tem o mesmo peso e comprimento. Enquanto a identidade qualitativa se desenvolve já na idade pré-escolar, no estádio pré-operatório, a identidade quantitativa surge apenas no período escolar, no estádio operatório concreto.

- *Selman* (1984) trabalha sobretudo com o desenvolvimento das cognições sociais. Ele formulou cinco estádios de desenvolvimento da tomada de perspectiva e da percepção de pessoas, na tradição construtivista. O estádio da auto-percepção deriva do estádio cognitivo da percepção alcançada de pessoas porque o eu é percepcionado como sendo uma pessoa exterior. A educação e desenvolvimento do eu obedecem a regras gerais de desenvolvimento cognitivo e a processos sociais específicos. Selman (1984) conjuga assim teorias estruturais com noções da psicologia social para alcançar uma teoria do desenvolvimento das cognições sociais, à qual junta a identidade.

- É verdade que os alunos de Piaget *Mounoud & Vinter* (1985) utilizam argumentos semelhantes, mas definem a identidade atipicamente em relação a estas tradições teóricas (ver em cima). A auto-imagem designa a representação da própria pessoa. Segundo estes autores, as crianças não constroem estruturas nem padrões de acção e pensamento, elaboram sim representações interiores (lembranças auto-biográficas e papéis), que são entendidas como conteúdos estruturados e organizados. Este processo baseia-se em estruturas gerais de pensamento, formais, e de acções que persistem. O desenvolvimento efectua-se apenas graças às chamadas capacidades de codificação perceptuais, conceptuais e formais, que conduzem a novas fases de elaboração confirmando uma sequência contínua de desenvolvimento no sentido de um controlo genético. Deste conceito de desenvolvimento, os autores fazem derivar quatro fases de desenvolvimento da identidade, que se repetem em espiral. As quatro fases são referidas com o exemplo da pré-adolescência: na primeira fase da espiral, a identidade é "sincrética" ou não - diferenciada. Na segunda fase, as realidades interiores e exteriores são parcialmente elaboradas de novo, encontrando-se independentes umas ao lado das outras. Monoud & Vinter (1985) falam de uma "identidade múltipla". Na terceira fase são coordenadas as diferentes elaborações. Estas coordenações resultam numa "identidade única". Na quarta fase os objectos são finalmente reunidos nas suas redes, surgindo a "identidade típica". Os autores conseguiram provar estas quatro fases de desenvolvimento de identidade bastante bem, para idades diferentes, com um método de demonstração original.

4.6 PRINCÍPIOS COGNITIVOS OU O QUE PENSO DE MIM PRÓPRIO

Os psicólogos cognitivos trabalham cada vez menos com o conceito de identidade, que é desqualificado por ser difuso e por estar ligado a definições científicas problemáticas, trabalhando antes com o auto-conceito. Wylie (1974; 1979; 1989), no final dos anos 70, deu-nos uma ampla revisão da literatura científica sobre o auto-conceito, razão pela qual me restringirei, a partir de agora, à produção na literatura científica após 1980. Existem pelo menos quatro correntes na investigação do auto-conceito cognitivo.

- Numa primeira corrente examina-se a relação indivíduo--ambiente. Auto-conceito designa o reconhecimento do facto de se ser uma entidade fechada junto do meio. Esta corrente não será aqui mais desenvolvida.
- Uma outra corrente entende o auto-conceito como uma ramificação de representações cognitivas relativas ao eu (Filipp,

1980; Kelly, 1955; Mummendey, 1981, Deusinger, em impressão) ou como um auto-esquema (Markus, 1977; Markus & Wurf, 1986; Cross & Markus, 1991). Alguns autores da literatura científica do auto-conceito cognitivo focaram conteúdos determinados, como por exemplo o trabalho ou as diferenças culturais e, eventualmente, nacionais.

- Uma terceira corrente descreve o auto-conceito como auto--estima ou um processo de auto-análise e foca a dimensão avaliadora do auto-conceito.
- Numa quarta corrente, o auto-conceito é definido através da dimensão do sentimento de controlo.

Primeiramente, serão rapidamente demonstradas as conceptualizações de William James sobre a noção de auto, em seguida será discutida a corrente descritiva, avaliativa e da teoria do controlo no contexto da investigação do auto-conceito, tendo em conta autores escolhidos.

William James resume no auto-conceito "a soma total de tudo aquilo que o sujeito designa como sendo seu" (James, 1890, 175), não só o seu corpo e as suas capacidades, mas também as suas roupas e a sua casa. Esta definição antecipou-se à ideia, ainda que não diferenciada, de que certos objectos podem exprimir algo sobre o eu ou mesmo ser representações do eu (por exemplo uma fotografia de uma experiência de férias; ver capítulo 4.10). Resumindo, James faz a distinção entre um eu material (corpo, casa, roupas), um eu social (aqueles que convivem com ele) e um eu espiritual (a soma dos estados conscientes, capacidades, disposições, sentimentos, pensamentos, valores e objectivos), que formam uma hierarquia em que o eu espiritual se encontra no topo.

James transporta o debate da filosofia do século XIX sobre o eu e a identidade, para a psicologia moderna. É por isso que muitos psicólogos modernos, investigadores do eu e da identidade, se referem explicitamente a James como o pai das teorias modernas do eu. No entanto, ele não deve ser entendido apenas como precursor dos princípios psicológicos cognitivos do eu e das teorias da personalidade, na medida em que muitos psicólogos sociais refe-rem-se também a William James e às suas reflexões. Mas não se pretende aqui discutir a psicologia de James integralmente.

4.6.1 DEFINIÇÕES DESCRITIVAS DO AUTO-CONCEITO

Nesta perspectiva tenta-se descrever, através de conceitos cogni-tivos, o que pensam as pessoas de si próprias, ou seja, qual a origem e em que consiste o auto-conceito. Neste parágrafo, as compo-nentes avaliativas passarão para segundo plano. O auto-conceito é frequentemente entendido como uma representação reflectida do eu, embora, na maior parte das vezes, o eu não seja definido de forma precisa. Em alguns modelos, o eu indica implicitamente conteúdos importantes relativos ao eu, enquanto que, em outros, define o campo central da personalidade. As reflexões sobre o eu conduzem à sua representação elaborada, a um metaconstructo, a um auto-conceito. O que é exactamente o auto-conceito?

Um conceito relativamente antigo, que ainda é muitas vezes citado, considera o auto-conceito como teoria de si (Epstein, 1973). Seymour Epstein definiu o auto-conceito através das característi-cas alcance, economia, aceitação, validade empírica, consistência interna, possibilidade de prova, utilidade. O indivíduo constrói esta teoria com base nas suas experiências. Ela consiste em auto--esquemas coordenados, e é uma parte de uma ampla teoria acerca do eu e do meio. Tem como objectivo a optimização do balanço vontade/falta de vontade ao longo da vida, através do controlo dos comportamentos. Deve também, para além disso, conservar a auto-estima, e organizar as experiências de maneira a conseguir dominá-las. A teoria de si é assim um produto cognitivo espontâ-neo alcançado pelo indivíduo, de grande importância para o bem--estar, ao mesmo tempo que orienta o comportamento.

Como podem ser descritos os auto-esquemas? Segundo Hazel R. Markus (1977), os auto-esquemas são generalidades cognitivas acerca do eu, derivadas de experiências passadas que organizam e controlam o processamento de informações relativas ao eu. São resistentes a alterações e coordenam-se em estruturas, porque os indivíduos são entendidos como processadores activos de informação construtiva, que percepcionam, aprendem, se lembram e que resolvem problemas. Uma grande parte das informações a processar são informações sobre o próprio eu.

Markus & Wurf (1986) prolongaram estas ideias postulando, em consequência, um auto-conceito dinâmico: o comportamento intra- e interpessoal interagem independentemente um do outro, com o eu que trabalha. Este é constituído por auto-esquemas isolados, por standards de análise, estratégias, eus possíveis e regras de reprodução de esquemas. O eu trabalhador constrói a clivagem actualizada do auto-conceito e regula o comportamento intra- e interpessoal. O mérito deste modelo reside no facto de ter em conta o auto-conceito na perspectiva da teoria do processamento de informação e por transformar contextos em processos de pensamento, provando-os experimentalmente. Para além disso, a distinção entre auto-conceito sobrevivente e auto-conceito actualizado explica também a especificidade da situação do eu que foi descoberta em várias experiências empíricas (Shavelson & Marsh, 1986).

Já sabemos, de facto, pela nossa experiência quotidiana, que as pessoas se sentem e se descrevem a elas próprias de variadas maneiras nas diferentes situações, ou seja, que activam auto-conceitos variados. Gergen (1984) pôde demonstrar experimentalmente que o auto-esquema e o valor próprio podiam ser modificados, o que é valioso sob o ponto de vista terapêutico. Ao mesmo tempo, faz-se também referência à estabilidade do auto-conceito. Allport (1970) explica as afirmações contraditórias sobre a mutação e estabilidade do auto-esquema, dizendo que os elementos centrais do auto-conceito são estáveis e que os elementos periféricos são variáveis. Mas a estabilidade do auto-conceito poderia também reconduzir ao facto de que o meio permanece igual na sua constelação total, não sendo necessário nenhum auto-conceito variável (Gergen, 1984; Graumann, 1983). São possivelmente as próprias pessoas que constroem a experiência de um auto-conceito estável. Da necessidade de permanecer coerente e em continuidade com a história pessoal (Epstein, 1985), resulta uma modificação da atribuição das inconsistências na atribuição, de forma a diminuir a dissonância cognitiva (Festinger, 1957).

Shavelson e os seus colaboradores (Shavelson, Hubner & Stanton, 1976; Shavelson & Bolus, 1982; Shavelson & Marsh, 1986), procuraram resolver o problema da especificidade de áreas com uma nova hipótese: o auto-conceito estaria organizado hierarquicamente. O auto-conceito geral é constituído, diferenciando-se no conteúdo, por um auto-conceito académico, e um não-académico. O académico foi-se repartindo, em seguida, em disciplinas individuais (matemática, inglês, história), repartindo-se estas também em tipos de comportamento individuais. O auto-conceito não académico reparte-se em auto-conceitos sociais, emocionais e físicos. Este conceito hierárquico, pôde ser validado com análises LISREL (Shavelson & Marsh, 1986). No entanto, o conceito não atribui uma grande importância ao aspecto académico *vs.* não--académico. Pelo contrário, os auto-conceitos sociais, emocionais e físicos, que são igualmente plausíveis, poderiam formar a mais alta hierarquia, de forma a que o aspecto académico vs. não--académico passasse assim para segundo lugar. Os níveis de conteúdo da estrutura hierárquica, diferenciam-se provavelmente em cada indivíduo, de um modo particular, já que apenas se estabelece de forma consensual a diferença entre um só auto-conceito global e uma variedade de auto-conceitos específicos (ver Rosenberg, 1979). A vantagem da teoria de Shavelson está na tentativa de caracterizar o auto-conceito em tipos, no que respeita o conteúdo e hierarquia, comprovando este conceito empiricamente. Não existem até hoje investigações empíricas que respondam conclusivamente à pergunta sobre como está organizado hierarquicamente o auto-conceito.

Numa perspectiva moderna, Hattie (1992) sintetiza os resultados das investigações sobre o auto-conceito. O seu modelo do auto-conceito contém partes descritivas e avaliativas: "os nossos auto-conceitos (…) são avaliações cognitivas, manifestando-se em noções como esperanças, descrições, regras que estão integradas em várias dimensões, que nós próprios nos atribuímos. A integração consiste, primariamente, na auto-verificação, ou seja, auto--consistência, ou seja, auto-complexidade, ou seja, auto-elevação ("self-enhancement")[1]. Estes argumentos podem ser consistentes ou não, independentemente da dimensão e tipo da aprovação ou desaprovação dos valores, que adquirimos de nós próprios ou de outrem" (Hattie, 1992, 37; traduzido por M. N.). Hattie define auto-conceito recorrendo às características hierárquico, multi--dimensional, não-observável directamente, uma experiência única para uma pessoa, controlador do pensamento, implícito, passível de influência de pessoas significativas com as quais conviva, ligado à cultura, podendo alterar-se ao longo das gerações, e, no topo da hierarquia das características, estável, assim como alterável no decorrer das situações ("state" vs. "trait"[2] – aspecto da personalidade). Este complexo e multifacetado conceito pode ser evidente, mas abrange, pelas suas muitas características, uma grande amplitude. A validação de Hattie (1992) resumiu-se obrigatoriamente a aspectos de partes. O conceito espelha o estado das investigações, que se resumem a noções descritivas que, além de serem elementos isolados, são pouco originais.

Ao contrário dos psicólogos cognitivos orientados numa perspectiva estruturalista, Offer e os seus colaboradores (1984) não trabalham com conceitos hierárquicos, mas com onze dimensões diferentes que podem ser reduzidas a cinco elementos. É certamente por isso que os autores utilizam antes a noção de auto--imagem, em vez da de auto-conceito. As dimensões têm os seguintes nomes: eu psicológico (controlo, emoção, imagem do corpo e do eu), o eu social (relações sociais, moral, objectivos de trabalho e educação), o eu sexual, o eu familiar e o eu dominante (domínio do mundo exterior, psicopatologia, adaptação em geral). Existem

---

[1] Em inglês no original.
[2] Em inglês e francês no original.

assim, por um lado, dimensões de conteúdo que reúnem o conteúdo familiar, pessoal e social, especialmente o familiar e, por outro lado, dimensões de domínio, que devem ser entendidas sob a forma de processo. Foram operacionalizadas para efeitos de diagnósticos clínicos e em questionários para jovens. O conceito foi provado e validado em muitas investigações com o propósito de entender o estado de saúde dos jovens, assim como em estudos para comparar culturas diferentes (Steinhausen, Offer, Ostrov & Howard, 1988).

A investigação sobre o auto-conceito estabeleceu-se não só na área clínica, como também na pedagógica (Jerusalem & Schwarzer, 1991; Pekrun & Helmke, 1991; Silbereisen, Böhnke & Crockett, 1991; Friedman & Farber, 1992): Hausser (1983), por exemplo, utilizou dimensões de identidade com sucesso, nas áreas escola, crianças estrangeiras e políticas de juventude. Apesar de se dizer pertencer à tradição da investigação do auto-conceito cognitivo, Hausser utiliza a noção de identidade. Ele conceptualizou a identidade, especificamente para cada situação, como também estendendo-se para além da situação, com os elementos: auto-conceito (auto-descrição), auto-estima (auto-avaliação) e sentimento de controlo (capacidade de adivinhar e de influenciar acontecimentos, motivações). No entanto, a noção de sentimento de controlo permaneceu pouco clara porque não se separou suficientemente os aspectos motivacionais dos cognitivos. Para além disso, ainda não foi efectuada uma validação completa do seu conceito.

Outras áreas, onde se trabalhou com sucesso com o auto-conceito cognitivo, serão apenas enumeradas: alguns autores provaram a relação do auto-conceito com a escolha de profissão ou questões relacionadas com a carreira (Super, 1957; Friedman & Farber, 1992; Whitbourne & Weinstock, 1982). As perguntas típicas estão relacionadas com mudanças de auto-conceito aquando do primeiro emprego, ou passados os primeiros anos. Numa outra grande área de investigação, são examinadas diferenças entre auto-conceitos de pessoas pertencentes a culturas étnicas diferentes no mesmo país (Banks, 1984; Doi, 1986; Phinney, 1992; Markus & Kitayama,

1991) ou diferenças entre variadas nações ou culturas (Steinhausen, *et al.*, 1988). Outros autores investigaram o auto-conceito segundo contextos específicos de diferenças entre sexos, ou segundo variáveis sócio-demográficas (por exemplo, Orlofsky, 1977).

Em resumo, pode-se identificar um número elevado de auto--conceitos descritivos. A relação alternada dos princípios uns com os outros raramente é explícita, e os conteúdos ou os conceitos são pouco concordantes. Dominam as definições *ad-hoc,* que são insuficientemente relacionadas com princípios consistentes. Devido a uma operacionalização variada, os resultados apenas são comparáveis de forma limitada, de modo a que inúmeras perguntas de base, acerca da teoria do auto-conceito, permaneçam até hoje abertas. A noção de auto-conceito em particular, é definida com dimensões que podem variar e que não apresentam nenhuma relação entre elas.

4.6.2 DEFINIÇÕES AVALIATIVAS DO AUTO-CONCEITO

Numa outra tradição de investigação, o auto-conceito situa-se num nível de igualdade com o valor-próprio ou com a auto--estima (Alsaker, 1990). Esta delimitação conceptual estende-se à operacionalização do auto-conceito (Harter, 1983; Alsaker, 1990). Alguns autores falam mesmo num auto-conceito alto/baixo ou positivo/negativo (por exemplo, Filipp, 1980).

Dickstein comparou várias definições da auto-estima, e procurou organizá-las numa sequência de desenvolvimento: o valor--próprio de uma criança pequena depende da extensão daquilo sobre o qual a criança consegue agir, dos acontecimentos que consegue influenciar, daquilo que consegue controlar (ver definição de White, 1959; e Flammer, 1990). Num nível de desenvolvimento mais elevado, a auto-estima surge como quociente de sucesso e pretensões (definição de James, 1890). Em crianças mais velhas, a auto-estima é formada como medida de discrepância entre o eu real e o ideal (definição de Rogers, 1961). Num quarto nível, a auto-estima é formada pela extensão da aceitação da pessoa como tal, e do seu sentimento de integração (Erikson, 1968). No quinto nível, a auto-estima é difícil de medir, segundo Dickstein (1977a). A auto-estima pode-se verificar mais rapidamente, através de uma escala que mede a honestidade para com o próprio eu. Este nível está ligado a pensamentos budistas-zen, mas é pouco descrito. Esta sistemática proporciona uma visão sobre definições de auto-estima clássicas. O facto de mostrarem uma sequência de desenvolvimento permanece um postulado e necessitaria de ser provado empiricamente.

Uma auto-estima elevada provoca o sentimento de que a vida faz sentido, podendo-se conseguir coisas com valor. É considerado como um indicador de uma identidade pessoal integrada (Orlofsky, 1977; Marcia, 1980) ou como marca de um grande bem-estar (Grob, Lüthi, Kaiser, Flammer, Mackinnon & Wearing, 1991). A sua manifestação depende da meta que se pretende atingir (objectivos), é relativizada através dos conceitos dificuldade, esforço, capacidade e acaso (Flammer, 1990). É também estabelecida através da experiência pessoal de trabalho, ao trazer elogios ou repreensões das autoridades, e através do sucesso de pessoas com as quais se tenha uma relação próxima. Assim, a auto-estima depende do esforço das pessoas com as quais há relacionamentos, e do esforço do próprio, eventualmente dos standards pessoais de esforço dos seus grupos de relações, aos quais se sente ligado. Como no auto-conceito em geral, a auto-estima em especial, também apresenta uma estrutura hierárquica (Rosenberg, 1979): ao lado da auto-estima global, podem-se distinguir várias auto-estimas relacionadas com o esforço. Na maior parte das vezes, a auto-estima foi operacionalizada empiricamente com a "Rosenberg Self-Esteem-Scale RSE" [1] (Rosenberg, 1979), com a "Perceived Competence Scale PCS" [2] de Harter (1982) ou com a modificação e ampliação de um destes instrumentos (Alsaker, 1990; Grob et al., 1991). Em investigações de natureza

---

[1] Em inglês no original.
[2] Em inglês no original.

transversal e longitudinal, replicou-se uma grande estabilidade da auto-estima na juventude, com estes instrumentos (Rosenberg, 1986; Alsaker, 1990; Grob, Flammer & Neuenschwander, 1992). Harter (1983) e Graumann (1983), chamaram a atenção para o facto de a estabilidade da auto-estima estar, no entanto, ligada à estabilidade do meio. Gergen (1984) alerta também, na sua investigação, para a grande especificidade de situação e área da auto-estima, e interpreta os resultados da estabilidade da auto-estima como artefacto da experiência. Os resultados controversos podem possivelmente ser explicados por causa da diversidade dos instrumentos de medição, com base em definições múltiplas de diferentes combinações de amostras.

Também se deve reflectir sobre o motivo da auto-estima (por exemplo, Epstein, 1973; Rosenberg, 1979). Há o desejo de pensar bem acerca de si próprio. Flammer (1990) refere, na sua revisão da literatura científica, tendências de atribuição que servem a auto-estima. Uma auto-estima elevada é um indício de saúde psíquica, e um objectivo explícito de muitos métodos psico-terapêuticos. Segundo as investigações de Campbell (1990), as percepções das pessoas com elevada auto-estima são mais congruentes, têm mais auto-confiança, e, as suas declarações sobre si próprias são mais estáveis do que em pessoas com baixa auto-estima. Uma elevada auto-estima vai ao encontro de uma identidade integrada (Campbell,1990).

4.6.3 IDENTIDADE E SENTIMENTO DE CONTROLO

Hoje em dia, a identidade e, eventualmente, o auto-conceito, estão cada vez mais ligados ao sentimento de controlo. Essas relações, assim como a história da teoria do controlo, são aqui apresentadas pormenorizadamente porque serão importantes para a própria conceptualização da identidade.

"O controlo consiste em manter à disposição procedimentos adaptados, utilizando-os em caso de necessidade, para que um estatuto se transforme num outro estatuto ambicionado ou para que as mudanças de um estatuto possam ser compensadas quando não se ambiciona uma mudança" (Flammer, 1990, 20). O sentimento de controlo é a representação cognitiva do controlo.

Controlar designa então a acção, apontada para um alvo, provocando conscientemente uma mudança, ou, eventualmente, em caso de necessidade, evitando uma mudança. Isso pressupõe valores, que conduzem à acção, sob a forma de objectivos. As acções de controlo são aquelas que conduzem com mais probabilidade ao objectivo, porque as competências necessárias são conscientes e seguras. O controlo pode, mas não tem de ser exercido. Flammer (1990), distingue por isso, entre "ter controlo" e "exercer controlo". O controlo tem-se dentro de si próprio, quando alguém quer atingir um objectivo. Para atingir esse objectivo não é necessário ambicioná-lo a cada momento, nem é preciso exercê-lo sempre (por exemplo, posso comer a cada momento; no entanto, limito-me, no geral, a fazer três refeições por dia).

O controlo tem um aspecto objectivo e um outro subjectivo (Osterreich, 1981): o facto de exercer controlo provoca, de facto, resultados observáveis exteriormente. Estes são objectivos. O sentimento de controlo, pelo contrário, é subjectivo e representa o saber, sobre as capacidades próprias, sobre as contingências do meio, e sobre a possibilidade de realizar objectivos seguros, através de acções pessoais. O sentimento de controlo é um esquema da identidade e é construído, tanto globalmente, como especificamente relacionado com o seu conteúdo (Flammer, 1990). Aquele pode estar de acordo com o controlo objectivo, na medida em que a opinião sobre as possibilidades pessoais corresponde efectivamente à possibilidade de realização. Quando o sentimento de controlo se opõe ao controlo objectivo, fala-se de ilusão de controlo (Langer, 1975; 1983).

O controlo como conceito foi introduzido na psicologia por Rotter (1966), partindo de uma ordem do mundo que consiste em relações causais. Relações origem-acção são uma pedra fundamental na estrutura do mundo. A eficácia representa o facto de os processos terem consequências ("efeitos"). Assim, a eficácia pode ser identificada como o mais alto conceito de controlo (Flammer, 1990). Hoje em dia, com Bandura (1977), diferencia-se entre a auto-esperança de eficácia e a esperança de obter resultados (ver Flammer, 1990; Skinner, Chapman & Baltes, 1988): a auto-esperança de eficácia refere-se à contingência que existe entre a pessoa e o comportamento desejado. Pode uma pessoa exercer o comportamento desejado? A esperança de obter resultados refere-se, ao contrário a uma outra contingência, se um determinado comportamento tem a eficácia desejada, se serve ao preenchimento dos objectivos pessoais. Esta concepção de controlo parte da teoria da aprendizagem (Rotter, 1954; Skinner, *et al.*, 1988), da teoria de Seligman (1986), das suas reformulações cognitivas (Abramson, Seligman & Teasdale, 1978; Miller & Seligman, 1982) e da teoria da auto-eficácia (Bandura, 1977; 1982)

O sentimento de controlo constrói-se a partir da experiência de se ser pessoalmente a causa de acontecimentos, sendo conceptualizado especificamente para cada área (Flammer, Grob & Lüthi, 1987). É uma forma de medir quanto se controla e influencia o desenvolvimento pessoal. Um elevado sentimento de controlo incentiva as capacidades de esforço e a exploração de novos objectos. Reconhecer-se a si próprio como causa da eficácia aumenta a auto-estima, dá confiança nas próprias capacidades, reduz tendências depressivas (Alloy, Abramson, Metalsky & Hartlage (1988) e aumenta o bem-estar (Flammer, 1990). Seligman (1986), postula uma relação entre a perda de controlo, o abandono ("détresse") e mesmo depressões, em certas circunstâncias. Existem casos em que o sentimento de perder controlo levou à morte (Seligman, 1986). É, aparentemente, vital que a pessoa saiba da sua influência sobre si própria e sobre o meio, e que esteja convencida que pode decidir por si própria.

Estes resultados demonstram a eficácia, estimulante para a saúde, de um alto sentimento de controlo. Não devem, no entanto, dar origem a um "fetichismo do controlo". A pessoa sozinha não pode influenciar e alterar todos os acontecimentos. As pessoas mais velhas em especial sentem claramente os limites do controlo. Uma necessidade de controlo exagerada pode conduzir a fantasias de todo-o-poder, a stress e a enfartes. Por isso, Weisz, Rothbaum & Blackburn (1984a; 1984b) censuram, já há mais de dez anos, o conceito de controlo secundário: em alguns casos as pessoas não podem alterar o meio através de intervenções, devendo sim adaptar-se. A morte da mãe, por exemplo, não se pode agir como se nunca tivesse acontecido, tendo as crianças de se confrontar com este infeliz acontecimento. Flammer, Neuenschwander & Grob (1995), diferenciaram o controlo secundário sobre uma base empírica. Um equilíbrio entre moldar e adaptar-se é postulado por muitos autores: Piaget (1947) falou de assimilação e acomodação. Lazarus & Folkman (1984) distinguiram os conceitos ultrapassagem de problema e ultrapassagem centrada na emoção. Maturana (1985) e Jantsch (1992) falaram em tradição teórico-sistemática e em adaptação do sistema ("autopoiese"). Mesmo se a argumentação anterior foca o controlo primário, deve-se chamar expressamente a atenção para o equilíbrio desejado entre acções primárias de controlo e adaptação. O desenvolvimento da identidade não pode, assim, significar a elevação do sentimento de controlo de qualquer maneira (van Aken, 1991). As pessoas devem, ao contrário, submeter-se a limites, apesar da subida de competência devido ao reconhecimento de acontecimentos incontroláveis.

Com o instrumento de Rotter (1966) para medir a interioridade/exterioridade do controlo, e a sua ampliação por Levenson (1972) e Krampen (1979), foram feitas bastantes investigações (resumo em Krampen, 1987; Flammer, 1990). O significado das experiências de controlo em crianças pequenas foi verificado unanimemente, assim como o facto de o controlo, na idade escolar (Sherman, 1984) e nos jovens adolescentes (Krampen, 1989), ser cada vez mais atribuído ao factor interno e menos vezes atribuído ao factor externo. Na investigação de Grob et al. (1992), num estudo transversal e longitudinal com jovens dos catorze aos vinte anos, o sentimento de controlo subiu, em bastante mais do que a metade das áreas da vida apresentadas. Por outro lado, na idade adulta, parece permanecer estável (Krampen, 1987), voltando a baixar na velhice (Flammer, 1990). Flammer (1990) analisou a estrutura do conceito de controlo, colocando-o numa sequência de desenvolvimento com onze estádios: os primeiros quatro estádios dizem respeito ao contacto com o meio, enquanto o controlo é depois caracterizado como um contacto consigo próprio e com a sua identidade.

Hoje em dia, aceita-se a experiência de eficácia e de controlo como dimensão de identidade ou de auto-conceito: Bandura (1978; 1986) estabelece uma relação entre o conceito de auto-eficácia, segundo a sua própria terminologia, e o eu, ao declarar o "auto-" como possível causa de eficácia. Hausser (1983) chama controlo a um elemento do seu conceito de identidade. Mostrou-se, em variadas investigações, a relação entre o "locus of control"[1] e os estatutos da identidade segundo Marcia (1966) (ver acima). Harter (1983) trabalha com o conceito auto-controlo, e discute a relação entre o auto-conceito e a pulsão de controlo, no sentido psicanalítico. O controlo é debatido no contexto de perguntas filosóficas e morais, é debatido com problemas teóricos de aprendizagem, aprendizagem de contingência (Bandura, 1978; Skinner, et al., 1988), controlo de acções e emoções (Fend, Helmke & Richter, 1984).

Hattie (1992) conclui, acerca da relação entre experiências de controlo e auto-conceito, com a ajuda da teoria da atribuição que, tanto o sentimento de controlo como o auto-conceito, podem ser descritos como produtos da atribuição. Sejam os acontecimentos considerados controláveis ou não – uma dimensão das atribuições segundo Weiner (1977) –, existem consequências importantes para o desenvolvimento do auto-conceito. A estrutura do auto-conceito é, para Hattie (1992), muito semelhante à do controlo. Segundo Gorrel (1990), a mudança em particular, da convicção de controlo e do auto-conceito, está sujeita ao mesmo processo, o que torna possível que ambas as correntes de investi-

---

[1] Em inglês no original.

gação se possam enriquecer simultaneamente. Deusinger (em impressão) definiu, por fim, os auto-conceitos de uma pessoa como sendo: "a compreensão individual de todas as características da própria pessoa, e a forma como surgem em auto-atribuições relativas às capacidades, habilidades, interesses, desejos, sentimentos, humores (...)", o que aproxima a convicção do controlo e do auto-conceito tanto do ponto de vista teórico como na investigação empírica.

O princípio que relaciona o conceito de controlo com o de identidade, é muito promissor, sendo viabilizado através do conceito da autoria do efeito (Stern, 1992). Este pode contribuir especialmente para a explicação da "auto"-constituição na idade infantil, e explica as dificuldades quanto ao alcance da identidade, sentidas na adolescência e na idade adulta. Estas questões serão tratadas no capítulo 5.2, já que estas noções são parte essencial do conceito a desenvolver.

4.7 PRINCÍPIOS RELATIVOS À PERSONALIDADE PSICOLÓGICA OU PORQUE É QUE SOU ÚNICO COMO PESSOA?

A partir de William James, os psicólogos das teorias da personalidade continuaram o debate acerca do eu e da identidade. Ao contrário dos modelos descritos acima, a abordagem é maioritariamente ideográfica. A pergunta central é: porque é que sou o mesmo, apesar da variabilidade de comportamento nas diferentes situações? Como está estruturada a personalidade de uma pessoa, com a biografia, o seu aspecto, as diferentes características e processos que lhe pertencem? Ao longo da história da psicologia, estas perguntas foram respondidas de múltiplas maneiras, e eu gostaria apenas de referir rapidamente as respostas de dois autores, relativamente às suas concepções do eu.

Gordon W. Allport (1955; 1970) alcançou, no seu tratado das ciências do espírito, o princípio do Proprium, que foi desenvolvido com estudos empíricos. Constrói-se uma forma com sete aspectos do eu, que se desenvolve ao longo da ontogénese: 1) sentido do eu físico, 2) sentido da auto-identidade contínua, 3) auto-estima e orgulho, 4) expansão do eu na própria posse, 5) auto-imagem, 6) eu como procedimento racional e, 7) uma aspiração própria, ou seja, intenções a longo prazo e objectivos distantes são acrescentados na adolescência como sendo uma nova dimensão no sentido da constituição do eu. O *Proprium* constitui o cerne da personalidade, e é descrito por Allport como uma região quente e privada. Não forma uma personalidade dentro da personalidade, é sim, pelo contrário, uma região da estrutura da personalidade. O *Proprium* só é dado a conhecer subjectivamente e não cientificamente. As pessoas podem-se comportar, em vez disso, com controlo de tarefas ou participação própria, ou seja, agem de forma mais ou menos empreendedora. O grande significado do Proprium, reside, segundo Allport, na explicação do comportamento das pessoas.

Na teoria da personalidade e do desenvolvimento de Ausubel e Sullivan (1970), o eu entendido como "uma constelação de representações e lembranças individuais", é definido segundo variadas qualidades sensoriais. O auto-conceito, ao contrário, é uma abstracção das características essenciais e diferenciadoras do eu. A personalidade é mais vasta que o auto-conceito. Ela inclui todas as predisposições de comportamento, a partir de um determinado ponto, no decorrer da vida. Existem zonas concêntricas de objectos, pessoas, valores e acções que variam na sua distância em relação ao eu. Quanto mais centrais são as zonas, mais importantes se tornam para as pessoas.

Assim como Allport, também Ausubel e Sullivan (1970) trabalharam numa perspectiva ideográfica, já que a disposição genética de que se é dependente, do mesmo modo que a vida, conduzem a uma personalidade única. Mesmo assim, os autores formulam fases universais para o "auto"-desenvolvimento até à adolescência, orientando-se pelos autores Arnold Gesell e William Stern que trabalham numa perspectiva endógena. O desenvolvimento pessoal da criança é analisado a partir das interacções pais-criança, e é apresentado como relacionado de forma significativa com a transformação da relação pais-criança. O desenvolvimento é considerado completo quando o jovem eu atinge a independência, quando alcança um valor e um horizonte temporal próprios, e quando consegue uma posição pessoal na sociedade. Desta maneira, o eu não é tratado como instância própria ou como estrutura, mas como função da família ou da sociedade.

4.8 PRINCÍPIOS PSICOSSOCIAIS OU COMO É QUE O MEIO SOCIAL INFLUENCIA A AUTO-IMAGEM?

A psicologia social produziu uma grande quantidade de concepções pessoais do eu e da identidade, das quais algumas, frequentemente citadas, serão agora expostas. Relacionam-se muitas vezes com James (1890), que já falou num eu social. A discussão acerca do eu na psicologia social possibilita a investigação acerca do indivíduo, considerado não apenas como tendo um papel determinado, mas também como indivíduo autónomo (Turner, 1987).

Parceiros sociais (pessoas isoladas, grupos, instituições e sociedades) podem determinar o conteúdo e a estrutura da identidade, na medida em que influenciam propositadamente uma pessoa, ou servem de objecto de identificação, agindo indirectamente. A identificação com parceiros sociais é uma forma especial de representação social, já que se lhe antecipa, em todo o caso, a assimilação, ou seja, o reconhecimento e valorização do parceiro social como possível objecto de identificação. Quando um parceiro social preenche a exigência do próprio eu, ou seja, quando tem um valor muito positivo, e também, quando está disponível se necessário, pode servir como objecto de identificação. Ao contrário do processo de *internalização,* no qual, com base em convicções de influência social, se mudam opiniões e comportamentos, na identificação, todo o sistema de valores e de convicções é adoptado de livre vontade. A empatia é, juntamente com a *inter-*

nalização e a identificação, um terceiro processo do reconhecimento da pessoa, no qual é adoptada uma perspectiva estranha. A empatia evidencia o processo, na medida em que alguém se põe no lugar de uma outra pessoa, sem esquecer que é diferente dela. Witte (1989) dá uma vasta visão de conjunto acerca da investigação sobre o reconhecimento de pessoas.

Como está estruturada a identidade social? Um ponto de partida interessante neste contexto teórico é-nos proposto com o conceito de representação social de Moscovici (1984). Os sistemas sociais (grupos, organizações, instituições) dispõem de representações sociais (RS), o que quer dizer que têm ao seu dispor o conhecimento existente em escritos, estatutos ou símbolos. Estas são treinadas e desenvolvidas em processos de comunicação e de interacção através de um grupo representativo, apresentando interpretações socialmente consensuais. As representações sociais caracterizam os sistemas sociais e separam-nos de outros sistemas. Manifestam-se nos componentes do sistema, como representações sociais individuais (RSI). Na recepção a nível do conhecimento pessoal, as representações sociais são modificadas. Neste caso, os processos de selecção, interpretação e avaliação têm um papel importante. Uma adaptação das representações sociais na estrutura individual do conhecimento reflecte-se nas representações privatizadas e uma pequena mudança das representações sociais existe na representação convencional dum indivíduo. As representações sociais individuais estão, por um lado, relacionadas com a importância e centralidade e, por outro lado, estão estruturadas hierarquicamente segundo a generalidade dos elementos. Elas formam, juntamente com o saber idiossincrático, a estrutura total do saber humano. Thommen, Amman & Cranach (1988) enumeram quatro funções das representações sociais individuais:

1. *Função de identificação e definição do grupo a que se pertence*: as representações sociais, juntamente com as características materiais, são a marca mais importante da pertença a um grupo. Por outro lado, um dos componentes pode-se identificar

com um determinado grupo ou com uma pessoa com a qual se relacione, através de partes convencionais das representações sociais individuais.

2. *Função de representação pessoal*: um indivíduo tem de se representar como previsível e único.

3. *Orientação e organização da acção*: a representação social individual coloca à disposição do indivíduo categorias e estruturas relevantes para a interpretação da sua realidade.

4. *Justificação da acção*: as representações sociais individuais são inferidas depois da acção para reaparecerem formando um sentido

Da primeira função pode-se concluir directamente que, a identificação com pessoas do sistema de relações, ou com grupos, enquanto representações sociais, individuais e convencionais, enriquece a identidade, influenciando-a, uma vez que a analogia destas representações convencionais com as representações sociais é dada por definição. Estas representações convencionais descrevem um aspecto da identidade social, o sentimento de "nós", que se verifica, por exemplo, na relação entre ídolo e fã, ou no interior de um grupo étnico ou nacional. Por outro lado, a teoria da representação social explica também o afastamento de estranhos, ou seja, de pessoas que não partilham as representações convencionais (fenómenos de *ingroup/outgroup*). Enquanto o grupo de pertença com o qual o indivíduo se identifica, durante a construção da identidade na adolescência, ainda não está completamente definido, as outras partes da população podem ser delimitadas radicalmente segundo critérios étnicos, nacionais ou outros (outgroup), o que é demonstrado nas guerras civis ou nas actividades da extrema-direita (Phinney, 1992).

Existem, ao longo da vida, diversas pessoas significativas que se vão tornando centrais para a identificação. Quando o desenvolvimento é entendido como uma entrada em "mundos de vidas"[1] sempre diferentes (Bronfenbrenner, 1978), transformam-se tam-

---

[1] Corresponde ao conceito alemão "Lebenswelt/en".

bém, com os mundos de vida, as pessoas relevantes para a identificação. Por exemplo, a relação entre crianças e adultos na adolescência modifica-se: enquando que os pais são muito importantes para as crianças na idade escolar, o seu significado para os adolescentes é, em geral, muito menor. As representações convencionais, individuais e sociais são privatizadas com o aumento da idade, e o sentimento de identidade para com os pais torna-se mais fraco. Em vez da relação com os pais, surgem os jovens da mesma idade, especialmente as relações íntimas com um amigo, uma amiga ou com colegas, eventualmente áreas profissionais, que se tornam cada vez mais importantes para a identidade. As representações de pessoas com que se relacionam e de grupos, ou de si próprios, interagem continuamente entre si em jogos de troca complexos (Oppenheimer & Oosterwegel, 1991). No caso da relação com os adultos na adolescência, estes processos serão transformados num modelo, desenvolvido no capítulo seis.

Estes exemplos mostram o quanto a identidade e o auto-conceito são determinados através de interacções sociais. As definições do eu podem resultar de processos de comparação social (Hart, 1988). Quando um homem demonstra ser tímido, esta classificação pode resultar da comparação com o próprio grupo de referência. As pessoas têm, nas diferentes situações sociais, variados Eus, cuja organização continua, no entanto, até agora pouco clara (Hart, 1988). Ao contrário do conceito exposto acima, Hart parte, portanto, de uma variedade de "Eus", que resultam da interacção com um determinado contexto social.

No entanto, as pessoas conceptualizam o seu eu social com graus de precisão muito variadas. Turner (1987) postula um *continuum,* com várias secções, de uma identidade relativamente desarticulada e influenciada pelo contexto até uma identidade personalizada e artculada. As pessoas podem-se identificar, em diferente escala, com actividades e situações, alcançando assim a identidade um grau de estruturação diferente e individual. Apesar destas diferenças inter-individuais, Turner (1987) acredita radicalmente na definição social, cultural e histórica da identidade.

4.9 PRINCÍPIOS SOCIOLÓGICOS OU COMO É QUE ME APRESENTO NA SOCIEDADE?

Depois de analisar a identidade no plano do construto, ela também pode ser investigada a partir do comportamento observado. Desta maneira, Bem (1967) expôs a suposição, bastante radical, de a auto-imagem surgir apenas da percepção do próprio comportamento. O comportamento tem, na maior parte das vezes, um contexto social, que o influencia a longo prazo. Da observação do comportamento pode-se deduzir a auto-imagem.

G. H. Mead (1934; t.a. 1988) é um dos primeiros investigadores modernos da psicossociologia da identidade, e é representante do interaccionismo simbólico. A sua tese é a seguinte: o eu e a identidade só podem existir num contexto social, porque uma identidade [1] surge sempre como limite para com o meio social. A identidade é a unidade do "I" e do "me" [2], representando o "I" o sujeito e a relação pessoal ao estímulo, e o "me" uma atitude da sociedade, que foi interiorizada. O "me" é, portanto, uma posição do grupo ou da sociedade, que impõe as normas e valores e que controla o comportamento do indivíduo. "I" e "me" estão separados mas condicionam-se um ao outro nos processos sociais. Eles constroem uma personalidade que se manifesta na vida em sociedade. O interaccionismo simbólico restringe a identidade na sua função de auto-apresentação ("self-presentation"). A identidade é constituída a partir da relação entre "I" e "me", e reconhecida através do comportamento nas situações sociais. Esta definição de "I" e "me" distingue-se assim, na sua base, da de James(1890), já que em James (1890), o "I" designa o sujeito-eu sem características, e o "me" designa o objecto da percepção, assim como uma instância social interiorizada que não pressiona.

---

[1] Identidade é a tradução frequente e oficial mas falsa da palavra inglesa "self". Utilizo-a nestas páginas para facilitar a comparação com obras que se referem ao assunto.
[2] Em inglês no original.

A identidade não é, segundo Mead (1988), inata, mas desenvolve-se num processo social que compreende três estádios:

1) A criança pode conseguir um substituto no jogo da representação. Num jogo de médico/paciente pode, por exemplo, brincar como médico ou como paciente, alternadamente. Ela consegue alcançar, num dos papéis, o estímulo comportamental ("me"), ao qual pode reagir no outro papel ("I"). O objecto de identificação é, portanto, um parceiro social.

2) Numa aposta, no estádio seguinte da formação da identidade, a atitude de um jogador provoca a atitude apropriada do outro jogador. Esta organização é registada sob a forma de regras de jogo.

3) O parceiro de interacção ("me") que, para a formação da identidade teve de estar presente até aqui de forma concreta, pelo menos como substituto, toma finalmente a forma concreta dos outros em geral ("general other"). O parceiro de interacção ("me") já só precisa de ser representado simbolicamente. A existência da identidade não está ligada a um determinado contexto concreto. O pensamento abstracto será possível, e pode ser evidenciado através de uma interacção entre parceiros, representados simbolicamente.

A formação da identidade implica, por conseguinte, uma mudança de perspectiva. Esta condição pode ser verificada numa experiência com o espelho para provar o facto de uma criança pequena ter ou não identidade. Em frente ao espelho a criança torna-se outro, que será reconhecido por ela quando existe identidade. Uma criança com identidade identificará uma unidade entre a percepção de uma criança olhando para o espelho ("me") e o seu eu ("I"). Cooley (1902) falou em "looking glass self". A identidade é, em Mead, uma unidade dinâmica entre o próprio sujeito e as regras e normas sociais interiorizadas. Interessante é verificar que o "me", num processo social, deriva do comportamento. Mead, enquanto "social-behaviorist", descuida, no entanto, uma parte do indivíduo e restringe a sua análise ao comportamento e função, enquanto parceiro social que reage a um estímulo do meio.

Partindo desta crítica, Krappmann (1982) define a identidade como um equilíbrio dialéctico entre a convenção nas situações de interacção social e um contributo individual. A identidade deriva, neste ponto de vista, de expectativas sociais e pessoais. Ela demonstra o esforço de, por um lado, seguir as expectativas sociais e, por outro, revelar consistência na expressão, ou seja, individualidade. Rosenberg (1986) mostrou que o património pessoal de experiência e a capacidade de reflexão aumentam com a idade, de maneira que uma auto-imagem também pode ser conseguida sem a continuação da dimensão social. As pessoas, no decorrer da vida, valorizam conteúdos e áreas de vida diferentes, na sua relevância para a identidade. Com o passar dos anos, a área da vida pessoal vai ganhando significado à custo da área social.

O comportamento comunicativo entre parceiros de interacção, por exemplo nos papéis a representar, é a base do processo social de equilíbrio. Segundo Krappmann (1982), um papel surge de expectativas de comportamento definidas socialmente e mantidas institucionalmente, que possibilitam comportamentos complementares de parceiros de interacção. O comportamento segundo um papel, é controlado pelas normas sociais e pelas pessoas com quem se relaciona. A sua quebra é sancionada. Mas quando pessoas estranhas se encontram pela primeira vez ou quando um casal que já se conhece há muito fala entre si, não existe nenhum recurso a normas gerais, e a compreensão depende da capacidade individual de interpretação. Estes exemplos demonstram como as normas podem ser, em várias situações, determinantes nos comportamentos de papéis a representar. Mas a identidade, com os seus dois aspectos, evidencia uma condição complementar importante para o fluxo da comunicação. A identidade não só tem em conta as regras e normas como também a perspectiva do indivíduo. Sendo assim, a teoria dos papéis a representar pode ser reformulada com o conceito de identidade, ou seja, o comportamento segundo um papel a representar já não é regulado pelo ambiente social, mas através da identidade (ou seja, pessoa e meio).

Döbert & Nunner-Winkler (1982) propõem uma interessante continuação e precisão, a partir da teoria clássica dos papéis a representar: o indivíduo encontra-se perante um conflito, ao manter a sua previsibilidade e um eu estável, apesar da variedade de papéis e das mudanças biográficas. A competência necessária para tal chama-se competência comunicativa, desde que sejam tematizados problemas do sistema social ou identidade-eu, quando são tratados problemas do sistema pessoal. A competência comunicativa é definida como a capacidade para ser flexível, adaptando-se às situações, sendo o comportamento, no entanto, conduzido por princípios. Esta competência preenche a necessidade de comportamento moral do estádio seis do desenvolvimento moral, segundo Kohlberg (1981). Por outro lado, a identidade-eu transforma-se num objectivo de desenvolvimento entre necessidades pessoais e afirmações sociais, ou seja, a afirmação das necessidades dos outros. Mais ainda: a moral torna-se pós-convencional, porque o comportamento não é apenas entendido como sendo controlado através de normas, mas também porque, segundo esta concepção, o indivíduo pode controlar o seu comportamento de forma autónoma e auto-reflexiva. O abandono do desenvolvimento-eu na teoria moral de Kohlberg (1981) é ultrapassado pelo conceito da identidade-eu e pelo equilíbrio entre a determinação social e o contributo individual (Krappmann 1982) é precisado.

As exigências de concretização de uma identidade-eu, apesar de serem ambicionadas durante a ontogénese, nos estádios do desenvolvimento da identidade, só raramente são realizadas. Os estádios foram formulados por Döbert & Nunner-Winkler (1982), tendo como base os estádios do desenvolvimento moral de Kohlberg: a partir do estádio da identidade natural (1), que é entendido como integração de ambições impulsivas no sentido freudiano (1923), desenvolve-se uma identidade/papel a representar (2): um indivíduo define-se a si próprio e é visto pelos outros como portador de um determinado papel, do qual ele não se pode distanciar nem precisa de o fazer. Só na fase da adolescência, no melhor dos casos, é alcançada a competência comunicativa, ou seja, a identidade-eu. (3). Döbert & Nunner-Winkler (1982) tentam, particularmente com esta teoria, introduzir o conceito da identidade na tradição moral e política, como Loevinger (1982) e Epstein também tinham tentado antes.

A identidade transforma-se assim em realização de si e implica determinadas capacidades. Krappmann (1984) distingue quatro:

1. Distância do desempenho: o indivíduo tem de mostrar reflexão e interpretação perante as normas.
2. Aceitação do desempenho e empatia: a distância de desempenho é uma condição para a aceitação do desempenho, servindo para a projecção mental do próprio desempenho, num processo de interacção. A empatia é fortemente influenciada por factores emocionais-motivacionais e julga ter a capacidade de antecipar as reacções dos outros. É por isso uma condição e um correlato da identidade.
3. Tolerância da ambiguidade e mecanismo de defesa: o indivíduo tem assim a possibilidade de deixar entrar componentes pessoais num desempenho, quando as normas se tornam inconsistentes ou quando se contradizem. É por isso que a ambiguidade das situações sociais é muito desejável. Por outro lado, a pressão para apresentar rendimento no desempenho da identidade pode tornar-se um peso, que deverá ser ultrapassado. No entanto, o ultrapassar desta tarefa de equilíbrio pode falhar, de tal maneira que podem surgir doenças, no pior dos casos (por exemplo, esquizofrenia).
4. Apresentação da identidade: a quarta dificuldade para a apresentação de uma identidade adequada, está no próprio processo de apresentação. Mesmo quando está presente uma identidade alcançada, a apresentação pode falhar. Goffmann (1983) define um refinado sistema de conceitos num "grande teatro que é o mundo", com palco e actores, com o qual o processo de desempenho do eu pode ser demonstrado.

Nesta teoria, o eu, ou a identidade, não é dado *a priori,* mas sim atribuído a um indivíduo, com base no seu comportamento. A identidade é entendida como expressão do eu e é apreendida a partir do comportamento, numa determinada situação (identidade pública, por oposição a identidade privada). Esta expressão do eu pode ser estratégica ou autêntica, segundo Kihlstrom & Cantor (1984). Pode-se naturalmente supor que ela interage com a auto-imagem, ambicionando uma harmonia. Quando se diz sempre de uma pessoa, que é bonita, ela interioriza esta imagem que lhe é atribuída por estranhos, tornando-se uma percepção do eu, no seu conceito do eu. Esta interiorização de uma atribuição age sobre o comportamento, o que influencia o desempenho do eu ("self fulfilling prophecies"). Surgem então processos em espiral que podem resultar em sentimentos de felicidade ou de adoração, dependendo do conteúdo dessa atribuição. Usando a terminologia acima introduzida, pode-se partir de uma influência variável do auto-conceito e dos objectos de identificação sociais, que a estrutura da identidade constrói.

A teoria psicossocial descreve assim a construção da identidade pelo comportamento no meio social, particularmente pela interacção com parceiros sociais. A identidade desenvolve-se através da experiência de relação com as pessoas com as quais se convive e das relações com a sociedade. A identificação com a vida social e com as normas conduz a uma identidade, que não contradiz, no entanto os ideais pessoais. O desenvolvimento moral é descrito como desenvolvimento da identidade de um ponto de vista psicológico, no qual se acrescenta o individualismo ao conceito de identidade. O julgamento moral e o comportamento dependem da valorização e relação de objectos de identificação isolados e dos níveis de desenvolvimento cognitivo alcançados.

4.10 PRINCÍPIOS ECOLÓGICOS OU QUAL É A MATERIALIZAÇÃO QUE ME REPRESENTA?

O conceito de identidade pode ser estendido, juntamente com o aspecto social e relacionado com o eu, a um lado ecológico. O meio social compreende objectos materiais e sociais – seguidamente serão tratados essencialmente objectos materiais. Com o princípio do eu material, James (1890) já tinha incluído o meio na discussão da teoria. Depois, a dimensão do meio foi, no entanto, negligenciada durante muitos anos (Fischer 1984). Segundo Piaget (1947), distingue-se o eu do meio com a entrada na fase pré-operatória. A separação objecto-eu proporciona a base para que as pessoas possam viver o facto de serem autónomas e independentes do meio. No entanto, o facto que o eu interage com o meio é uma experiência quotidiana:

A relação pessoa-meio foi descrita como ajustamento, como vivência congruente. Pervin (1967, citado por Fischer 1984) pode demonstrar empiricamente que existe uma relação positiva entre, por um lado, o meio e o contentamento com o meio, e por outro, a semelhança percepcionada entre o eu e o meio. Considerando o contentamento, o ajustamento das características do eu e do meio é, portanto, significativo. Quando as atitudes políticas de estudantes americanos são concordantes com as atitudes das universidades, eles estão mais contentes. O ajustamento não precisa necessariamente de ser semelhança; é antes compatibilidade: as personalidades submissas sentem-se melhor num meio controlado, do que num organizado democraticamente. É agradável para as pessoas, quando são dadas condições no meio, com as quais elas se possam facilmente identificar, e que facilitam o desempenho pessoal. Quando esta compatibilidade não é dada, as pessoas tentam conseguir o mundo desejado, tanto quanto possível, para se tornar compatível com a auto-imagem. Fischer (1984) descreve, no seu artigo introdutório, várias investigações que podem mostrar exemplarmente estas relações no contexto escolar.

Proshansky (1978) gravou nas memórias o conceito de identidade local, e referia-se com isso a uma relação que pode surgir entre sujeito e objecto material. Os objectos materiais podem representar a própria identidade quando se manifestam como símbolos das etapas da autobiografia (uma fotografia, por exemplo), ou quando representam valores actuais (roupas, por exemplo). Na medida em que as cidades, as paisagens e as casas se tornaram objectos de identificação, elas manifestam a identidade local. Objectos como estes exteriorizam e materializam a própria identidade. O meio é tão importante para o desempenho do eu, porque as pessoas são identificadas no seu meio, tendo este também um papel central para a auto-imagem (Graumann 1983).

A mudança de residência é um exemplo de variação de meio, estando relacionada, entre outros factores, com o local de trabalho, e sendo muitas vezes originada por um desequilíbrio entre a necessidade subjectiva de habitação e o fornecimento de habitação de facto (Fischer & Fischer 1981). Por isso pode surgir uma pressão ou vontade de mudar de casa. A perda de identidade local e a construção de uma nova identidade caminham em conjunto com a mudança de residência, porque se alteram as localidades que se conhecia, e o sistema de relação que tinham constituído a identidade local. Segundo esta concepção, a identidade está relacionada com o meio e com a auto-percepção. A sua alteração é retratada na estrutura e conteúdo da identidade.

5. CONCEITO DE IDENTIDADE E DESENVOLVIMENTO NA ADOLESCÊNCIA

APÓS TER SIDO APRESENTADO um conceito de desenvolvimento geral no capítulo três e de, no capítulo quatro, ter sido dado a conhecer um pequeno sumário das variadas correntes nas teorias da identidade e do auto-conceito, dever-se-á agora formular um conceito de identidade próprio, que se relaciona com o conceito de desenvolvimento, combinando-o com o de adolescência. Será diferenciado e concretizado para cada área no capítulo seis. Esta concretização será depois operacionalizada, validada e provada empiricamente. Já na introdução foram propostas definições de trabalho para noções centrais. Serão agora explicadas e postas em prática.

5.1 CONCEITO DE IDENTIDADE

O conceito de identidade proposto tem, de momento, um carácter hipotético, especulativo e de exploração. Por ser multi-dimensional, não será possível abrangê-lo em todos os aspectos, na validação empírica que se segue. Investigações futuras deveriam preencher esta lacuna.

O conceito de identidade que aqui apresentamos, orienta-se pelos trabalhos de Erikson (1959) e Marcia (1966) por um lado e, por outro, por um princípio cognitivo de Rosenberg (1979). Estes princípios são individuais e definem a identidade como um aspecto da auto-imagem. Herzog, Böni, Guldiman & Schröder (1994a; 1994b) consideram que este ponto de partida faz sentido e provam-no, com base numa análise histórica, através do individualismo na cultura ocidental: a identidade já não é atribuída (ver definições de identidade sociológicas e psicossociais), mas sim alcançada e é uma característica do individualismo na modernidade. Os princípios construtivistas revelam-se assim mais ajustados à cultura ocidental actual do que os sociológicos. Em todo o caso, procurar-se-á aqui trazer à discussão processos sociais como a relação parental, para assim enriquecer o conceito de identidade.

A noção de identidade foi introduzida no capítulo 1.2 como produto da identificação, reflexão e adaptação. A identidade é representada como esquema na memória e é parte integrante do conhecimento. A memória produz diferentes *modi*: certas experiências são armazenadas esporadicamente, enquanto outras continuam a ser trabalhadas, sendo representadas como conhecimento semântico, sem para tal ser necessário tomar em consideração objectos ou acontecimentos concretos (Tulving, 1972). O conhecimento episódico é um subsistema especial do conhecimento semântico, enquanto o conhecimento semântico forma um subsistema do conhecimento procedimental [1] (Tulving, 1985): este possibilita o armazenamento de ligações entre amostras de estímulos, canais sensoriais e comportamento. Nesta organização da memória mono-hierárquica, o plano inferior só pode funcionar juntamente com o plano superior, mas o superior funciona sem o inferior, visto que as pessoas podem argumentar com conhecimento semântico, sem se basear em episódios concretos.

---

[1] Ou processual: as duas traduções existem em português.

Este *constructo* inicial deu lugar a diferentes ramificações, porque, para os diferentes canais sensoriais, têm de ser postulados meios diferentes, cada um com diferentes formatos de representação (Aebli, 1980). Bruner (1966) estabeleceu a diferença entre conhecimento "inactive"[1], icónico e simbólico. Hoje argumenta-se com sistemas de memória multi-modal, que diferenciam os sistemas verbais dos conceptuais, dos acústicos, dos visuais e dos motores (Engelkamp, 1990a, 1990b). A ligação entre estes sistemas é garantida através de um sistema abstracto no sentido de uma interface. O material é percepcionado através de um canal sensorial e armazenado no respectivo modo. Torna-se acessível para outros sistemas, pelo sistema abstracto. Assim, primeiro é armazenado no modo visual um acontecimento percepcionado visualmente, depois é transferido do abstracto para o sistema da língua, para que possa ser comunicado verbalmente.

As representações foram muitas vezes definidas como esquemas na psicologia da memória. A noção de esquema foi introduzida na psicologia por Bartlett (1932) e definida como uma organização activa. Os esquemas são activados à medida que surgem as lembranças de acontecimentos passados. Bartlett conseguiu demonstrar como os esquemas podem dar energia aos processos mentais, para que as experiências possam ser integradas numa estrutura de conhecimento. Ao mesmo tempo, sobe a disposição activa dos esquemas vizinhos, que estão ligados a este esquema, formando uma estrutura entre si. Para Neisser (1976; tr. al.1979, 50) um esquema é: "aquela parte de todo o ciclo da percepção, que está no interior da percepção, que é variável e, de alguma forma, específica para aquilo que é percepcionado. O esquema recebe a informação, quando esta está disponível, no órgão sensorial, sendo alterado o esquema através dessa informação". Os esquemas têm subsistemas e estão estruturados hierarquicamente. Neisser (1979) atribui duas funções ao esquema: a função reorganizadora e a

---

[1] "Inactive": de difícil tradução portuguesa: conceito de J. Bruner que visa o modo pelo qual a criança representa o mundo pela acção que exerce sobre ele.

antecipatória. Os esquemas são alterados, no decorrer do processo da percepção-acção, e, por outro lado, controlam também a percepção e a acção, constituindo os elementos de conhecimento na memória. Quando os esquemas se referem ao próprio eu, são chamados, de acordo com Markus (1977), auto-conceitos. Os auto--esquemas formam um subsistema hierárquico da estrutura do esquema geral. A identidade é percebida como sendo um auto--esquema global estruturado, como o entende Markus (1977).

O esquema da identidade é construído a partir de acontecimentos específicos, repetidos, relacionados com o eu. Estes acontecimentos percepcionados são valorizados, de acordo com a sua relevância para a identidade, com base nos esquemas existentes. No seu lado negativo, o acontecimento é representado "fora" da estrutura de identidade na memória. No lado positivo, pelo contrário, o acontecimento ou é assimilado ou obriga à acomodação do esquema de identidade. A identidade também pode ser reestruturada quando as pessoas, com base no conhecimento geral que têm do mundo, se percepcionam a elas próprias, pensam sobre si próprias e revalorizam. Processos de reflexão como estes necessitam de operações formais; podem certamente solidificar a estrutura de identidade. A sua existência mostra que a auto-percepção se diferencia da percepção de pessoas estranhas. Em virtude destes processos de identificação e reflexão, a identidade é constantemente reestruturada, adaptando-se às condições actuais de vida.

O processo de valorização dos objectos e de integração na própria identidade, é, portanto, chamado identificação. As pessoas identificam-se não só consigo mesmas (auto-identificação), mas também com os objectos do seu meio, como o são as pessoas com as quais se relacionam, ou as convicções. Estes objectos são presenciados subjectivamente como sendo um só ("idêntico") juntamente com o próprio indivíduo, e designam-se por objectos de identificação. Cada um dos esquemas da estrutura de identidade distingue-se pela força da sua relação com o próprio indivíduo, o que significa que estão estruturados particularmente segundo o tipo e o grau da relação com a própria pessoa, com a sua autobiografia. A identificação com um grupo proporciona um sentimento de "nós", a identificação com um sítio ou com uma paisagem proporciona a identidade em relação ao sítio, o sentir-se em casa, etc.... A identidade abrange, então, mais do que a representação da própria pessoa. A difícil questão do limite da identidade já foi referida e será mais pormenorizadamente discutida no parágrafo 5.1.1.

Porém, podem-se juntar, uns ao lado dos outros, esquemas de identidade que não estão ligados entre si e que se contradizem. Identidade não significa coerência de esquemas. Nas diferentes áreas da vida pode-se ter à disposição diferentes esquemas, porque a identidade está organizada especificamente de acordo com o conteúdo. Distinguem-se cinco categorias de conteúdos: a própria pessoa, os que convivem com ela e os sistemas sociais, os objectos do meio físico, os objectos abstractos como religiões, filosofias, convicções abstractas ou sistemas de crença e representações relacionadas com a acção (ver capítulo 5.1.2). Estes objectos são, pelo menos, captáveis para o consciente, o que significa que podem ser chamados e comunicados quando necessário. A identidade na definição em questão não abrange objectos inconscientes.

O esquema da identidade representa os elementos centrais da auto-imagem. É porque esta definição está em estreita relação com o sujeito, que surge a experiência da continuidade no tempo e a da semelhança de várias situações. Isso acontece porque o sujeito permanece constante ao longo do tempo e das situações. Esta definição de identidade com duas características (auto-imagem e constância) não contradiz o carácter dinâmico dos esquemas da identidade, os quais se alteram estruturalmente, podendo desenvolver-se: as pessoas têm auto-imagens diferentes quando têm 10 anos e quando têm 20 anos mas, no entanto, sabem que permaneceram as mesmas. As mudanças na estrutura esquemática da identidade representam a libertação de antigos objectos de identificação, o começar de relações e a integração de novos esquemas na estrutura. O sujeito permanece o mesmo. As reestruturações põem sempre a experiência da continuidade em perigo. Ela pode voltar a ser estabelecida, quando é reconstruído no esquema tudo aquilo que se relaciona com o sujeito. Este desenvolvimento de aspectos psicológicos será continuado no capítulo 5.2.2.

O eu é compreendido enquanto esquema global no interior da estrutura da identidade. Contém reflexões elementares do próprio, desligadas de conteúdo, que dizem respeito à sua própria existência. O auto-esquema forma-se na mais terna infância e é resistente a mudanças. O processo só é reestruturado em condições de pressão, o que é vivido como um processo doloroso (crise existencial). Os conteúdos do auto-esquema, assim como os da identidade, são individualmente diferentes. O auto-esquema pode abranger a experiência da vida ou o reconhecimento da existência da pessoa, para lá dos limites da morte e da vida. O auto-esquema diz, assim, respeito a experiências que estão na base do próprio eu. Estas curtas explicações terão de ser suficientes, porque o auto-esquema não é o objecto primário deste trabalho.

Para continuar a explicação do conceito da identidade, dever--se-á regressar ao modelo de Morris Rosenberg que editou, no seu livro em 1979, um dos projectos mais vastos da psicologia moderna relacionado com os temas eu, auto-conceito e auto--estima. Apesar de a sua argumentação não ter focado a identidade, esta pode ser distinguida e clarificada, devido à semelhança de conteúdos, através de grelhas de perguntas e análise.
Rosenberg (1979) distingue três áreas do eu, que também são empregadas para o auto-conceito:

- O eu actual descreve a imagem que uma pessoa tem de si própria pela auto-percepção.
- O eu desejado restitui a imagem daquilo que a pessoa quer ser.
- O eu representado é responsável pela forma como alguém se mostra aos outros.

A última área lembra as teorias sociológicas da identidade (capítulo 4.9) e raramente é combinada com as duas primeiras áreas. No entanto, Rosenberg (1979) pode, por isso mesmo, abordar fenómenos cognitivos e sociais, através do conceito do eu, justificando-se o facto de este ser também determinantemente influenciado por processos sociais.

Rosenberg investiga o auto-conceito em questão, através de quatro níveis, que podem ser transferidos para o conceito de identidade, como se segue:

- Como se podem estabelecer as fronteiras da identidade?
- Quais são os conteúdos que a identidade abrange?
- Como está estruturada a identidade?
- Que dimensões apresenta a identidade?

Resumindo, a identidade é compreendida neste trabalho como um conceito multifacetado, com uma estrutura interna, que pode ser encaixada numa estrutura exterior mais vasta (ver tabela 5.1).

TABELA 5.1
Características da definição do conceito de identidade proposto

Estrutura interna

- A identidade é um esquema com uma estrutura hierárquica.
- A identidade apresenta elementos constantes e elementos variáveis; desenvolve-se.
- A identidade pode ser demarcada do eu e da auto-imagem (capítulo 5.1.1).
- A identidade abrange variados conteúdos; distinguem-se cinco categorias: pessoais, sociais, materiais, abstractas e categoria de conteúdos relacionados com a acção.
- A identidade apresenta três dimensões: dimensões avaliativa, biográfica e de controlo específico (capítulo 5.1.).

Relação com os conceitos aparentados

- A identidade forma um conteúdo de conhecimento na memória, ela é um elemento do auto-conceito (= auto-imagem).
- A identidade é um conceito ecológico e representa os processos pessoa-meio.
- A identidade é um produto de identificação, reflexão e adaptação.
- A identidade tem de ser alcançada e serve como recurso pessoal para ultrapassar crises.

A identidade pode ser examinada e definida segundo diferentes perspectivas, de maneira a que as características individuais não se contradigam, mas sim que se completem. Estas características serão esclarecidas em seguida.

5.1.1 O LIMITE DA IDENTIDADE

O limite da identidade manifesta-se no conhecimento das pessoas, nas perguntas acerca de quem são, ou não são. A fronteira entre a identidade e a não - identidade é muito fina e nebulosa (Rosenberg, 1979). Provavelmente não será possível defini-la com o conhecimento da psicologia geral. Deverá a identidade abranger também as próprias roupas e os bens materiais? Ou deverá, pelo contrário, ser definida apenas com as percepções da própria pessoa e das impressões físicas?

Anteriormente, postulamos um conceito de identidade que parte de impressões físicas, mas que também pode abranger objectos sociais, materiais e abstractos. O auto-conceito é mais amplo na sua definição que a identidade, e abrange também, para além das representações com relevância para a identidade, os esquemas que só são percepcionados no âmbito de uma relação mais lata com o sujeito. Podem ser dados alguns bens materiais como exemplo ("eu sou o que tem a camisola vermelha") ou cidades ("eu sou de Bern"[1]), que, para muitas pessoas não são elementos da identidade, mas que fazem parte da definição do auto-conceito. A fronteira entre a identidade e o auto-conceito só pode ser distinguida subjectivamente, através do grau de união do sujeito com os objectos. Exprimido agora operacionalmente: quando as revalorizações de esquemas relacionados com o eu provocam uma crise, estas são relevantes para a identidade, no caso contrário, são exclusivamente elementos do auto-conceito, mas não da identidade. Ou então: talvez fosse possível distinguir o limite entre identi-

---

[1] Cidade na Suíça.

dade e auto-conceito, tendo como base uma redacção subordinada ao tema "quem sou eu", se também contiver as valorizações subjectivas de objectos que exprimem uma relação mútua com o eu.

O limite da identidade pode ser deslocado através de processos patológicos que não podem ser chamados de reflexão ou adaptação. Perls (1987;1989) chama a esses processos ampliação ou restrição de identidade: quando as pessoas interiorizam objectos que não foram trabalhados, restringe-se o campo de acção da identidade. A diferença entre identificação e introjecção está no grau de reflexão do objecto, ou então na experiência, do facto de o objecto representar uma perspectiva escolhida livremente (identificação), ou uma forçada e normalizada (introjecção). Com a projecção trata-se da expansão da identidade, que pode tomar um carácter paranóico: a própria perspectiva e responsabilidade sobre as acções e efeitos é delegada no meio. Fusão representa o estado em que não é sentida nenhuma fronteira entre a pessoa e o meio – um estado típico é o dos recém-nascidos. E, finalmente, a clivagem, descreve o processo em que é desenhada uma fronteira no meio da identidade. O sujeito dirige as agressões contra si próprio, dividindo-se, o que pode levar à esquizofrenia – uma identidade sem coerência.

5.1.2 CONTEÚDOS

Os conteúdos têm um aspecto descritivo e um avaliativo (Alsaker, 1990), porque as descrições implicam valorizações. Os conteúdos conferem à identidade um carácter variado.

Rosenberg (1979) preenche primariamente o conteúdo do auto-conceito com elementos da identidade social, disposições e imagem do corpo. A identidade social é determinada através das seguintes características: sexo, idade, raça, nacionalidade, religião, estatuto familiar, nome, pertença a grupos, etc. Estas categorias não são definidas logicamente ou naturalmente, mas sim socialmente. As pessoas reagem mais a estas categorias do que ao seu comportamento. A auto-estima é também determinada pelo prestígio dos elementos da identidade porque muitas categorias são valorizadas socialmente. Por fim, estas categorias estão ligadas a papéis sociais, idealizados com características específicas, que podem controlar o comportamento nas situações sociais. Por exemplo, espera-se de um padre que tenha uma vida sexual casta. Rosenberg (1979) define disposições como características estáveis, inatas ou adquiridas, assim como tendências de comportamento. E, finalmente, a imagem física mostra como as pessoas percepcionam e valorizam o seu corpo. Nesta caracterização do auto-conceito, torna-se clara a transmissão do pensamento psicossocial de Rosenberg (1979).

Da visão panorâmica da literatura no capítulo 4, resulta que, para além do próprio corpo e do sistema de relacionamento social, também os objectos materiais e abstractos, assim como as acções e os actos, podem estar contidos na identidade. Por isso, a classificação dos conteúdos de Rosenberg (1979) será desenvolvida. James distinguiu um eu material, um social e um espiritual. Marcia reuniu conteúdos abstractos na sua conceptualização da identidade, que foram valorizados devido à sua relevância para a identidade: as áreas ideológicas, políticas e religiosas da vida. Estas foram retomadas por vários outros investigadores, nas suas próprias investigações (Hausser, 1983; Adams 1985b; Fend, 1991). Foram definidas personalidades conhecidas da história mundial, como Galileo Galilei e Napoleão, através de actos em que se distinguiram. Algumas pessoas definem-se através da sua actividade laboral, através de acções que realizam constantemente.

São postulados cinco conteúdos fundamentais e diferentes de identidade, que não necessitam de ser completos, mas que contêm, para muitas pessoas, os elementos centrais da identidade: o elemento pessoal, o social, o material/espacial, o abstracto e a categoria de conteúdo relacionado com a acção. Na tabela 5.2, são sistematizadas as cinco categorias de conteúdos de identidade, com exemplos. Um conteúdo de identidade representa um conjunto de esquemas, que são semelhantes, e que se relacionam de modo

TABELA 5.2

Cinco categorias de conteúdos de identidade

1. **Conteúdo pessoal**
   - capacidades psíquicas
   - temperamento
   - o corpo próprio

2. **Meio social**
   - sociedade
   - grupo de relações
   - pessoas da mesma idade (pares)
   - figuras de autoridade (por exemplo, pais)
   - pessoas mais novas com quem se relaciona

3. **Objectos materiais**
   - objectos materiais
   - espaços, localidades

4. **Convicções abstractas**
   - religião
   - convicções filosóficas
   - convicções políticas
   - posições científicas

5. **Actos/acções**
   - acções que tenham mostrado grandes efeitos
   - acções relacionadas com o emprego

significante uns com os outros. Alguns objectos podem ser ordenados de acordo com categorias diferentes, dependendo do ponto de vista. A pertença a uma cultura, por exemplo, pode ser codificada no conteúdo social ou no abstracto. A maioria dos conteúdos de identidade só podem ser ordenados numa categoria específica, como é o caso, por exemplo, dos pais, da imagem física ou das convicções ideológicas.

Esta organização em cinco categorias de conteúdos de identidade tem como base uma lógica muito simples: ela mostra as cinco categorias fundamentais, sendo elas a própria pessoa, objectos animados, objectos inanimados, objectos abstractos, não perceptíveis aos sentidos e acções. Espera-se dos animais que não representem objectos de identificação para pessoas saudáveis, não sendo assim ordenados em nenhuma categoria. Esta categorização ordena a grande variedade de conteúdos de identidade possíveis, resumindo-os. Ela deve sistematizar os conteúdos de identidade, para proporcionar uma visão geral sobre a variedade dos fenómenos de identidade.

5.1.3 ESTRUTURA

O plano estrutural da identidade foca o padrão, segundo o qual os diferentes conteúdos estão interligados e em que relação. Visto que os conteúdos não são apenas associados segundo a semelhança, mas também segundo outras dimensões (ver em baixo). Rosenberg (1979) formulou duas teses sobre a estrutura do auto-conceito, que serão utilizadas no conceito de identidade que se segue:

- Os elementos de identidade têm diferentes graus de importância, que são desiguais e subjectivos. Eles estão estruturados hierarquicamente, no que diz respeito à centralidade e à inclusão em categorias genéricas/subordinadas. Rosenberg (1979) entende o auto-conceito como um encaixe complexo destes dois tipos diferentes de hierarquia.
- A identidade pode ser considerada a nível global e a nível específico. No sentido da psicologia alemã da forma (Wertheimer, 1945) não se pode concluir nada acerca da identidade global a partir de partes da identidade. As investigações dependentes e separadas de partes e de estruturas completas são, portanto, necessárias.

As novas experiências (conteúdos) juntam-se na memória, sob a forma de esquema, numa rede com esquemas antigos, de maneira a construir estruturas. Dos esquemas com carácter episódico podem-se abstrair esquemas gerais para que surjam estruturas hierárquicas (reflexão). No seu topo está o esquema da identidade. Estas estruturas podem assumir a forma de uma teoria que diga respeito ao eu (Epstein, 1973). As novas experiências podem dissolver as estruturas antigas e construir outras novas que preencham melhor as actuais exigências ambientais. Daí resulta a flexibilidade e a capacidade de adaptação destas estruturas que dizem respeito ao eu (ver acima).

5.1.4 DIMENSÕES

Rosenberg (1979) não distingue dimensões de atitudes, referindo-se aqui, no entanto, a atitudes relacionadas com o eu. Ele distingue dimensões ligadas a objectos, que espelham os sentimentos para com um objecto (por exemplo, intensidade, consistência, estabilidade, etc.), de dimensões sem objecto como a inteligência, o optimismo, etc. Pode ser distinguido um grande número de dimensões, das quais nem todas são comunicáveis. As dimensões demonstram como e segundo que aspectos os esquemas estão relacionados com as estruturas. Duas pessoas podem, por exemplo, ter idade e altura iguais, mas interesses diferentes. Em algumas dimensões são semelhantes, noutras são diferentes. Deste modo, dependendo da focagem da dimensão, uma dada representação pode activar outros esquemas associados. As pessoas são agrupadas na dimensão altura, de forma diferente que na dimensão inteligência. As dimensões formam um quarto grau de análise da identidade.

Os princípios tradicionais para a medição da personalidade relacionam-se geralmente com aquelas dimensões (por exemplo, inventário de personalidade F-P-I de Freiburg de Fahrenberg & Selg, 1978, ou a escala de auto-conceito de Frankfurt de Deusinger, 1986; em impressão, etc.). A dimensão biográfica (biografia passada vs. experiência no presente e aspirações para o futuro), a de valor (positivo/negativo do ponto de vista moral, importante/não importante, agradável/desagradável), e o sentimento de controlo (alto/baixo; ver Flammer, 1990), são validadas como três dimensões base com importância para a identidade. Estas dimensões estão em posição ortogonal umas com as outras e são independentes umas das outras (ver figura 5.1). A relevância destas três dimensões será agora fundamentada e explicada.

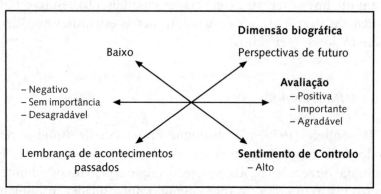

FIGURA 5.1: Três dimensões de identidade: dimensão biográfica, valorizações e sentimento de controlo

1. A *dimensão biográfica* não foi apenas escolhida por este trabalho se orientar por questionários da psicologia do desenvolvimento. No geral, a identidade é investigada especialmente na sua dimensão temporal, porque a identidade se forma e transforma. O tempo, ao contrário da consciência da existência do tempo, apesar de, no fundo, não ser nenhuma medida psicológica e de ser difícil de definir, é um médium para os processos de relevância psicológica que deveriam ser analisados, sendo também uma péssima grelha de análise. O aparecimento de uma identidade está impregnado de experiências passadas, que a formam. Vários autores – Erikson em particular (1968) – definiram a identidade alcançada no fim da adolescência sobretudo com a expressão inglesa "commitment": os adolescentes devem decidir-se por um critério que irão seguir com empreendimento. Devem construir para si próprios uma perspectiva de futuro (Nurmi, 1987; 1991). Uma identidade existe quando as pessoas se podem percepcionar no decorrer da vida, de uma forma contínua. Assim, uma análise da identidade que exclua a dimensão tempo falhará.

As experiências de vida especialmente importantes podem influenciar eficazmente o desenvolvimento da identidade (Holmes & Rahe, 1967), porque representam condições do meio de determinadas fases da vida, que não são previsíveis e que requerem processos de adaptação (ver capítulo 3). As experiências de vida importantes não são elementos da identidade mas sim elementos do ambiente. Elas formam indicadores de mudanças para uma determinada fase de desenvolvimento que se abatem sobre a identidade. As experiências representam marcos "objectivos", no decorrer da vida. De experiências importantes podem ser deduzidas as fases importantes da vida numa biografia.

Com o conceito de experiência de vida importante, o conceito de identidade adquire uma componente ecológica. A identidade só pode ser descrita adequadamente quando relacionada com o meio. A existência/falta de experiências de vida importantes e a sua qualidade são condição para a compreensão da identidade. Tenta-se incluir este postulado ao combinar variáveis intra-psíquicas com variáveis do meio (experiências importantes).

Para além disso, as experiências de vida importantes são uma variável importante que descreve e explica o desenvolvimento da identidade. O domínio destes acontecimentos é tarefa do desenvolvimento da identidade: por exemplo, confrontar-se com a sua aparência, com a escolha de emprego ou com os tempos livres, são as tarefas respectivas, cuja superação é central para o próprio decorrer da vida, conduzindo a uma identidade pessoal e integrada. Eles obrigam a uma nova valorização dos objectos seguintes de identificação: alguns destes objectos perdem a sua valência positiva, e são abandonados enquanto objectos de identificação, enquanto outros ganham valor e são integrados na própria identidade. Assim se transforma a estrutura da identidade.

Muitas investigações psicológicas mostram como se transformam as dimensões da identidade e do auto-conceito, com base em experiências de vida marcantes ou críticas (Filipp, Aymanns & Braukmann, 1986; Mummendey, 1981; Olbrich, 1981). As experiências de vida importantes podem modificar a pessoa e/ou o seu meio, de maneira a que a identidade tenha de se adaptar. Nos últimos tempos, a relação entre processos de adaptação/superação de stress e identidade foi investigada de forma a estender-se à área. O artigo introdutório com o nome colecção de Jackson & Bosma (1990) dá uma ideia geral sobre o estado das investigações. Os pontos de intersecção entre a superação do stress e o eu – eventualmente processos de identidade, não têm sido apenas discutidos há anos na literatura psicanalítica (Freud, 1923; Erikson, 1968; Haan, 1974; 1977; Moriarty &Toussieng, 1976; Loevinger, 1982; Offer, Ostrov & Howard, 1984; Giddan, 1988; Jacobi, 1991), como também, desde há algum tempo, e especialmente, na literatura da psicologia da adolescência, relativamente à investigação do conceito cognitivo de identidade – e do auto conceito – (Olbrich, 1981; Filipp, et Al., 1986; Labouvie-Vief, 1986; Seiffge-Krenke, 1990; Fend, 1990). É postulada a tese seguinte: *Quanto mais experiências de vida importantes são vividas pelos adolescentes a nível pessoal, mais existe a possibilidade de mudança na estrutura da identidade.*

2. A *dimensão valorização* é muito difundida na literatura da identidade e do auto-conceito (ver capítulo 4). Os valores são construídos a partir da interpretação de um acontecimento e da sua valorização emocional (Lazarus & Folkmann, 1984; Hattie, 1992). Um sentimento agradável leva a uma valorização positiva, enquanto um sentimento desagradável, pelo contrário, leva a uma valorização negativa. As valorizações espontâneas podem ser alteradas através de processos cognitivos, uma vez que têm por base valores já existentes. Uma experiência nova é comparada com estes valores existentes, o que leva à construção de um novo valor, num processo de reflexão. Surge uma estrutura hierárquica. A construção de um sistema de valores pessoal depende, não apenas de factores sociais, cognitivos e emocionais, mas também de graus de desenvolvimento cognitivo. A construção de estruturas de valor abstractas está condicionada por operações formais, para as quais o potencial é apenas dado na adolescência (Piaget, 1947; Kohlberg, 1974).

As descrições relativas ao eu podem ser valorizadas pelo meio social e/ou pela própria pessoa, segundo variados critérios. 1) O estado das coisas é *moralmente* positivo? 2) Qual a importância e *centralidade* de um objecto para a própria identidade? O objecto é relevante para a identidade? 3) Um objecto é vivido subjectivamente como *agradável* ou *desagradável*? Quais as emoções que provoca? A dimensão valorização combina, portanto, por um lado, o conceito de identidade com o princípio moral e, por outro lado, responde à definição cognitiva de um aspecto emocional. Os processos de valorização estruturam esquemas de identidade relacionados com a centralidade e formam um critério de ordem. Inversamente, os valores resultam da possibilidade de integração e diferenciação da estrutura da identidade e da concordância entre expectativa e comportamento (regeneração). Como tese, postula-se que *a dimensão de valorização vai tornar possível a integração da estrutura de identidade, permitindo o bem-estar e a concordância entre o controlo da vida e os valores próprios.*

3. O *sentimento de controlo* tem vindo a ser cada vez mais postulado como dimensão relevante da identidade (ver capítulo 4.6.3). Com o conceito de controlo, podem ser descritos elementos essenciais de formação da separação sujeito-objecto na idade infantil, assim como as condições de formação da identidade (Lewis & Brooks-Gunn, 1979; Stern, 1992). É, antes de tudo, uma medida para o quanto se percepcionam as pessoas como autónomas e activas por si, e qual o peso que julgam ter a sua própria participação com influência, comparada com outras instâncias de controlo. Ela mede a importância com que as pessoas se percepcionam e à sua identidade, na sua troca com o meio.

Marcia (1980) mostra, no seu panorama geral da literatura científica, como um estatuto de identidade altamente desenvolvido na adolescência está relacionado com um "locus of control" interno segundo Rotter (1966) (ver também Abraham, 1983; Waterman,

Buebel & Waterman, 1970). Quanto mais os adolescentes alcançarem a sua identidade de forma independente, mais pensam que podem decidir por sobre si próprios e sobre as condições do meio. Esta tese é plausível porque a construção de uma identidade integrada tem de ser independente e partir de acção própria para ser pessoal. Portanto, ela pressupõe um alto sentimento de controlo, ou seja, um "locus of control" interno. *O sentimento de controlo é global e representado especificamente em relação à área sob a forma de esquema, sendo um indício para o facto de existir ou não identidade e de ser ou não articulada, e como.*

5.1.5 INTERACÇÃO DAS DIMENSÕES

Com a ajuda das dimensões apresentadas – sentimento de controlo, valorização de esquemas da identidade (de forma simplificada, "valorização da identidade") e experiências de vida marcantes – podem-se descrever processos importantes das dimensões da identidade. Elas demonstram uma dinâmica característica: quando há um alto sentimento de controlo, está implícito que a pessoa se vê como causa do efeito, proporcionando a exploração e uma relação activa com o meio. O alto sentimento de controlo implica uma confiança no sucesso (Jerusalem & Schwarzer, 1991), o que aumenta a possibilidade de realização real, tendo como resultado uma alta valorização da identidade. Por outro lado, estas valorizações positivas proporcionam novas experiências enquanto causa de um efeito, o que aumenta o sentimento de controlo.

Quando sucedem acontecimentos inesperados às pessoas, ou quando estas não os conseguem assimilar ou superar, sentem-se como que entregues a eles, desamparadas. Sentem ser um joguete nas mãos de estranhos, de forças incontroláveis, de forma que o seu sentimento de controlo baixa, e a sua identidade se desorganiza. O seu bem-estar piorará, em geral, e especialmente a possibilidade de depressão aumentará (Seligman, 1986). Quando, pelo contrário, os acontecimentos são sentidos como transformáveis, sobe o sentimento de controlo e o bem-estar, diminuindo a possibilidade de depressão. Ao mesmo tempo, a valorização da identidade torna-se positiva, resultando do orgulho pela superação alcançada. Este segundo caso surge quando os acontecimentos foram desejados ou resolvidos pela própria pessoa, ou quando os acontecimentos inesperados são resolvidos com sucesso. Dependendo do grau de superação, ou seja, dependendo do facto de o acontecimento ainda estar a ser tratado ou já estar resolvido, o sentimento de controlo distingue-se da valorização da identidade pela sua expressão (alta e baixa; Grob. *et al.*, 1992; Grob & Neuenschwander, 1992). O facto de vencer os acontecimentos de relevo implica uma identidade integrada.

Por outro lado, a identidade e, em particular, o sentimento de controlo e a valorização da identidade, influenciam a interpretação de um acontecimento: as pessoas com um elevado sentimento de controlo e uma alta valorização de identidade não se sentem tão facilmente ameaçadas, podendo vencer o perigo mais rápida e eficazmente, aquando do surgimento de acontecimentos inesperados (ver Reich & Zautra, 1981). Um elevado sentimento de controlo e uma alta valorização da identidade favorecem a superação (coping) eficaz de acontecimentos ameaçadores, no sentido de um recurso pessoal.

O sentimento de controlo, a valorização da identidade e os acontecimentos de relevo, ou seja, a sua percepção e interpretação interagem alternadamente um com o outro e indicam uma estreita relação pessoa-meio. Eles ilustram aspectos centrais da dinâmica de uma identidade e posicionam-na num contexto ecológico. Resumindo: *A identidade pode ser definida como interacção do saber sobre a própria valorização e competência de efeito (sentimento de controlo), sendo que a existência ou a falta de acontecimentos importantes deve ser tida em consideração.* Assim, à identidade está subjacente um processo cognitivo, no qual a identidade se reflecte constantemente, havendo uma troca com o meio, para que o limite da identidade, a estrutura e os conteúdos internos actuais, e as condições externas se adaptem.

5.2 MODELO DO DESENVOLVIMENTO DA IDENTIDADE

O modelo de desenvolvimento que foi sugerido no capítulo três deverá ser agora relacionado com o conceito de identidade exposto acima. Como exemplo para tal, escolhe-se a adolescência, porque neste estádio, o desenvolvimento da identidade percorre um estádio especial (Erikson, 1968): os adolescentes dão o passo para a independência psicossocial, pela qual se devem tornar autónomos. Devido a muitos acontecimentos da vida típicos da idade, os adolescentes reflectem conscientemente sobre a sua identidade e tentam primeiro formá-la eles próprios e adaptá-la às circunstâncias de vida que foram alteradas. Existe mesmo uma pressão social para com os adolescentes, para que estes alcancem uma identidade articulada. Ao contrário das crianças mais novas, os adolescentes podem sistematicamente relatar, com base em operações formais, o que pensam sobre a sua identidade. Alcançam assim uma estrutura de identidade integrada, que é consistente e coerente. Com o fim da adolescência, o trabalho por uma identidade própria ainda não terminou. Serão primeiro descritas particularidades da adolescência.

5.2.1 ADOLESCÊNCIA: A IDADE DA TRANSIÇÃO

A adolescência é o estádio do desenvolvimento humano que finaliza a infância e introduz a idade adulta (Coleman, 1982; Lerner & Spanier, 1980). Esta passagem efectua-se nas diferentes culturas e tempos históricos, contínua – ou descontinuamente (Benedict, 1938). Neste estádio, a especificidade da cultura e do tempo são temas recorrentes e centrais. Por exemplo, as meninas na Indonésia eram levadas para casas especiais destinadas a mulheres, depois de serem menstruadas, e aí eram aceites ascendendo à condição de mulheres, através de um ritual (Mead, 1981).

Não se pode determinar com precisão os limites da adolescência. Na nossa cultura ocidental, o início da adolescência é determinado consoante um critério biológico, a menstruação, ou seja, a puberdade. A adolescência termina quando se alcançou uma independência psicossocial. Mas o limite da adolescência é fugaz, as definições mais precisas como as jurídicas ou biológicas falham no seu questionamento, não devendo portanto ser aqui descritas. Ao contrário da idade escolar que, na psicologia do desenvolvimento, é descrita mais como fase de consolidação (fase de latência em Freud, 1940), a adolescência é altura de mudanças e de transições ecológicas. Estas têm aspectos físicos, cognitivos, sociais, sendo necessário partir de uma influência bilateral:

- Com a transição para a adolescência, desenvolve-se o potencial para as operações formais (Piaget, 1947; 1966)
- As alterações físicas na adolescência podem ser resumidas através da noção de maturação físico-sexual. São específicas dos sexos e dependem da genética. Controlados hormonalmente via *hipothalamus,* desenvolvem-se os órgãos sexuais primários para a capacidade de reprodução, e surgem os órgãos sexuais secundários: barba e pêlos no corpo, mudança de voz e corpos mais fortes nos rapazes, e crescimento de peito e arredondamento de formas nas raparigas. Estas transformações corporais têm consequências psicológicas variadas. Por exemplo, surge a consciência da própria sexualidade, um renascer dos impulsos sexuais (Erikson, 1968; Freud, 1923). Os adolescentes apercebem-se de que o seu corpo se transforma: a sua aparência e as suas possibilidades e capacidades. Eles percebem que são diferentes, e têm de se orientar nesta nova direcção da vida.
- Na adolescência modifica-se também a qualidade de muitas relações entre as pessoas (pais, pares, irmãos, etc.), devido sobretudo ao desenvolvimento no campo físico e cognitivo.
- As crianças adquirem um estatuto socialmente relevante com a entrada na adolescência. Os adolescentes juntam-se muitas vezes a grupos de pessoas da mesma idade, que podem ser

entendidos como um subsistema social que age sobre processos do todo social, representando uma cultura específica ("cultura adolescente").

Estes aspectos genéticos e/ou normativos da mudança caracterizam a situação dos adolescentes. A instabilidade desta situação justificará o postulado de Erikson, de uma crise de adolescência? De facto, os adolescentes têm uma inclinação para a violência, crime, consumo de drogas e outros comportamentos desviados da norma quando comparados com grupos de outras idades. O suicídio, nos adolescentes suíços, é a segunda maior causa de morte. A existência de uma crise de identidade na adolescência foi postulada, juntamente com Erikson (1966), também por Marcia (1966), Waterman (1988) e Buseman (1953). Baumeister & Tice (1986) argumentam detalhadamente em favor de uma crise de identidade na adolescência, também nos dias de hoje, confrontando-se com o aparecimento de uma sociedade pluralista, com a variedade de papéis e com a liberdade.

Mas esta tese não permanece inabalável: segundo as investigações suíças e americanas de Offer et Al. (1984), os adolescentes de hoje são saudáveis e funcionam bem em sociedade. Muitas investigações demonstraram que a maior parte das pessoas – os adolescentes em especial – não se encontram em crise (Coleman, 1982; Offer, 1984; Offer, *et al.*, 1984; Giddan, 1988). Harter (1990) e Grob *et al.* (1992), replicaram a estabilidade da auto-estima na adolescência. Rosenberg (1979), Harter (1983) e Jerusalem & Schwarzer (1991) mostraram, no entanto, alterações na auto-estima depois de mudarem da escola para o liceu aos doze anos. Outras investigações mostraram rupturas da auto-estima depois de acontecimentos críticos na adolescência (Mummendey, 1981; Grob, 1991).

O facto de existir uma crise da adolescência é cada vez mais contestado nos nossos dias, embora não se conteste as muitas transições ecológicas na adolescência que podem ter uma acção desgastante. Prefere-se o conceito de desequilíbrio ao de crise, como já foi argumentado anteriormente. Alargando o conceito de crise geral de adolescência, postulado por Erikson (1968), considera-se que é antes uma consequência de transições ecológicas que representam um peso particular devido a variadas tarefas de desenvolvimento, mais do que uma crise típica dessa idade. Não se deve, no entanto, deduzir desta conclusão, que nunca surgem crises na adolescência. As causas das crises de adolescência devem, apesar disso, ser antes procuradas no percurso individual da pessoa, e não em factos normativos típicos da idade.

5.2.2 NOTAS PRELIMINARES PARA UM MODELO DE DESENVOLVIMENTO DA IDENTIDADE

Será o conceito de "desenvolvimento de identidade" uma contradição em si? Com as definições indicadas acima tentou-se demonstrar até que ponto a identidade se pode modificar e desenvolver, transmitindo ao mesmo tempo a experiência da *continuidade*. Flavell define continuidade como "ser de alguma maneira o mesmo "eu" ao longo dos tempos com os respectivos sentimentos a que dá origem" (Flavell, 1977, 173). Reconhecer a continuidade significa, segundo Graumann (1983), reconhecer que o objecto com o qual nos identificamos já é conhecido por nós. Erikson (1959) descreve a continuidade como sendo a experiência de permanecer igual ao longo dos tempos, de maneira a ser percepcionado sempre de maneira igual pelos outros. Nesta definição ainda não se determinou se a continuidade se construiu retroactivamente, mesmo ao longo de um desenvolvimento inconstante, ou se o seu desenvolvimento acontece sem transições descontínuas.

O conceito de identidade aqui defendido permite duas possibilidades:

- Na hipótese de um sujeito sem estrutura e sem alterações, há uma constante que perdura e que permite o sentimento de continuidade ao longo do tempo e das situações, porque o sujeito permanece, apesar da sua carência de características enquanto conteúdos do processo.

- As mudanças inesperadas podem ser vividas como uma ruptura ou como um novo começo. Objectivamente, existem saltos qualitativos em todos os processos. Com efeito, como já foi definido no início, o desenvolvimento implica a construção de novas qualidades. Estas rupturas, condicionadas através de transições qualitativas, são assim vividas tanto mais dolorosamente, quanto mais, e quanto mais centrais, são os objectos de identificação que se revalorizam. A continuidade pode ser reestabelecida nestes casos, em que é reconstruído um esquema onde o sujeito mantém de novo a relação com eles. As experiências novas são assim ligadas às anteriores, de maneira a que as novas estruturas pareçam surgir das anteriores.

Estes processos de adaptação reenviam a identidade para a área de controlo do stress. As pessoas esforçam-se por uma identidade que é diferenciada e integrada (Erikson, 1968; Flammer, 1990). Esta manifesta convicções precisas acerca da própria pessoa nas suas relações com o meio (Campbell, 1990) e pode, nesta forma, ser um recurso para a ultrapassagem de crises. Os quatro estatutos de identidade propostos no parágrafo 5.1.4, podem ser respectivamente distinguidos, de acordo com o que foi dito, em várias categorias (Berzonsky *et al.*, 1990): uma estratégia orientada por normas, uma estratégia de prevenção e uma estratégia de informação. Estas estratégias estão sintonizadas com a estrutura da identidade.

Ao mesmo tempo, uma identidade integrada e diferenciada implica que se possa superar estados de stress e desequilíbrio. É porque as pessoas fazem trocas com o meio e adquirem novas experiências que a identidade chega sempre a um desequilíbrio e tem de ser adaptada de novo e reestruturada. Estes processos de superação (coping) formam os micro-processos do desenvolvimento da identidade e proporcionam a relação com o conceito de desenvolvimento, descrito no capítulo três. A identidade desenvolve-se segundo a espiral do desenvolvimento através de fases de desequilíbrio relativo, passando para fases de calma relativa (ver capítulo 3). Nas fases de calma relativa, é consolidado o estado alcançado de equilíbrio. Com "relativo" quer-se destacar que os conceitos dependência, ambivalência, etc. não devem ser entendidos de forma absoluta e definitiva, mas sim como parte de uma espiral de desenvolvimento de carácter temporário.

O *equilíbrio* de uma identidade é caracterizado diferentemente por variados autores, dependendo da sua base teórica e das suas definições de desenvolvimento e identidade: Kegan (1986), assim como acontecera antes com Piaget (1947), entende por equilíbrio a reversibilidade das estruturas. Krappmann (1982) refere-se ao equilíbrio da identidade como o equilíbrio de conseguir ser percepcionado enquanto único, mas conseguindo, apesar disso, agir segundo um papel e adequadamente a cada situação. Epstein (1973) atribui à identidade a função de equilíbrio que permite estabelecer equilíbrio entre vontade e dor. O equilíbrio da identidade será aqui definido enquanto estrutura reversível através do bem-estar. Existe equilíbrio quando os esquemas estão reunidos numa imagem homogénea e completa. Mas o equilíbrio só pode ser estabelecido tendo em conta a relação com os acontecimentos existentes e, por isso, é sempre relativo. O desenvolvimento, a espiral do desenvolvimento só é, aliás, tornado possível, pela existência da relatividade do equilíbrio.

O desenvolvimento da identidade é efectuado em dois pontos de vista: a identidade transforma-se a nível do conteúdo e a estrutura da identidade diferencia-se. No entanto, as transformações estruturais e de conteúdo caminham em conjunto.

1) *Mudanças de conteúdo*: *a*) objectos de identificação individual são reavaliados devido a novas experiências, ou seja, atingem a periferia da identidade e há novos objectos que se tornam centrais. *b*) Os objectos abstractos são integrados na estrutura da identidade. Quando a identidade de uma criança de dez anos apenas contém objectos concretos (por exemplo, os pais), estes podem ser, na adolescência, apenas objectos abstractos (por exemplo, pensamentos ou teses filosóficas)

2) *Mudanças estruturais:* Nos casos *a*) e *b*), a estrutura da identidade transforma-se. Durante a reestruturação, a identidade está desorganizada e em desequilíbrio. Quando existem vários objectos que são revalorizados ao mesmo tempo, pode surgir uma crise de identidade. O adolescente que mudou de residência e que encontrou novos amigos é um exemplo de uma reestruturação necessária. Com a mudança do círculo de conhecidos, muda também o conteúdo da identidade.

O nível cognitivo diferencia-se qualitativamente nas diferentes idades, de acordo com as teorias genético-estruturais. A partir daí, Selman (1980) infere cinco graus de desenvolvimento da percepção de pessoas e relações. A qualidade dos processos de percepção depende, portanto, do nível de desenvolvimento cognitivo alcançado. A percepção da própria pessoa também pode ser dividida, respectivamente, em cinco estádios, do estádio anterior à divisão objecto-sujeito até ao estádio da reflexão abstracta sobre os processos da auto-percepção. A estrutura de cada uma das partes da identidade será mais diferenciada em cada um dos estádios de desenvolvimento do pensamento, ou seja, da percepção, mais reversível e mais integrada. A auto-imagem torna-se consequentemente mais individual; a pessoa sente-se mais independente.

No próximo parágrafo serão resumidas estas duas perspectivas, num modelo de desenvolvimento da identidade.

Como já concluí no capítulo 3.4, existem, no desenvolvimento da identidade, desfasamentos específicos da área ("décalages horizontaux, Piaget, 1947). As várias partes de identidade das pessoas não se encontram sempre, necessariamente, no mesmo grau de desenvolvimento, porque os objectos de identificação não são revalorizados ao mesmo tempo em todos os conteúdos de identidade, mas sim em conteúdos separados. No entanto, deve-se contar com a interacção das partes individuais da identidade entre si e com a identidade global.

Antes de o modelo do desenvolvimento da identidade na adolescência ser demonstrado, dever-se-á discutir a questão quando e como surge a identidade. Harter (1983) e Stern (1992), dão uma visão pormenorizada e actual sobre as teorias e investigações acerca da diferenciação entre sujeito e objecto.

Os recém-nascidos ainda não conseguem fazer a separação cognitiva entre eles e o mundo. A visão deles de si e do mundo não é diferenciada. Eles apenas têm à sua disposição esquemas de reflexos (Piaget, 1947). Segundo Lewis & Brooks-Gunn (1979), que apresentaram um princípio elaborado para a explicação da separação objecto-sujeito (Harter, 1983), a experiência de contingência entre a acção do próprio e os seus resultados é o processo-chave. As mensagens cinéticas e o feed-back contingente do ambiente possibilitam as primeiras experiências de efeito. Quando uma criança deixa, por exemplo, cair uma bola da mão, pode observar um efeito, nomeadamente, o cair da bola no chão. O movimento da sua própria mão provocou um efeito no meio, que está para lá da própria mão, para lá da própria pessoa. No entanto, o movimento da mão não é a única causa, sendo, por outro lado, um efeito, nomeadamente de um processo intra-psíquico. É da observação e do reconhecimento de processos como este que se diferencia causa e efeito. Piaget (1947) descreveu fenómenos semelhantes de comportamento sob o conceito de reacção circular: é porque as crianças pequenas aprendem progressivamente que o seu comportamento provoca efeitos que elas os repetem e que começam a variá-los (reacções circulares terciárias).

As mensagens, especialmente as contingentes, são reflexivas: as próprias acções são reproduzidas espontaneamente em espelho. Esta espontaneidade da contingência favorece o aparecimento de um entendimento do eu enquanto agente. As crianças pequenas aprendem, pouco a pouco, que as suas acções provocam efeitos, que existem independentes delas próprias, e que estes são, por isso, diferentes das suas acções. Por aí se reconhece uma criança que está separada dos processos no meio.

Devido a variadas experiências, Lewis & Brooks-Gunn (1979) formularam os cinco estádios seguintes do desenvolvimento da auto-percepção. As referências à idade não são de confiança, e as experiências baseiam-se apenas em experiências com espelho:

- Fase 1 (5-8 meses): as crianças interessam-se pelo espelho, mas não dão referência nenhuma de um eu.
- Fase 2 (9-12 meses): as crianças apercebem-se do eu enquanto agente activo no quarto. Elas percepcionam a contingência entre os próprios movimentos e a imagem simultânea visível e em movimento.
- Fase 3 (12-15 meses): a diferenciação entre o eu e os outros torna-se possível. A criança consegue estabelecer a diferença, no espelho, entre os seus próprios movimentos e os que são estranhos.
- Fase 4 (15-18 meses): observa-se a primeira noção clara do eu enquanto objecto, definida através do reconhecimento dos próprios traços fisionómicos.
- Fase 5 (18-24 meses): a criança consegue nomear o eu verbalmente e utilizar o pronome pessoal indicado para a própria imagem.

As crianças de dois anos atribuem aos objectos uma existência fora deles próprios. Consequentemente, podem-se percepcionar a si próprias enquanto objectos. Os objectos ainda são, no entanto, percepcionados sem distinção, razão pela qual também a própria pessoa apenas tem uma auto-imagem estruturalmente inacabada. Com a divisão sujeito-objecto, estão reunidas as condições para uma estrutura da identidade.

5.2.3 UM MODELO DE DESENVOLVIMENTO DA IDENTIDADE NA ADOLESCÊNCIA

Assim que a identidade esteja preparada, ela desenvolve-se para toda a vida. Seguindo o exemplo da adolescência, deverão agora ser apresentados os processos de desenvolvimento segundo a espiral de desenvolvimento apresentada anteriormente. A identidade é assim apresentada, de acordo com o conceito de identidade sugerido acima, com conteúdos específicos, estrutural, tridimensional, e limitada: é assim que a interacção se pode desenvolver na adolescência entre estes diferentes planos. São postuladas quatro fases de desenvolvimento da identidade. As quatro fases não representam quatro estádios, na definição rígida clássica; por isso, o conceito "estatuto" ou "fase" é escolhido com cautela (ver conceito de grau Reese & Overton, 1970, e Selman, 1980).

A identidade é composta, no ponto de partida da adolescência, por uma variedade de objectos de identificação concretos e descoordenados. A *primeira fase* é chamada *estatuto integrado de identidade* relativamente *não diferenciado*. As identificações dos pais têm, primeiramente, um papel particularmente central na identidade dos adolescentes. Na transição para a adolescência desenvolve-se o potencial para as operações formais *sensu* Piaget (1947). As operações formais são acções interiorizadas, coordenadas em conjunto num sistema, e que podem ter outras operações por objecto. Elas proporcionam, num espaço com imensas possibilidades, a integração das identificações individuais numa estrutura nova, assim como a reflexão sobre objectos abstractos. O quadro relacional já não oferece a realidade experienciada dos objectos concretos, mas sim um universo de possibilidades. Estas reúnem as condições para uma identidade, num nível de diferenciação que se distingue qualitativamente do nível das operações concretas. Estas novas capacidades cognitivas estimulam o conhecimento pelo facto de a estrutura de identidade existente ser insuficiente.

A transição para a adolescência faz-se acompanhar da entrada em novos grupos de relações. Estes adolescentes são basicamente confrontados com tarefas e ocasiões para o desenvolvimento (ver capítulo 3.1). Perante estas tarefas, que também são complementadas com tarefas e objectivos formados pelo próprio, a identidade dos adolescentes torna-se desorganizada e difusa. A segunda fase chama-se *estatuto de desorganização* relativa *da identidade*.

Com a ajuda das operações formais, dos jovens da mesma idade e de outros recursos pessoais e sociais, que adquirem agora um papel enquanto recurso social, os adolescentes podem, no melhor dos casos, superar o desequilíbrio da difusão de identidade, ao confrontarem-se criticamente com as identificações e as suas estruturas em particular. Esta *terceira fase* chama-se estatuto de *identidade da nova construção parcial.* Procura-se superar o desequilíbrio cognitivo, na medida em que se pretende uma adaptação às condições do meio que se transformaram, com a ajuda de determinados recursos. Estes processos de superação (coping) foram já descritos detalhadamente no capítulo 3.2.

Assim, torna-se possível a integração da identidade num equilíbrio a nível formal. Esta *quarta fase* chama-se *estatuto de identidade,* relativamente *diferenciado e integrado.* A identidade encontra-se agora disponível, enquanto meta-teoria, acerca da própria pessoa no seu meio. Os adolescentes, neste estatuto de identidade, têm representações elaboradas acerca da sua pessoa nas suas relações com o meio, e alcançaram uma opinião pessoal em questões importantes. Eles dispõem, em especial, de desejos e ambições profissionais alcançados e de um conhecimento firme dos papéis de ambos os sexos.

Este equilíbrio, assim como a calma com a qual se relaciona, é desde logo insuficiente, e novos acontecimentos dão origem aos mesmos processos descritos acima. Inicia-se assim uma nova espiral de desenvolvimento. Em cada espiral de desenvolvimento surgem novos acontecimentos, conflitos interiores ou exteriores que não são passíveis de assimilar e de superar e que provocam processos de adaptação, o que deverá ser indicado na designação das fases com o conceito "relativo". Através de cada uma das espirais são alcançadas novas capacidades, desejos, ambições, valores e opiniões (em inglês "commitments"), ou seja, são modificadas opiniões adaptando-as às circunstâncias actuais; resumindo: a estrutura do esquema torna-se mais integrada e diferenciada,

Em cada uma destas fases, é observado o conteúdo de uma dada identidade, através de uma determinada perspectiva, que é estimulada pela estrutura da fase. A tarefa de desenvolvimento que é separar-se dos pais na adolescência, é dita de dependência relativa na fase um e, na fase dois, descreve-se como sendo de ambivalência relativa (ver capítulo 6.2.3). "Relativo" implica que os adolescentes perdem dependência, mas também que se tornarão em parte dependentes em fases posteriores. Enquanto na fase um, a dependência é um traço dominante da relação com os pais, passa na fase dois para segundo plano e acaba por ser libertada do traço "ambivalência". Neste caso não é o desenvolvimento que está em segundo plano, mas sim a relação com os pais.

Thomae (1988) demonstrou, através das suas análises biográficas, como as pessoas podem perseguir temas da vida ao longo de anos, não tendo quase nenhuma superação que pudesse ser satisfatória para elas. Existem professores nas universidades que se confrontam durante dezenas de anos com os mesmos temas de investigação, tendo, no entanto, apenas alcançado como resultado a insatisfação. Nestes casos, o tema não é radicalmente modificado, mas é discutido diferenciadamente com base em aspectos do tema sempre novos. Também Erikson (1959) confirmou que as pessoas se ocupam durante toda a vida de questões centrais da vida, que resumiu a oito esquemas (por exemplo construção da confiança originária, da autonomia) sempre com novos aspectos, cada um dos temas particulares adquirindo também um significado especial nas determinadas fases da vida. No fundo, também aqui se esconde o princípio da espiral.

Estas quatro fases do desenvolvimento da identidade estão de acordo, até certo grau, com os quatro estatutos de identidade de Marcia (1966) (quadro 5.2). A comparação com Marcia (1966), não só faz sentido pela semelhança dos conteúdos, mas também porque tanto o conceito de identidade quanto o modelo de desenvolvimento, foram desenvolvidos em efeito recíproco com a teoria de Erikson (1968). Ambos os modelos descrevem o desenvolvimento em quatro fases, enquanto a pessoa muda de um estado de stress para um estado de equilíbrio com bem-estar. O desenvolvimento é feito no sentido de uma independência, da coerência da auto-imagem, e da superação de crises. Segundo Berzonsky *et al.*

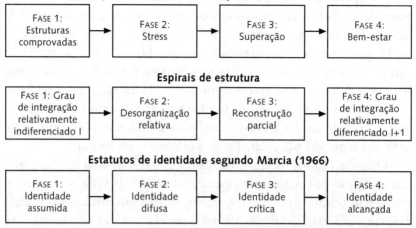

FIGURA 5.2: Apresentação esquemática do modelo de desenvolvimento da identidade

(1990), os quatro estatutos da identidade dão corpo às diferentes estratégias de processamento de informação e superação de acontecimentos (ver acima), o que possivelmente também serve esta reformulação dos estatutos de identidade – esta questão deveria ser esclarecida empiricamente.

No entanto, a partir do modelo de desenvolvimento aqui descrito, a sequência de fases dos estatutos da identidade segundo Marcia foi alterada, porque a identidade assumida foi formulada antes da identidade difusa, visto que os processos de desenvolvimento dos dois modelos são diferentes: no modelo de desenvolvimento em questão, argumenta-se de forma construtivista e estruturalista; para além disso, o desenvolvimento da identidade é descrito como um episódio importante da vida. Waterman (1993), pelo contrário, refere o processo de *construção* de identidade ("identity formation") como sendo uma procura de um ponto de vista pessoal ("commitments"). De representações incertas acerca do ponto de vista pessoal, surgem representações rígidas e conservadoras acerca da própria vida (identidade assumida), e depois é construída uma identidade alcançada. Apesar disso, estas descrições gerais não se baseiam em definições de conceitos precisos, nem em descrições detalhadas de processo. Embora tenham sido investigados percursos de desenvolvimento possíveis, a sua sistemática não foi fundamentada consequentemente.

O modelo apresentado procura preencher estas lacunas, ao descrever mais pormenorizadamente os processos que estão incluídos nos conceitos da investigação estruturalista e de superação. O modelo deve, além disso, ser generalizado a toda a vida, com a ajuda da espiral de desenvolvimento. O modelo apresentado conduz, desta forma, mais longe que as investigações de Marcia e dos seus colaboradores, e situa-as num novo contexto teórico.

5.2.4 COMPROVAÇÃO DA TIPOLOGIA

Estará este princípio tipológico baseado num paradigma obsoleto? Com efeito, desde os anos sessenta que se incentiva a descrição da personalidade através de traços ("traits") na psicologia, que estão mais ou menos gravados em cada pessoa e relacionados uns com os outros (Liebert & Spiegler, 1987). Esperava-se do conceito de traços, que descrevesse a personalidade de forma mais precisa do que o faziam as tipologias.

No entanto, há pouco tempo, o princípio da tipologia passou por uma *Renaissance*. Os tipos de personalidade não são apenas utilizados frequentemente no quotidiano da economia, mas também servem, na psicologia científica, para a classificação de pessoas e acontecimentos. A noção de tipo é também, consequentemente, utilizada em novos contextos:

Foppa (1986), por exemplo, fomentou a formação psicológica de tipos a partir de reflexões teóricas sobre a lógica da tipicalidade. Em várias investigações psicológicas, as pessoas são agrupadas segundo características exteriores, como por exemplo, idade e sexo (princípio populacional lógico), para provar a possibilidade de generalização das afirmações. Apesar de estas características influenciarem indubitavelmente as dimensões que interessam, elas não poderiam apresentar a imagem das características constitutivas.

A lógica da tipicalidade também persegue uma outra estratégia de investigação: ela comprova se os contextos universais observados são válidos para determinados grupos, ou se só são típicos de indivíduos particulares. Os grupos nos quais se encontrou um contexto que se pode generalizar, devem ser formados seguindo as indicações da teoria. Ou seja, devem preencher critérios que tenham uma relação psicológica com os efeitos encontrados anteriormente.

Para além das argumentações meta-teóricas apresentadas, podem também ser fundamentadas tipologias com a psicologia do desenvolvimento. O modelo que aqui foi proposto postula fases de desenvolvimento à maneira construtivista. Um princípio construtivista deve ser argumentado tipologicamente a partir de reflexões sobre o modelo (Reese & Overton, 1970). As fases de desenvolvimento são unidades limitadas por definição, que se diferenciam de forma qualitativa, e que são distinguidas através de combinações de características e processos. Assim, o desenvolvimento deverá ser entendido explicitamente, não apenas como um simples acréscimo de um valor sobre uma dimensão ou como adição de uma nova dimensão às dimensões já existentes. Loevinger (1982) equilibrou explicitamente os seus estádios de desenvolvimento com os respectivos tipos de carácter. Segundo a presente definição, um modelo de fases do desenvolvimento psicológico deve partir de uma sequência de tipos multidimensionais específicos, enquanto nas fases seguintes se podem conservar sobras de fases anteriores (ver os estádios de animismo e de artificialismo segundo Piaget, 1926). Estes tipos devem ser definidos segundo as dimensões constituídas. Nos tipos ecologicamente válidos, devem por isso ser tidas em conta, tanto as variáveis do meio, como as variáveis intra-psíquicas.

6. ANÁLISE ESPECÍFICA DOS CONTEÚDOS E HIPÓTESES

O CONCEITO DE IDENTIDADE e a sua teoria do desenvolvimento deverão ser agora analisados mais detalhadamente a partir do exemplo de duas categorias de conteúdos de identidade, nomeadamente a identidade pessoal e os conteúdos de identidade social, no âmbito da relação pais–adolescentes. Paralelamente, o conceito geral de identidade é de tal forma concretizado nas suas dimensões e conteúdos, como foi demonstrado no capítulo 5, que poderá ser em seguida operacionalizado. Este capítulo é, portanto, a transmissão teórica da operacionalização sugerida. As referências à literatura científica servem como base de demonstração dos passos da argumentação.

Ambas as seguintes categorias de conteúdos são especialmente centrais para muitos jovens:

Identidade pessoal: o sujeito é submetido a várias modificações durante a adolescência, o que desperta a atenção dos adolescentes (Erikson, 1968): estes experimentam um salto no crescimento e desenvolvem as características sexuais secundárias. Dispõem de meios monetários com o início de um estágio ou emprego e atingem alguma independência e autonomia. Reflectem conscientemente sobre a sua imagem do eu e a sua imagem aos olhos dos outros, os seus sentimentos, valores e atitudes, que se tornam mais claros e coerentes nalguns casos. Estas mudanças são seguidas atentamente e obrigam a adaptações constantes da estrutura da identidade.

Relação adolescente-pais: Os pais ou os pais adoptivos são muito importantes para o desenvolvimento da identidade dos seus filhos adolescentes (Amoroso, 1986; Coleman & Coleman, 1984; Crawley, 1985; Erikson, 1968; Freud, 1921; Lerner & Spanier, 1980; Wilks, 1986): na sua qualidade de educadores, transmitem valores e atitudes. Eles reagem aos adolescentes e valorizam constantemente os seus comportamentos, as suas capacidades, qualidades e valores. Os adolescentes adquirem um saber contingente acerca de si próprios. Para além disso, os adolescentes orientam a sua maneira de viver pela dos seus pais, que lhes determinam o meio, servindo de exemplo. Mais ainda: os adolescentes identificam-se com os seus pais. Os valores assumidos e as convicções dos pais transmitem segurança e fornecem uma orientação. Apesar de os adolescentes passarem mais tempo com os jovens da mesma idade, a influência dos pais sobre as suas atitudes, os seus valores e a regulação dos seus afectos é grande (resumo em Lerner & Spanier, 1980, p. 52 e seguintes; Lempers & Clar-Lempers, 1992a; Smetana & Asquith, 1994). Para além disso, os adolescentes sentem-se incapazes de satisfazer as suas necessidades sem a ajuda deles e são dependentes (para a obtenção de alimentos, por exemplo). Campbell, Adams & Dobson (1984) mostraram a conexão entre as relações dos adolescentes com as suas famílias e o estatuto de identidade no sentido dado por Marcia (1966). A identificação com os pais ajuda a escapar ao sentimento de inferioridade e impotência, e proporciona um sentimento de vinculação estreita e de confiança, relativamente à família.

Também a teoria da vinculação, que foi comprovada por Bowlby (1982) e Ainsworth (1979), acentua a importância dos pais para o desenvolvimento da identidade na adolescência: os adolescentes com uma ligação segura experienciam os seus pais como aceitantes, como recurso para ultrapassar o stress, fomentando a construção de uma identidade integrada (Benson, Harris & Rogers, 1991;

Kenny, 1987). A importância dos pais nas situações decisivas pode, por um lado, depender da idade da criança, da situação e do tipo de problema (Fend, 1990; Kreutz, 1977) e, por outro lado, da relação da criança com os pais (Conger & Petersen, 1984). Nas decisões centrais da vida, como por exemplo a escolha de uma profissão, os jovens contactam quase sempre os pais, enquanto os problemas do aspecto, das roupas e da ocupação dos tempos livres são falados com os jovens da mesma idade.

A relação com os pais também é, no entanto, influenciada por outras pessoas com as quais os jovens se relacionam. Conversas com amigos e experiências com a autoridade fora do seio familiar, com ídolos, também influenciam a atitude dos jovens para com os seus pais. Quando os adolescentes não têm pais, as funções são assumidas por outras autoridades como pais adoptivos ou outras pessoas das suas relações. Provavelmente, todos os adolescentes ocidentais necessitam de pessoas pelas quais se possam orientar. Quando faltam os pais ou quando estes não dão conta da sua tarefa, os jovens procuram substitutos psicologicamente relevantes.

Ao contrário do que se passa com a identidade pessoal, os pais perdem importância ao longo da adolescência (emancipação dos pais). Nas investigações de tipos transversal e longitudinal dos anos 1986, 1988 e 1990, Grob *et al.* (1992) descobriram com inquéritos que os conflitos com os pais diminuem de importância no período compreendido entre os 14 e os 20 anos. Em contrapartida, tornar-se-á mais importante, com o aumentar da idade, uma relação com um amigo ou namorada. A estimativa da importância da identidade pessoal permaneceu constante no mesmo leque de idades. Os dados mostram uma tendência que aponta para uma descentração dos diferentes conteúdos sociais da identidade.

Não se deve, no entanto, concluir, que o conteúdo da identidade pessoal permanece idêntico: os jovens mudam a sua identidade pessoal ao tornarem-se independentes, devido a novas experiências autónomas. Na mesma investigação, Flammer *et al.* (1989) mostram que o sentimento de controlo aumentava com a idade, no estudo longitudinal, nas áreas do aspecto, personalidade e dinheiro. A identidade pessoal é realizada com crescente eficácia com o aumento da idade, enquanto que a relação com os pais vai perdendo importância.

Assim, a identidade pessoal e a relação pais-adolescentes é importante para a maior parte dos jovens, o que não quer dizer que jovens, individualmente, considerem outros conteúdos centrais para a sua identidade. A escolha destes conteúdos de identidade baseia-se nos valores médios estatísticos das investigações empíricas respectivas.

6.1 A IDENTIDADE PESSOAL

A noção de "identidade pessoal" vem de Erikson (1959) e é aqui descrita como sendo o aspecto que define a identidade reunindo os conteúdos pessoais. Neste sentido, pertencem especialmente ao indivíduo a percepção do próprio corpo, a sua perspectiva de futuro, o seu temperamento e características pessoais, por oposição ao próximo. A identidade pessoal pode ser caracterizada, de forma análoga ao conceito de identidade previamente descrito, com base em três dimensões: sentimento de controlo ao nível da vida pessoal, auto-estima e experiências de vida importantes ao nível da vida individual. Estas três dimensões formam a base da operacionalização na nossa investigação.

1. *Experiências de vida importantes ao nível da vida individual:* a noção de experiências de vida importantes na adolescência já foi introduzida e definida no capítulo 3.1. As experiências a nível individual influenciam a formação de uma personalidade forte porque têm uma relação directa com ela, pelo seu conteúdo. As experiências de vida importantes complementam o conceito de identidade com uma componente ecológica. Um exemplo destes acontecimentos é a descoberta de novos valores e objectivos na adolescência,

o que, aliás, continuará a acontecer. Quanto mais experiências importantes os jovens vivem, mais possibilidades há, de mudança da estrutura da identidade pessoal.

2. *Auto-estima*: Apesar de terem sido introduzidos três critérios de avaliação nos conceitos de identidade anteriormente descritos (moralmente bom ou mau, importante/não importante, agradável/desagradável), no presente estudo, o conceito de identidade pessoal é exclusivamente determinado pela auto--estima, que é o produto cognitivo final de variados processos de análise, nos quais influem resumidamente os três diferentes critérios de avaliação. A auto-estima é um valor global para a auto-imagem e a identidade. Ela fornece uma escala alargada para a medição da identidade pessoal (Hausser, 1983; Orlofsky, 1977). Uma auto-estima elevada é uma medida para uma identidade pessoal integrada e mostra quão congruente e positivamente o esquema da identidade é avaliado.

3. *Sentimento de controlo a nível individual:* Flammer *et al.* (1987) demonstraram a especificidade da área do sentimento de controlo. Algumas pessoas pensam que não têm influência sobre o próprio corpo, mas que podem influenciar as relações sociais segundo os seus desejos. Quando acham que podem influenciar o seu corpo, a sua forma de pensar e os seus sentimentos, têm um elevado sentimento de controlo, a nível individual. Determinam-se a eles próprios e podem alcançar uma identidade pessoal independente. Um sentimento de controlo elevado, a nível individual, é um indício de que se está pessoalmente a elaborar uma identidade diferenciada e integrada ou de que já se concluiu esse processo.

Estas três dimensões demonstram, de forma análoga às dimensões da identidade em geral, uma interacção característica. As experiências de vida importantes a nível individual proporcionam desafios que serão utilizados para um desenvolvimento pessoal nos casos favoráveis. Os acontecimentos são ultrapassados de forma favorável quando os jovens dispõem de uma auto-estima suficientemente elevada e sentem coragem para explorar e enfrentar as tarefas, concentrados nos problemas. Nessa altura, conseguem construir uma elevada auto-estima, determinarem-se a eles próprios e perseguir os seus objectivos e opiniões.

As fases de desenvolvimento da identidade pessoal são inferidas de forma análoga às quatro fases de desenvolvimento da identidade que foram descritas no capítulo 5.2.3, e serão operacionalizadas no capítulo sete com as dimensões acima referidas.

1. O estatuto de integração relativamente pouco diferenciado da identidade pessoal é designado com o termo "estatuto de identidade, relativamente determinado por estranhos".
2. O estatuto relativamente desorganizado da identidade pessoal é chamado "estatuto de identidade relativamente difuso".
3. O estatuto de identidade parcialmente reconstruído é chamado "estatuto de identidade de procura relativa".
4. O estatuto de integração relativamente diferenciado da identidade pessoal é encurtado para "estatuto de identidade relativamente integrado".

6.2 IDENTIDADE E RELAÇÃO COM OS PAIS

O desenvolvimento da identidade será agora esclarecido com base num segundo conteúdo: a mudança na relação com os pais durante a adolescência, resumindo, a emancipação da tutela parental. Depois de ter acima fundamentado a escolha deste conteúdo de identidade, serão agora descritos os fenómenos, as teorias e as investigações, relativas ao desenvolvimento da relação com os pais, num curto resumo. Em seguida será discutida a ligação entre a relação com os pais e a identidade. Por fim, serão apresentadas quatro fases do desenvolvimento da identidade tendo em vista a emancipação da tutela parental, de forma análoga ao modelo de desenvolvimento da identidade já descrito.

A relação com os pais dos adolescentes foi actualmente investigada sob o ponto de vista da teoria da individuação (Bakken & Romig, 1989; Grotevant & Adams, 1984; Hoffman, 1984; Stierlin, Levi & Savard, 1980) ou da teoria da vinculação (Bowlby, 1982; Hansburg, 1980; Kenny, 1987; Kobak & Sceery, 1988). A teoria da individuação descreve a separação dos pais como desvinculação e reconciliação (Stierlin, 1980), ou seja, a transformação da relação pais-jovens (Grotevant & Cooper, 1986). Por outras palavras: individuação na juventude significa encontrar-se a si próprio, através da separação dos pais, com reconciliação subsequente, a partir de uma posição fortalecida e autónoma. A teoria da vinculação postula que uma ligação estável e segura com os pais no que concerne a regulação dos afectos, desenvolvimento da identidade e superação de stress, representa um recurso fidedigno. A teoria sugere a aquisição de modelos de elaboração, relativamente a estes domínios na infância, ou seja, a aquisição de expectativas em relação a objectivos e planos, por parte dos parceiros de vinculação (Bowlby, 1982; Grossmann, August, Fremmer-Bombik, Friedl, Grossmann, Scheuerer-Englisch, *et al.*, 1989). A experiência da pequena infância de vinculação, segura ou insegura, com a mãe, será por isso marcante numa fase porterior da vida.

A teoria da vinculação foca uma área de fenómenos diferente da teoria da individuação. As relações são classificadas, na maior parte das vezes, com os três tipos de vinculação e interacção de Ainsworth (1979), inseguro-evitando, seguro, inseguro-ambivalente, que foram originalmente definidas para crianças pequenas, mas que foram também mais tarde usadas com crianças e adultos (comparação Grossmann *et al.*, 1989). Estas formas de relações são definidas através da observação de crianças em situação de separação e reconciliação, e demonstram um padrão de interacção típico. Uma relação segura entre crianças e os seus pais não é apenas visível na interacção imediata conjunta, mas também durante a sua ausência física. As relações deste tipo contêm particularmente qualidades emocionais que não se deixam deduzir pela frequência da interacção conjunta directa. Os jovens podem por isso ter uma relação segura com os pais, mesmo quando estão separados. A teoria da individuação, pelo contrário, foca até que ponto os pais e os seus filhos se diferenciam e como essas diferenças agem sobre o desenvolvimento da autonomia do indivíduo. Possivelmente, pode-se formular, a partir da comparação daquelas teorias, a principal dificuldade da separação dos pais e, por conseguinte, do desenvolvimento da identidade: uma separação satisfatória dos pais pressupõe um laço já formado, uma "vinculação" aos pais, para permitir mais tarde a autonomia e a independência, relativamente a eles. Ao mesmo tempo, a construção de uma relação progressivamente mais distanciada entre pais e crianças é desejável.

De seguida prosseguirei o questionamento da teoria da individuação. Mesmo que nos sintamos tentados a relacionar o conceito de vinculação com o espaço de tempo de toda uma vida (Grossmann *et al.*, 1989), a sua concepção genético-mecânica não é compatível com a imagem organísmica da pessoa em desenvolvimento. Isso porque a teoria da vinculação quase não tem em conta a vontade da pessoa e não permite dados diferenciados sobre o desenvolvimento dos laços relacionais, como o permite a teoria da individuação. No entanto, o facto de os jovens dependerem dos seus pais aos 12 anos, enquanto os jovens adultos com 20 anos muitas vezes mantêm uma relação simétrica com os pais, é geralmente aceite.

A individuação tem início logo com o nascimento: a ligação mãe-filho vai evoluindo da ligação pré-natal para uma relação entre dois organismos fisicamente separados. Gradualmente, torna-se possível, para uma terceira pessoa, construir uma relação com a criança (o pai, por exemplo). Cuidar da relação torna-se tarefa dos pais e da criança, já que, nas famílias europeias ocidentais, os pais são geralmente as primeiras pessoas com que as crianças se relacionam. Eles têm de oferecer amor e segurança à criança, cuidar dela atenciosamente e alimentá-la, ou seja, construir uma relação pessoal. No caso mais vantajoso para a criança, ela vive em contacto estreito com os pais. Os pais devem elaborar um estilo pessoal, realizar as suas próprias necessidades e ter ao mesmo tempo em conta as necessidades da criança. Quando os pais encontram uma solução adequada, as crianças ganham confiança neles. A confiança originária surge, na criança, da experiência de que, entre o mundo e as suas necessidades pessoais, existe harmonia (Erikson, 1959). Isso é um princípio básico do sentimento da vida em geral e da relação com os pais em particular. A relação criança-pais é assimétrica porque a criança não pode sobreviver sem os pais, mas os pais podem existir sem a criança. No entanto, esta tem influência sobre os pais, ao influenciar também o ritmo de vida deles.

A criança cresce no seio da família, com a família. Ela identifica-se com as normas e valores da família de forma espontânea (socialização primária). A sua imagem do mundo corresponde à dos seus pais, da família. Ela procura realizar as expectativas da sua família, da forma mais completa possível, para não perder o seu amor. Os pais e os irmãos são os parceiros de interacção mais importantes. Ao mesmo tempo, a família é um dos contextos mais importantes da criança: estatuto, auto-estima, pertença de classe, etc., são estabelecidos pela família. A família selecciona, interpreta e integra os contactos exteriores da criança (Wurzbacher, 1977, 15).

Com efeito, a criança ganha gradualmente autonomia a partir dos dois anos: depois de se completar a separação objecto-sujeito, ela tem uma vontade própria, com a qual confronta os seus pais. No quotidiano, esta fase é chamada "fase da teimosia". O espaço e a noção de tempo da criança tornam-se mais amplas. Na teoria ecológica de Bronfenbrenner (1979), o desenvolvimento é definido como um alargamento e uma diferenciação da percepção do meio. As pessoas transpõem constantemente novos espaços de vida, através dos quais se modificam. Quando entra para a escola, por exemplo, o espaço de vida da criança alarga-se ao meio da escola: os professores e o grupo de crianças proporcionam a primeira alternativa social à família. Em vez da família fechada, surgem agora uma variedade de relações que introduzem novos valores e abrem novas competências. No entanto, até atingir a adolescência, a família permanece importante para a criança. Quando é atingida a adolescência, essa valorização da família é posta em causa e é criticada. Os jovens procuram valores que possam realizar autonomamente. A separação, entendida como individuação, pode ser definida como modificação da relação entre os jovens e os seus pais, da dependência passando pela separação, para uma simetria. Este processo exige a diferenciação do sistema familiar e a construção de novas estruturas familiares. Construção significa aqui a organização das inumeráveis experiências comuns entre os jovens e os seus pais em relação a um todo coerente, tornando-se assim possível uma relação com direitos iguais. Os jovens e os seus pais têm de encontrar novos papéis no sistema familiar (Gehring & Feldman, 1988).

A separação dos pais é uma tarefa de desenvolvimento que dura toda a vida, como Havighurst (1972) o descreve, porque tanto as mudanças necessárias ao amadurecimento do lado do indivíduo, como também as expectativas sociais típicas da idade e as necessidades, despoletam o desequilíbrio que leva à separação dos pais (Lieshout, Aken & Seyen, 1990). Para além disso, existe a possibilidade de falhar: os jovens podem persistir num estado de separação ou então regredir para um estado anterior à separação. Podem surgir acontecimentos que encaminhem constantemente a relação com os pais para o desequilíbrio, que deverá ser de novo ultrapassado. Na adolescência, a separação dos pais adquire uma importância especial porque os jovens se delimitam conscientemente, física e psiquicamente, da família, podendo isso acontecer de forma especialmente conflituosa.

A emancipação dos pais pode decorrer calmamente ou de forma conflituosa, assumindo formas patológicas (Hansburg, 1980). Particularmente em famílias onde os pais não apoiam muito os jovens, quando existe incapacidade para a resolução de problemas e para a discussão, os conflitos são muito frequentes (Hall, 1984). Hansburg (1980) descreve seis tipos de sistemas familiares, com base nas suas investigações do "Separation Anxiety Test (SAT)" e, na esteira de Bowlby (1982), seis tipos de sistemas nos quais os jovens se separam dos pais de forma conflituosa:

- os membros da família unem-se receosamente uns aos outros quando têm medo, fundamentado ou neurótico, de perder pessoas com que se relacionam e de quem gostam (ligação receosa).
- as crianças experienciam um profundo desagrado em relação aos seus pais, em vez de uma ligação afectiva, o que só pode ser parcialmente controlado através do medo ou da insegurança. Hansburg (1980), refere-se a uma ligação hostil-receosa.
- os jovens com um baixo controlo das agressões são frequentemente pouco unidos aos pais e separam-se deles muitas vezes de forma agressiva. A este tipo de separação chama-se separação hostil.
- os jovens com poucos recursos e uma fraca estrutura de personalidade podem não conseguir separar-se satisfatoriamente dos pais, e permanecem dependentes deles. Muitas vezes são incapazes de manter relações recíprocas em geral com outras pessoas (desvinculação dependente).
- os jovens que se mostram agressivos e têm uma auto-satisfação excessiva em relação a si próprios, são classificados num quinto tipo (desvinculação através de auto-satisfação).
- os jovens sem auto-confiança que não se valorizam a si próprios, que se tornam agressivos e auto-agressivos (síndroma depressivo).

Os jovens emancipam-se do sistema familiar e entram na vida social (socialização secundária). Talvez comecem a trabalhar como aprendizes de uma profissão ou entrem para uma *Mittelschule*[1].

---

[1] Esta afirmação, assim como a que se segue, refere-se ao sistema de ensino suíço/alemão.

Outros entram directamente para a vida activa após uma curta aprendizagem. Na adolescência, o grupo de jovens da mesma idade ganha em importância, por oposição ao grupo das crianças. Naquele grupo, os adolescentes tomam conhecimento de novas competências para a vida ou de novos microsistemas (Bronfenbrenner, 1979). A função dos jovens da mesma idade na adolescência, é muitas vezes determinante, como campo de preparação e exercício para a vida de adulto (nova relação satélite segundo Ausubel, 1968). Os jovens encontram o apoio dos jovens da mesma idade quando entram em conflito com as autoridades (pais, professores, patrões, etc.). Mais ainda: o grupo de pares pode reforçar o sentimento de auto-estima e a coragem para a autonomia enquanto recurso social, de forma a que os adultos não se afigurem como autoridades todo-poderosas (Pombeni, Kirchle & Palmonari, 1990). No grupo de pares também sucedem as primeiras relações íntimas/eróticas que possibilitam experiências relacionadas com a sexualidade.

O grupo de pares é visto como potencial para transformações sociais, numa perspectiva sociológica. Com a entrada na adolescência, os jovens adquirem um estatuto novo e maior reconhecimento social. Mesmo quando os próprios jovens se sentem inconscientes, a sua influência no grupo não é de subestimar. O seu poder é avaliado de forma diferente por vários autores: a subcultura juventude é indicada como possibilidade e probabilidade de transformações sociais (Tenbruck, 1962; também Döbert & Nunner-Winkler, 1982; resumo em Griese, 1982) ou como perigo e ameaça para a estabilidade social (Eisenstadt, 1966). Por detrás destas avaliações existe uma visão progressista ou uma visão histórica e conservadora da sociedade.

A situação dos pais durante a separação dos seus filhos é difícil: em muitas famílias, os pais passam, ao mesmo tempo, por uma fase de desenvolvimento crítica (Lerner & Spanier, 1980). Os pais têm, na maior parte das vezes, cerca de 45 anos e percebem que ultrapassaram o ponto alto das suas capacidades de produção. Essa experiência pode ser muito dolorosa. As mães têm, para além disso, de adaptar-se a transformações físicas decorrentes da menopausa. Os pais percebem que os filhos lhes são arrancados e que são criticados por eles, apesar de terem investido muita força e esperança na sua educação. Os jovens pedem muito: Amato (1988) conseguiu demonstrar empiricamente numa amostra australiana que os jovens desejam ter o calor e a protecção dos seus pais ("support"), mas não querem ser controlados por eles (ver também Hauser, Borman, Jacobson, Powers & Noam, 1991). Os jovens que são apoiados pelos pais a explorar o mundo sem serem vigiados têm capacidades especialmente produtivas nas áreas intelectual e social (Coleman & Coleman, 1984; Helmke, Schrader & Lehneis--Klepper, 1991). Para além disso, a capacidade de produção intelectual dos jovens é apoiada pela independência emocional dos pais (Hoffman, 1984).

A separação dos pais não termina na adolescência, adquire, pelo contrário, novos temas para discussão com a idade adulta (Erikson, 1959). Os adultos também continuam a ser filhos de seus pais e têm relações especiais com eles. A discussão com os pais ou com os filhos só tem uma conclusão relativa com a morte do parceiro da relação. Nalguns casos, as pessoas continuam a interagir na sua fantasia com os seus pais ou filhos, mesmo após a morte destes.

6.2.1 ALGUNS RESULTADOS DA INVESTIGAÇÃO CIENTÍFICA

Actualmente, existe uma vasta literatura científica sobre as diversas formas de interacção entre o desenvolvimento da identidade dos adolescentes e a relação com a sua família/pais. A identidade, nestas investigações, é muitas vezes compreendida através dos instrumentos de Loevinger 1970) ou Marcia (1966).

Na tradição de Loevinger, Bakken & Romig (1989) mostraram uma conexão positiva entre a prontidão da família para mudar a sua estrutura interna, e o estádio-eu (Loevinger, 1970) dos jovens. Por outro lado, foram demonstradas interacções entre o estádio do "desenvolvimento-eu" parental e as capacidades dos jovens para ultrapassar problemas (Hauser, *et al.*, 1991). Adams (1985a) replicou esta descoberta, tendo apesar disso trabalhado com os quatro estatutos de identidade segundo Marcia (1966) e demonstrado que os pais com uma "identidade alcançada" têm filhos com um grau de identidade altamente desenvolvido.

Os jovens que são independentes dos pais, apesar de terem uma grande coesão intra-familiar, mas que se conseguem adaptar se necessário, alcançam o estatuto de identidade mais alto, operacionalizado segundo Marcia (1966; Jackson, Dunham & Kidwell, 1990) – o resultado é sobretudo válido para as raparigas, mais do que para os rapazes. O desenvolvimento da identidade e a separação dos pais ocorrem, por conseguinte, em simultâneo e em paralelo. Peterson (1987-1989) mostrou que são os jovens que apresentam um estatuto de identidade baixo que ofendem verbal e fisicamente os pais. Estes resultados são argumentos para o facto de o estatuto de identidade poder ser previsto com base no prognóstico da relação com os pais. Isto só pôde ser confirmado longitudinalmente de forma limitada, por Kroger (1988): ela encontrou em jovens entre os 18 e os 22 anos, num período de dois anos, muito poucas correlações entre uma ligação segura com os pais no primeiro espaço de tempo de medição, e o estatuto de identidade dos jovens no segundo espaço de tempo de medição. Por outro lado, o estatuto de identidade pode ser previsto através da relação com os pais no mesmo espaço de tempo e o estatuto de identidade no espaço de tempo anterior.

Posso resumir, dizendo que os processos de desenvolvimento de identidade e a separação dos pais ainda não foram esclarecidos. Campbell *et al.* (1984) resumem os resultados das investigações dizendo que os pais podem apoiar o desenvolvimento da identidade dos seus filhos, ao ambicionarem um equilíbrio entre ligação intrafamiliar e encorajamento para a individualidade. Os jovens deveriam ter uma relação segura com os seus pais e, ao mesmo tempo, tornarem-se independentes – solucionar este paradoxo é a dificuldade central da nossa tarefa de desenvolvimento.

6.2.2 DIMENSÕES

Depois de terem sido apresentadas algumas teorias e investigações sobre a relação com os pais e a identidade na adolescência, será agora analisada a separação dos pais com a ajuda dos modelos de desenvolvimento de identidade previamente apresentados. As três dimensões, experiências de vida importantes, sentimento de controlo e valorização, devem ser, por isso, utilizadas no conteúdo da relação com os pais, devendo, da sua regulação, surgir quatro estatutos de separação. A argumentação decorre de forma análoga à argumentação relativa à identidade pessoal.

1. *Experiências de vida importantes no campo interpessoal:* assim como a identidade pessoal só se pode construir ultrapassando experiências importantes, também a construção de uma relação autónoma e simétrica com os pais implica o facto de se conseguir ultrapassar as experiências de vida importantes, no campo interpessoal. As experiências de vida, neste campo, são parte das tarefas de separação dos pais e caminham em conjunto com um desequilíbrio das relações com os próximos, os pais em especial (ver capítulo 3.1). Supõe-se, partindo do conceito de desenvolvimento apresentado, que a separação dos pais só pode ser realizada a partir de um desequilíbrio entre as experiências anteriores e as experiências actuais com parceiros sociais (Stierlin, 1980; Erikson, 1968). Acontecimentos como fortes desavenças, discussões com os pais, professor ou patrão, o início de uma relação com um amigo/namorado ou uma amiga/namorada apontam para o facto de os jovens terem conflitos com os seus parceiros sociais, em especial com os pais, e que procuram um novo papel na sua área social. *Emancipação dos pais não significa apenas que os jovens discutem com os pais e se separam deles, mas também significa que é exigida uma nova orientação, no todo da área social.* Supostamente, as experiências de vida importantes provocam experiências que não são compatíveis

com as atitudes já existentes e que têm de ser ultrapassadas. As experiências de vida importantes no campo interpessoal indicam que a identidade social se transforma, e complementam o conceito de identidade com uma componente ecológica.

2. *Importância do controlo sobre os conflitos com os pais*: como a auto-estima, também a característica "importância do controlo sobre os conflitos com os pais" pode ser definida como valor. Ela é um aspecto do controlo (Flammer *et al.*, 1987) e da identidade, e caracteriza a atitude dos jovens em relação à ligação com os pais. A característica surge da reflexão sobre a porção de controlo, na relação com os pais. No contexto da teoria da individuação, os jovens procuram atingir a sua autonomia e ter mais influência na relação com os pais, e com os parceiros sociais em geral. A importância do controlo é entendida como indicador para o estatuto de desenvolvimento dos jovens e da sua emancipação dos pais. Este valor é uma medida para entender até que ponto é importante para os jovens conseguirem impor-se na sua relação com os pais e revela como o controlo sobre a relação com os pais está ligado à estrutura da própria identidade. A característica reflecte a posição dos jovens, ao procurarem atingir uma relação simétrica com os pais, ou ao permanecerem independentes deles. A dimensão de valorização é aqui reduzida à dimensão da importância do controlo, porque este aspecto é uma medida bastante significativa para o estado actual da questão da emancipação dos pais.

A desvinculação dos pais implica a transformação do valor da dependência para a independência (Stierlin, 1980). Os jovens têm de se decidir conscientemente pela igualdade de direitos com os pais, para se tornarem autónomos. A valência subjectiva da determinação sobre si próprio e no geral, sobe significativamente durante a separação dos pais. Supostamente, o controlo da relação com os pais ganha importância à medida que o jovem se vai desligando dos pais de forma avançada.

3. *O sentimento de controlo sobre os conflitos com os pais* é uma dimensão do conceito de identidade e uma medida que determina o quanto os jovens determinam a sua relação com os pais. Existem muitos conteúdos de conflitos, por exemplo as saídas à noite, a atribuição das tarefas domésticas, ou os círculos de amigos. Quem se impõe e decide durante as situações conflituosas é o mais poderoso. O sentimento de controlo na relação com os pais reflecte por isso uma visão subjectiva da distribuição de poder do jovem, com o parceiro da relação (Amoroso, 1986). Quem tem muita influência é dominante e pode dar ordens, quem tem pouca influência tem de obedecer. O sentimento de controlo mede se os jovens se separaram dos seus pais ou não. Suponho que o sentimento de controlo sobre os pais sobe à medida que os jovens se vão separando dos pais (Crawley, 1985) e vão estruturando pessoalmente a sua identidade.

O sentimento de controlo na relação com os pais é uma característica que mostra como os jovens ultrapassam as dificuldades sociais. Um sentimento de controlo elevado é condição para ultrapassar activamente experiências de vida, centrando-se nos problemas. Só quando os jovens acreditam nas próprias possibilidades de influenciar é que tentam explorar e ultrapassar as experiências. Um sentimento de controlo profundo obriga a lidar com os desafios, orientando-se pelas normas ou evitando-os (comparar com Berzonsky *et al.,* 1990).

Estas dimensões dos estatutos de emancipação interagem de forma análoga com as da identidade (comparar com capítulo 5.1.5): as experiências de vida importantes, no campo interpessoal, formam desafios que agem sobre o jovem promovendo o desenvolvimento, no caso mais favorável. Vencer os desafios exige dos jovens o desejo de autonomia e independência dos pais. Essa vitória determina o valor e o objectivo de atingir o controlo da relação com os pais, e é bem sucedida quando o jovem atingiu essa competência. Isso porque só quando os jovens podem exercer influência na relação que têm com os pais e possuem um elevado sentimento de controlo, é que se pode falar de uma relação simétrica pais-jovem e de uma separação dos pais bem sucedida.

Estas três dimensões, assim como as suas interacções, formam a base da operacionalização da questão da emancipação dos pais, que será descrita no capítulo sete.

6.2.3 QUATRO ESTATUTOS DE EMANCIPAÇÃO

As quatro fases de separação dos pais são postuladas de forma análoga às quatro fases do desenvolvimento da identidade (ver capítulo 5.2.2). Estes quatro estatutos de emancipação descrevem o desenvolvimento da identidade no que diz respeito à relação com os pais, durante a adolescência, de acordo com os quatro passos da espiral de desenvolvimento e formam a base teórica da operacionalização que será usada na apresentação da investigação empírica seguinte. Os quatro estatutos distinguem-se dos estatutos da identidade apenas pelo seu conteúdo, não pela estrutura. Fala-se de "estatuto de emancipação" ou de "separação dos pais" quando a relação com os pais é encarada na perspectiva da psicologia dos desenvolvimento.

1. Na primeira fase da adolescência, os pais são representados enquanto objecto de identificação relativamente diferenciado, relativamente central, integrado na estrutura da identidade. Os jovens vencem as tarefas de desenvolvimento orientando-se pelas normas, como o aprenderam com os pais. Este estatuto de identidade é chamado "identidade da relação dependente com os pais", de forma resumida, relação dependente com os pais.
2. A estrutura de identidade fica relativamente desorganizada devido às experiências de vida importantes, caindo num desequilíbrio. A centralidade do objecto de identificação pais é questionada. Os jovens entram em conflito com os

pais e a sua aceitação original transforma-se em ambivalência. Este estatuto é chamado "identidade de relação ambivalente com os pais", resumindo, relação ambivalente com os pais.

3. Com a ajuda dos recursos sociais e pessoais, os jovens pretendem recriar a relação com os pais. Eles valorizam a importância dos pais para a identidade, constroem uma nova imagem da relação ideal com os pais e tentam realizá-la. Os pais sentem esta actividade dos jovens como actividade crítica e falta de aceitação. A fase seguinte é por isso chamada "identidade da relação crítica com os pais", resumindo, relação crítica com os pais.

4. As representações dos pais tornaram-se mais diferenciadas e foram integradas numa posição periférica da identidade, e reavaliadas. Os jovens e os pais construíram uma relação relativamente simétrica, na qual os jovens adquiriram uma autonomia ampla. A fase chama-se por isso "identidade da relação autónoma com os pais", resumindo, relação autónoma com os pais.

Estes passos repetem-se ao longo da vida segundo o princípio da espiral, sempre que novos acontecimentos não são integráveis na estrutura de identidade existente. As noções de relação dependente, ambivalente, crítica e autónoma entendem-se, consequentemente, de forma relativa. Este modelo de fase não implica que os jovens percam toda a dependência dos pais durante o seu desenvolvimento, mas sim que a dependência dos pais diminui significativamente e que os jovens, por outro lado, se tornam mais autónomos, mesmo que seja apenas de forma relativa, em relação à espiral anterior.

Os nomes dos estatutos orientam-se pelos estatutos de identidade segundo Marcia (1966). A relação ambivalente com os pais corresponde ao estatuto de identidade difusa, a relação crítica com os pais corresponde ao estatuto de identidade crítica e o estatuto autónomo de separação adapta-se bem ao estatuto de identidade alcançada. Ao contrário de Archer & Waterman (1983), supõe-se aqui, com base no princípio da espiral, que o estatuto de dependência, na relação com os pais, se encontra no início. Os estatutos de separação crítico e ambivalente são, nomeadamente, compreendidos como estados de desequilíbrio, passando da dependência para a autonomia, na relação com os pais. A diferenciação do conteúdo específico da identidade, num aspecto relacionado com os pais, existe já latente em Marcia (1966), mas não está explicitado, em particular. Marcia (1966), como também Erikson (1968), entendem o desenvolvimento da identidade e a emancipação dos pais como um processo sincrónico, e dependente um do outro. Desde a formulação de Piaget dos "décalages horizontaux" é mais prudente efectuar análises de conteúdo específico (Waterman, 1982).

Partindo de Berzonsky *et al.* (1990), os estatutos de identidade são compreendidos globalmente e com conteúdo específico, enquanto estratégia diferente de tratamento da informação e ultrapassagem de stress (ver capítulo 5.2.2 e quadro 6.1). As pessoas reagem de maneira diferente às novas experiências, dependendo da estrutura de identidade e do seu modelo pessoal de processamento. As pessoas com uma estrutura não diferenciada ou desorganizada, evitam mais o confronto directo, ou resolvem conflitos, seja pragmaticamente, seja orientados pela norma. Devido à falta de estrutura de identidade, elas não têm à sua disposição recursos pessoais suficientes para uma ultrapassagem activa dos problemas. As pessoas com uma estrutura reconstruída, ou diferenciada e integrada, têm à sua disposição uma rede de experiências e um saber elaborado suficientes, que lhes permite enfrentar os confrontos, explorá-los e centrarem-se neles para os solucionar. A resolução dos problemas e o apoio social possibilitam a passagem para uma resolução dos problemas orientada pela informação, necessitando os jovens frequentemente, nesta segunda fase, de recorrer a uma ajuda exterior. Os estatutos de identidade são por isso também chamados estatutos de realização, de forma análoga aos estatutos de identidade, de acordo com Berzonsky *et al.* (1990). Segundo

QUADRO 6.1

Confrontação do processo geral de desenvolvimento com as estratégias de realização segundo Berzonsky *et al.* (1990), com os estatutos de identidade segundo Marcia e os estatutos globais de identidade com conteúdos específicos

	Situação inicial	Processo de desenvolvimento		Resultado
Princípio da espiral	Estruturas experimentadas	Stress	Realização	Bem estar
Estratégias de realização (Berzonsky)	Orientada pela norma ou evitação	Stress	Orientada pela informação	Bem estar
Identidade (Marcia)	Assumida	Difusa	Crítica	Alcançada
Identidade (estrutural)	Integrada de forma relativamente diferenciada	Relativamente desorganizada	Parcialmente reconstruída	Integrada de forma relativamente difusa
Identidade pessoal	Relativamente determinada por outros	Relativamente difusa	Procura relativa	Relativamente integrada
Relação com os pais	Relativamente dependente	Relativamente ambivalente	Relativamente crítica	Relativamente autónoma

Berzonsky *et al.* (1990) e Jackson & Bosma (1990), esta interpretação diferencial dos estatutos de emancipação contradiz a interpretação da psicologia do desenvolvimento. A investigação empírica irá demonstrar qual será a tese que se comprovará, se os estatutos de identidade devem ser interpretados com a psicologia do desenvolvimento, ou segundo a psicologia diferencial.

6.3 O MODELO EM RESUMO E AS HIPÓTESES

Foram sugeridos um conceito de desenvolvimento e um conceito de identidade, e fez-se a ligação com um modelo de desenvolvimento da identidade, através do exemplo da adolescência. Seguem-se quatro estatutos, de acordo com esse modelo: 1) devido a mudanças típicas da idade, o equilíbrio relativo do sistema psíquico entra em desequilíbrio, sendo assinalado por uma relação normativa com as tarefas de desenvolvimento, com a entrada na adolescência. 2) o estado de stress com ele relacionado conserva--se até o confronto construtivo com o desafio deixar de ser evitado. 3) quando estão disponíveis recursos suficientes, o stress pode ser ultrapassado num processo construtivo. Este estado de construção pode-se caracterizar, em especial, através da orientação de informações e exploração. 4) a tarefa de desenvolvimento é, por fim, ultrapassada com sucesso, no caso mais favorável, e surge um equilíbrio integrado e diferenciado, em que predomina o bem-estar. O processo de desenvolvimento é controlado pelas experiências de vida importantes. Os acontecimentos normativos podem ser resumidos através de três factores: a faixa etária, as condições histórico-temporais e a coorte. A sua conexão com os estatutos de identidade de áreas específicas também será analisada.

1. A *idade* pode não ser um factor de causalidade mas sim um *medium,* no qual o desenvolvimento acontece (Flammer, 1988). É uma característica que combina transformações passíveis de serem determinadas geneticamente e processos normativos próprios da idade. Espera-se que os jovens, à medida que aumenta a idade, consigam superar cada vez mais as tarefas desenvolvimentais de identidade pessoal e emancipação dos pais. Os jovens mais velhos mostram muitas vezes uma identidade pessoal mais integrada e uma emancipação dos pais mais autónoma que os mais novos. Pode-se provar a hipótese de os quatro estatutos de desenvolvimento surgirem juntamente com a idade específica. Se o efeito de idade não for considerado, os quatro estatutos devem ser entendidos como estatutos de personalidade estáveis.
2. O desenvolvimento é descrito enquanto interacção de factores individuais e sociais. Espera-se que os estatutos da identidade pessoal e os estatutos de emancipação se diferenciem também segundo as diferentes condições histórico-temporais. O factor tempo é uma característica e uma variável de diferenciação, relativa à influência de condições exógenas sobre determinados momentos da investigação.

3. Com o factor coorte será investigada a conexão entre os anos de nascimento e os estatutos da identidade pessoal, ou os estatutos de emancipação. Assim como a idade e o momento de medição, a coorte também não é um factor de causalidade, mas sim uma característica relativa a influências endógenas e/ou sociais, que influenciam um determinado grupo de idades num determinado período.

Na ilustração 6.2 são apresentadas as condições normativas e as fases de desenvolvimento.

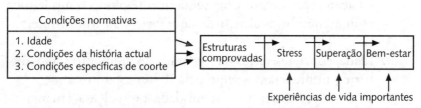

ILUSTRAÇÃO 6.2: Condições normativas, processos de desenvolvimento e identidade

A identidade tornou-se multidimensional, estendendo-se aos conteúdos, estruturalmente definida e interpretada como tarefa do desenvolvimento. Foram escolhidos dois conteúdos de identidade: a identidade pessoal e a relação com os pais. Estes dois conteúdos são descritos respectivamente através de três dimensões diferentes: uma dimensão biográfica, uma dimensão de valor/valorização e uma dimensão de controlo. A identidade e os seus conteúdos desenvolvem-se seguindo o mesmo modelo de processamento.

O desenvolvimento da identidade será agora investigado com base em conteúdos de identidade pessoal e de relação empírica com os pais. A identidade pessoal e a relação com os pais serão classificados em quatro estatutos respectivos. Na definição dos estatutos são tidas em consideração três características:

- os estatutos devem representar quatro estruturas da identidade pessoal ou da relação com os pais.

- Os estatutos devem formar um modelo de processamento das tarefas do desenvolvimento.
- Os estatutos devem representar estratégias diferentes de superação.

São examinadas cinco hipóteses:

1. A identidade pessoal e a relação com os pais podem ser operacionalizadas empíricamente em quatro estatutos.
2. Os estatutos da identidade pessoal e os estatutos de emancipação representam uma sequência segundo o modelo da espiral: equilíbrio relativo-desequilíbrio-construção-integração.
3. Idade, coorte e efeitos da mudança de momento sócio-histórico influenciam a sequência destes estatutos.
4. O desenvolvimento da identidade pessoal e a emancipação dos pais estão correlacionados. Não se esperam desfasamentos ("décalages") importantes entre conteúdos específicos.
5. A identidade pessoal e a relação com os pais estão relacionadas com o bem-estar.

6.4 ESCALOGRAMA – UMA ESCALA DE DESENVOLVIMENTO DA IDENTIDADE

As conceptualizações teóricas devem ser transferidas para as investigações empíricas das hipóteses, acompanhadas de reflexões sobre a metodologia do desenvolvimento. A forma como o conceito organísmico pode ser utilizado na discussão empírica representa um problema especial, já que as análises estatísticas incorrem no risco de provar simples hipóteses mecanicistas, perdendo assim a noção do todo. Por esse motivo, escolher-se-á um conceito tipológico que tenha suficientemente em conta o conceito holístico.

Com que método é que o conceito de fase pode ser comprovado de forma correcta? Nos anos 20 do século XX, Louis Guttman já descrevia o escalograma como um método para a comprovação de processos de desenvolvimento cumulativos. Este método foi continuado por Rasch (1960). Apesar de o escalograma ter sido criticado por ter características ideais não concretizáveis (resumo e discussão crítica em Stouffer, 1966; Guttman, 1966), continua a ser discutido e utilizado até aos dias de hoje (comparar com Peterman, 1982).

São sobretudo o conceito das tarefas de desenvolvimento e os conceitos construtivistas que estão perto de utilizar o escalograma como escala de desenvolvimento. Trata-se de um método destinado a encontrar indicadores sensíveis ao desenvolvimento, e também representa uma possibilidade para o estudo empírico da formação de processos de desenvolvimento. O procedimento é apresentado detalhadamente em Stouffer (1966): às pessoas, objectos de experiência de várias idades, são apresentadas tarefas dicotómicas, que são vistas como sensíveis para o questionamento visado pelas reflexões teóricas. Essas tarefas são ordenadas em colunas, sendo que a coluna um toma a tarefa que nenhuma das pessoas resolveu correctamente e que a coluna n representa as tarefas que foram resolvidas correctamente por todos. As tarefas ideais para um escalograma são aquelas que foram resolvidas correctamente por todas as pessoas de determinada idade e por todas as pessoas mais velhas, não tendo sido resolvidas pelas pessoas mais novas. Por isso, o ideal seria declarar a partir de que idade se pode realizar a tarefa. Na prática, só se pode chegar perto desse ideal, as tarefas individuais permitindo apenas estimativas aproximadas da idade.

Os escalogramas são, segundo Peterman (1982), unidimensionais, deterministas e cumulativos: um escalograma é um processo unidimensional. Mesmo existindo mudanças estruturais no processo de desenvolvimento, as características observadas não podem ser diferenciadas nem subir no grau de complexidade (ver Peterman, 1982). A análise de Cluster é um método estatístico que agrupa as pessoas consoante a semelhança em relação a um dado número de dimensões (ver capítulo 8.3). Esses grupos ou Cluster, podem ser representados por fases de desenvolvimento pluridimensionais.

Uma escala determinista parte de um modelo acelerado de desenvolvimento, segundo o qual as mudanças ocorrem aos puxões e em curtos espaços de tempo. A escala de probabilidades de desenvolvimento tem, pelo contrário, um modelo de transição como base, segundo o qual os processos de desenvolvimento traçam um caminho lento, tornando-se mais rápidos e aproximando-se de um nível de desenvolvimento óptimo. A análise de escalograma baseia-se em tarefas dicotómicas, apresentando por esse motivo uma escala determinista.

O escalograma parte do princípio que cada vez mais tarefas serão continuamente solucionadas, no decorrer do desenvolvimento. Baseia-se num modelo *cumulativo* de escala de desenvolvimento. Um modelo disjuntivo de escala de desenvolvimento teria, pelo contrário, como condição, o facto de que as tarefas que não podem ser solucionadas de início, possam vir a sê-lo algum tempo mais tarde, voltando depois a ser impossível solucioná-las. Este modelo disjuntivo baseia-se num conceito de período sensível no desenvolvimento (ver Flammer, 1988).

Entre as características de um escalograma e o conceito de desenvolvimento aqui descrito, existem concordâncias. O tratamento de uma escala de desenvolvimento é cumulativo e traz novas competências e valores consigo. O conceito de desenvolvimento parte de transições efectuadas entre as fases individuais de desenvolvimento. Neste sentido é determinista e não probabilista. Não deve, contudo, negar-se que, num grau mais aprofundado de análise dos processos, as transições descontínuas se possam transformar em transições contínuas. É apenas a questão da uni- ou multidimensionalidade, que não é suficientemente elucidada, devendo esta questão ser clarificada empiricamente (capítulo 8.1.4 e 8.2.4). Os resultados da análise de escalograma serão por isso comparados com os resultados obtidos pela análise de Cluster.

O escalograma do desenvolvimento da identidade será formulado separadamente para a identidade pessoal e a relação com os pais com base nas dimensões teóricas já comprovadas da identidade, sendo elas as experiências de vida importantes, a valorização e o sentimento de controlo. Tentar-se-á assim comprovar empiricamente as fases fundamentadas de modo teórico, das áreas específicas da identidade.

7. ANÁLISE DOS DADOS

O MODELO de desenvolvimento de identidade deverá ser agora comprovado empiricamente seguindo o exemplo da identidade pessoal e da emancipação dos pais. A comprovação do conteúdo pressupõe diversos passos: a operacionalização da identidade pessoal e da relação com os pais, assim como a comprovação estatística das hipóteses. A investigação foi feita através de dados transversais já existentes sobre atribuições de controlo, bem-estar e experiências de vida importantes, que foram reunidos para projectos de fundo nacional[1]. Nesse conjunto de dados, já existem items correspondentes de identidade pessoal e relação com os pais. Em primeiro lugar, será descrito esse conjunto de dados.

---

[1] O conjunto geral de dados foi reunido no contexto de três projectos de fundo nacional (projecto–SNF–nr. 1.077–0.84, documentado em Flammer, Grob & Lüthi, 1987b; projecto SNF nr. 1.485–0.86; documentado em Flammer, Grob, Lüthi & Kaiser, 1989; projecto SNF nr. 11–32601.91 e nr. 11–26323.89, documentado em Grob, Flammer & Neuenschwander, 1992) e organizado pelo requerente principal August Flammer e pelo requerente médio no terceiro projecto Alexander Grob.

7.1 AMOSTRAS

A investigação por inquérito acima citada foi realizada em três períodos de tempo, sendo eles Primavera/Verão, dos anos 1986, 1988 e 1990, em turmas da escola. A amostra abrangia 4201 jovens com idades compreendidas entre os 14 e os 20 anos, representado os três distritos suíços, Bern, Aargau e Solothurn. Relativamente a uma parte da amostra, dos anos 1970 até 1972, foram feitas entrevistas em três períodos (amostra transversal; N = 392). Quanto a outra parte da amostra, dos anos 1968 até 1972, só foram feitas entrevistas para os dois períodos 1986 e 1988 (parte do estudo transversal 1; N = 330). No que diz respeito a outra parte ainda, dos anos 1970 até 1974, só foram feitas entrevistas para os períodos entre 1988 e 1990 (parte do estudo transversal 2; N = 446). Para cada um dos três períodos foi feito o levantamento de uma amostra de tipo longitudinal, com jovens entre os 14 e os 20 anos.

Estas amostras abrangiam, em 1986, 1173 jovens, em 1988, 937 jovens e em 1990, 923 jovens que apenas foram entrevistados uma vez. A classificação dos jovens por categoria de idades e amostra está apresentada na tabela 7.1. O trabalho que se segue refere--se apenas à amostra 1988 e 1990 (N = 2698 indivíduos). Faltam os dados para as amostras de 1986 porque ainda não estavam

TABELA 7.1

Distribuição dos jovens segundo categoria de idades nas amostras do estudo longitudinal de 1988, do estudo longitudinal de 1990 e no estudo transversal resumido (T) e parte do estudo transversal 2 (TP 2; indicação de idade para o período 1990)

	Longitudinal 1988	Longitudinal 1990	T e TP 2	Soma
14	49	0	0	49
15	132	106	0	238
16	160	134	92	386
17	102	187	131	420
18	135	179	180	494
19	171	165	245	581
>=20	135	122	190	447
Nenhum dado	53	30	0	83
Soma	937	923	838	2698

disponíveis todas as variáveis nesse período de tempo restringindo-se a investigação a amostras dos períodos 1988 e 1990. O plano total de amostra já foi descrito em particular em Grob *et al.* (1992). As amostras dos estudos longitudinal e transversal são comparáveis, ou seja, não existem nelas mudanças sistemáticas (Flammer *et al.*, 1989). Estas amostras, seis no total, possibilitam a comprovação de um modelo sequencial no sentido de Baltes, Cornelius & Nesselroad (1979).

7.2 INSTRUMENTOS

Nesta investigação sobre atribuição de controlo, bem-estar e experiências de vida importantes, foram utilizados os seguintes inquéritos: "inquérito para as possibilidades de influência dos jovens", "inquérito de Bern para o bem-estar", "experiências de vida importantes" e "lista de experiências de vida excepcionais".

1. *"Inquérito para as possibilidades de influência dos jovens"* é um método de levantamento, válido e de confiança, de aspectos de controlo de área específica para jovens (Lüthi, Grob & Flammer, 1989; Flammer, Grob, Lüthi, 1994). O conceito abstracto de controlo está contido nele, indicado com a palavra "influência", que contém as conotações acção sobre e competência pessoal. O inquérito contém nove partes de área, que foram reduzidas empiricamente a três áreas. A área pessoal consiste nas partes de área aparência, emprego, personalidade e dinheiro; a área interpessoal é composta pelas partes de área conflito com os pais e relação com amigo/amiga; a área social contém as partes de área floresta, matéria a aprender e encontro com jovens. Essa classificação de áreas distingue-se da classificação aqui descrita em cinco conteúdos (pessoal, social, material, abstracto, relativo à acção), que são específicos da identidade e cuja sistemática tem

como base uma argumentação diferente. Cada parte de área é introduzida por um curto texto; depois são inquiridos diferentes aspectos do controlo com onze items. Os mesmos aspectos de controlo são apresentados em todas as partes de área. Descrevo aqui apenas os dois aspectos que são relevantes para o meu questionamento:

- *Sentimento de controlo no presente*. Os jovens devem estimar, numa escala Likert de 10 pontos, o quanto julgam poder influenciar as partes de área (1: não posso influenciar nada; 10: posso influenciar completamente). Na parte de área conflito com os pais a pergunta pode ser, por exemplo: "indica até que ponto podes influenciar o desfecho do conflito".
- *Importância do controlo*. Os jovens foram desafiados a estimar a importância que para eles tem a capacidade de influência sobre uma determinada parte de área. A resposta pode ser efectuada numa escala Likert de cinco pontos (1: nada importante; 5: especialmente importante). Na parte de área "pais" a pergunta é por exemplo: "até que ponto é importante para ti que consigas influenciar o desfecho do conflito?"

2. "Inquérito de Bern para o bem-estar dos jovens". Descreve de forma confiável e válida o bem-estar subjectivo (Grob, Lüthi, Kaiser, Flammer, Mackinnon & Wearing, 1991). O inquérito apresenta seis factores primários e dois factores secundários, que foram conseguidos teoricamente e confirmados numa análise confirmatória de factores:

- Factor *"atitude positiva perante a vida"*: contém oito items para a atitude em relação à própria vida como, por exemplo, "a minha vida segue por um bom caminho" ou "o meu futuro é promissor". As declarações são respondidas numa escala Likert com seis graus, que vão desde "está completamente errado" a "está completamente certo".

- Factor *"auto-estima"*: é constituído por cinco items para a atitude consigo próprio e para a valorização de si próprio em comparação com os que lhe são próximos. São items que foram retirados da escala de auto-estima de Rosenberg (1979), tendo sido traduzidos livremente pelos autores para o Alemão. Exemplos deste factor são "eu tenho capacidade para fazer as coisas tão bem quanto os outros" ou " tenho uma atitude positiva em relação a mim próprio". A resposta efectua-se de novo numa escala Likert de seis graus, que vão desde "está completamente errado" a " está completamente certo".

- Factor *"disposição depressiva"* mede a tendência para a passividade, a tristeza e a perda de sentido. Este factor é constituído por cinco items como "nada me faz realmente feliz" e "acho a minha vida desinteressante". A escala de respostas é idêntica à dos factores *"atitude positiva perante a vida"* e *"auto-estima"*.

- Factor *"alegria de viver"*: mede o sentimento de felicidade, o quanto uma pessoa é feliz. A escala abrange cinco items como "aconteceu-te, nas últimas duas semanas, ficares feliz por teres tido sucesso com alguma coisa?" ou "aconteceu-te, nas últimas duas semanas, teres-te sentido como se estivesses no sétimo céu?". A resposta efectua-se numa escala Likert de quatro graus, cujos extremos são "frequentemente" e "não". Para possibilitar a comparação com as outras escalas, foi recodificada para uma escala de seis graus.

- Factor *"queixas corporais e reacções"*: refere-se aos sintomas físicos e psíquicos. É constituído por oito items como "aconteceu-te, nas últimas semanas, teres dores de barriga?" ou "aconteceu-te, nas últimas semanas, que não tenhas conseguido adormecer por teres problemas que te preocupavam?". A escala de respostas tinha quatro graus e ia de "frequentemente" a "não". Esta escala foi recodificada numa outra de seis graus.

- Factor *"consciência dos problemas"*: pretende mostrar o tipo e a quantidade de preocupações dos indivíduos entrevistados.

É constituído por items como "preocupaste-te, nas últimas semanas, por causa de pessoas com as quais tens problemas?" e "preocupaste-te, nas últimas semanas, com o facto de te tornares adulto?". A escala de respostas era de seis graus e ia de "nenhuma preocupação" a "muitas preocupações".

Os factores *atitude positiva perante a vida, auto-estima, alegria de viver* e *disposição depressiva* foram reduzidos ao factor secundário de satisfação. Os factores *queixas corporais e reacções* e *consciência dos problemas* foram reunidos no factor *disposição negativa*. Este resumo de ambos os factores secundários foi confirmado em cada um dos factores da análise factorial confirmatória. Parte-se do princípio que os dois factores secundários medem aspectos diferentes do bem-estar.

3. No segundo e terceiro períodos de investigação (1988 e 1990), foi apresentado um inquérito a cada um dos jovens sobre as experiências de vida importantes. Nos dois períodos de levantamento foram, no entanto, utilizados vários inquéritos.

Para o levantamento de 1988, construiu-se o inquérito *"experiências de vida importantes"* (Grob, 1991). Não se começou com listas objectivas de acontecimentos, mas foram antes os jovens que tiveram de decidir quais os acontecimentos importantes e relevantes para o desenvolvimento nas suas vidas. Eles foram desafiados a referir os acontecimentos que tinham sido importantes nas suas vidas, no ano transacto. Foram avaliados seis acontecimentos, no máximo. Estes foram codificados pelo conteúdo analítico, com a ajuda de um sistema de categorias, sendo utilizadas as mesmas categorias várias vezes no mesmo inquérito. A grelha de codificação foi construída de forma hierárquica:

- Nível 1: primeiro, teve de se decidir se o texto escrito era um acontecimento conforme com as definições combinadas ou não (acontecimento sim/não).

- Nível 2: se a decisão tivesse sido positiva, o acontecimento devia ser codificado nas áreas individual, interpessoal ou social (distribuição por área).
- Nível 3: por fim, foi determinada a parte de área respectiva (distribuição de partes de área). Na área individual foram diferenciadas as partes de área aparência, estado de saúde, experiência de trabalho, personalidade, dinheiro, longos períodos de experiências de tempos livres, experiências de tempos livres únicas, festas e restantes categorias. Na área inter-pessoal, há as partes de área assimétricas relação/autoridade, família/parentes, funções de chefe, relações simétricas, relações simétricas a dois – relação de amizade, familiares, categorias restantes. A área social foi dividida nas partes de área trabalho/casa, condições de aprendizagem, política na sociedade, sociedade em geral, meio social e restantes categorias.
- Nível 4: qualificação subjectiva dos acontecimentos, pelo responsável da experiência.
- Nível 5: qualificação subjectiva dos acontecimentos através dos jovens.

A fidelidade entre correctores deste sistema de categorias foi muito alta, situando-se entre os 98% para a divisão em acontecimentos versus não-acontecimentos (nível 1) e os 70% para a repartição das partes na área interpessoal (nível 3).

Para o levantamento de 1990 foi construída uma "lista de acontecimentos excepcionais" (Grob *et al.*, 1992). Os dados sobre a validação são apresentados em Grob *et al.* (1992). Os acontecimentos foram escolhidos com base na existência de literatura científica e completados através de categorias de acontecimentos do levantamento de 1988. O inquérito é constituído por 45 experiências de vida excepcionais das áreas individual, interpessoal e social (ver tabela 7.2). Os jovens foram desafiados a assinalar com uma cruz os acontecimentos que tivessem sido excepcionalmente importantes e relevantes para o desenvolvimento no ano transacto.

TABELA 7.2

Experiências de vida excepcionais distinguidas segundo as áreas individual, interpessoal e social, e avaliação ("+": positivo; "–": negativo)

Área individual
- passar numa prova importante (+)
- a escolha de profissão agrada (+)
- sucesso no desporto (+)
- receber uma grande prenda (+)
- acontecimento religioso importante (+)
- sucesso na escola (+)
- confrontei-me de forma intensiva comigo próprio (+)
- óptimo concerto ou peça de teatro (+)
- férias excepcionais, viagem (+)
- festa excepcional (+)
- tomar drogas pela primeira vez (–)
- chumbar numa prova importante (–)
- ter doença grave (–)
- problemas com a aparência (–)
- infracção da lei (–)
- insucesso no desporto (–)
- gravidez (indesejada) (–)
- pedir emprestada uma grande soma de dinheiro (–)
- insucesso escolar (–)

Área interpessoal
- início de uma relação intima (+)
- experiências sexuais importantes (+)
- morte de um dos pais (–)
- morte de um parente próximo (–)
- morte de um amigo/amiga (–)
- dificuldades financeiras da família (–)
- ser recusado por uma pessoa que me é importante (–)
- sair de casa dos pais (–)
- perda de emprego de um dos pais (–)
- doença grave de um dos pais ou de um dos irmãos (–)
- desentendimentos graves com os pais (–)
- cessação de uma relação amorosa com namorada ou namorado (–)
- ser abandonado por amigo ou amiga (–)
- ter dificuldades graves com professores ou chefe (–)
- fugir de casa (–)
- irmãos saem de casa (–)
- mau ambiente na turma ou no local de trabalho (–)

Área social
- novo emprego/job (+)
- revoluções políticas no leste e ocidente (+)
- conflitos com a polícia (–)
- fugir da escola/local de trabalho (–)
- chumbar o ano na escola (–)
- família muda de casa para outro sítio (–)
- mudança de escola (–)
- estado do ambiente/ameaça do ambiente (–)

Os acontecimentos foram avaliados *a priori* pelos responsáveis da experiência. Na área individual, foram definidos dois acontecimentos positivos e dezasseis negativos. Na área social foram definidos seis acontecimentos negativos e dois positivos. Foi averiguado o estado de superação em todos os acontecimentos negativos importantes. Distinguiram-se três categorias, sendo elas, 1) vencer um acontecimento centrado no problema, superação terminada; 2) conformar-se com um acontecimento, uma superação centrada nas emoções, terminada; 3) ocupar-se de um acontecimento, ou seja, encontrar-se num processo activo de superação.

Os acontecimentos de vida dos dois períodos não foram, portanto, abrangidos pelos mesmos inquéritos. Por isso se distinguiu as noções de "experiências de vida importantes" (inquérito aberto do levantamento 1988) e "experiências de vida excepcionais" (lista de acontecimentos do levantamento de 1990). Parte-se aqui do princípio que os valores relativos da soma dos dois instrumentos podem ser interpretados analogamente.

8. ANÁLISE DE UMA ESCALA DE DESENVOLVIMENTO

COM A AJUDA DAS DIMENSÕES de identidade acima descritas, será agora desenvolvido e demonstrado um escalograma para a identidade pessoal e relação com os pais.

8.1 IDENTIDADE PESSOAL

Primeiro, serão apresentadas as características das dimensões e da escala de identidade pessoal. Em seguida, serão descritas as mesmas características das dimensões e da escala de relação com os pais.

8.1.1 CARACTERÍSTICAS DA ESCALA

1. *Experiências de vida importantes na área pessoal* são acontecimentos que dizem directamente respeito aos próprios jovens e que sucedem à maior parte deles numa determinada fase de desenvolvimento (ver definição capítulo 3.1). Esses acontecimentos exigem, em geral, uma confrontação activa. Parte-se do princípio que, tanto as experiências de

vida positivas na área pessoal, quanto as neutras e negativas, que são avaliadas como tendo uma importância subjectiva, proporcionam experiências relevantes para o desenvolvimento, por causa da sua incongruência para com a identidade pessoal existente.

O indicador "experiências de vida na área pessoal", está presente nos inquéritos "experiências de vida importantes" e "lista de acontecimentos excepcionais" (ver Grob *et al.,* 1992). A expressão deste indicador corresponde à soma das experiências de vida importantes na área pessoal.

O valor dessa soma pode estar entre 0 e um máximo de 6 acontecimentos, no inquérito "experiências de vida importantes" e "lista de acontecimentos excepcionais" (ver Grob *et al.,* 1992). A expressão deste indicador corresponde à soma das experiências de vida importantes na área pessoal. O valor dessa soma pode estar entre 0 e um máximo de 6 acontecimentos, no inquérito "experiências de vida importantes": o valor não se diferencia segundo os diferentes níveis etários, mas torna-se significativo entre os dois sexos (amostra 1988: $F = 5.71$; $gl = 1, 883$; $p < .05$). Contudo, a mediana desta escala é de 1 para os dois sexos. Existe mais ou menos o mesmo número de jovens que não indicaram nenhum acontecimento na área pessoal, e de jovens que indicaram pelo menos um acontecimento. A escala é por isso dividida entre jovens com e jovens sem experiências de vida importantes.

Na "lista de acontecimentos excepcionais", que foi utilizada na amostra de 1990, o valor da soma pode variar entre zero e um máximo de dezanove. A quantidade de acontecimentos diferencia-se significativamente por níveis etários ($F = 5.16$; $gl = 5,881$; $p < .001$). Os jovens entre os quinze e os dezassete anos, indicam, com o aumento da idade, cada vez mais acontecimentos, os mais velhos até aos vinte anos, nomeiam, pelo contrário, cada vez menos acontecimentos com o aumento da idade. Os rapazes nomearam significativamente mais acontecimentos que as raparigas ($F = 7.31$; $gl = 1, 892$; $p < .01$). O valor da mediana correspondente, neste inquérito, é de dois acontecimentos para as raparigas e três para os rapazes. Os jovens apresentam muitos acontecimentos quando o número de acontecimentos é maior ou igual ao valor da mediana. Quando o número de acontecimentos é menor que o valor da mediana, passaram por menos acontecimentos.

A separação em dois do valor da mediana da escala é necessária para corresponder à exigência de variáveis dicotómicas no escalograma. A separação tem como base o facto de as experiências de vida importantes só serem relevantes para o desenvolvimento quando a sua frequência ultrapassa um valor crítico. Empiricamente, esse valor tem de ser determinado consoante o método de medição utilizado. Com a divisão da mediana, estabelece-se um critério, que possibilita a ordenação de todas as pessoas inquiridas num grupo, permitindo ao mesmo tempo a separação em dois grandes grupos iguais (muitos acontecimentos vs. nenhuns/poucos acontecimentos). A divisão da mediana nas dimensões de auto-estima e sentimento de controle, verifica-se de forma análoga ao processo que acabou de ser descrito.

Nas tabelas 8.1 e 8.2, os valores conhecidos das escalas são separados de acordo com a escala do estudo longitudinal de 1988 (tabela 8.1) e 1990 (tabela 8.2), e apresentados segundo o sexo. As escalas são divididas na mediana em raparigas e rapazes, para que

TABELA 8.1

Número de jovens (N), mediana, média e desvio padrão (D.P.) da distribuição da escala de identidade pessoal, diferenciada segundo o sexo (amostra do estudo longitudinal de 1988)

	N	Mediana	Média	D.P.
Raparigas				
Experiências de vida importantes	338	1	1.08	1.16
Auto-estima	338	4.6	4.56	.77
Sentimento de controle, na área interpessoal	338	7.25	7.04	1.31
Rapazes				
Experiências de vida importantes	515	1	1.30	1.36
Auto-estima	515	4.6	4.69	.82
Sentimento de controle, na área interpessoal	515	7.25	7.23	1.35

TABELA 8.2

Número de jovens (N), mediana, média e desvio-padrão (D.P.) da distribuição da escala de identidade pessoal, diferenciada segundo o sexo (amostra do estudo longitudinal de 1990)

	N	Mediana	Média	D.P.
Raparigas				
Experiências de vida importantes	364	2	2.74	2.19
Auto-estima	364	4.6	4.58	.77
Sentimento de controle, na área interpessoal	364	7.25	7.26	1.18
Rapazes				
Experiências de vida importantes	529	3	3.15	2.23
Auto estima	529	4.8	4.77	.75
Sentimento de controle, na área interpessoal	529	7.5	7.45	1.22

não sejam confundidas com o sexo. Estas dimensões não correm o perigo de suscitar confusão porque não estão relacionadas com as variáveis morada e sócio-económica.

2. Uma segunda dimensão da identidade pessoal é a auto--estima que foi definida como uma medida que mede o quanto a identidade pessoal é integrada. Parte-se do princípio que os jovens com uma elevada auto-estima têm a coragem de produzir o mesmo que as outras pessoas e sentirem--se com valor. Os jovens com uma auto-estima reduzida têm a sensação que algo está errado com eles. Eles desconfiam das suas competências.

A auto-estima está incluída no "inquérito para o bem-estar de Bern". A escala apresenta uma consistência de Alpha = .73 na amostra de 1988, e uma consistência de Alpha = .72 na amostra de 1990. Na amostra de 1988, não foi calculado nenhum efeito de idade, mas na amostra de 1990 sim ($F = 3.44$; $gl = 5,876$; $p < .01$). A auto-estima tem tendência a aumentar com a idade, embora não o faça de forma contínua. A auto-estima dos rapazes é mais elevada que a das raparigas (1988: $F = 4.98$; $gl = 1, 881$; $p < .05$; 1990: $F = 13.52$; $gl = 1, 891$; $p < .001$). A escala de seis graus de auto-estima apresenta um valor mediano de 4.6 na amostra do estudo longitudinal de 1988 para ambos os sexos e, na amostra de 1990, apresenta um valor da mediana de 4.6 para as raparigas e 4.8 para os rapazes. Os jovens que têm uma auto-estima maior ou igual ao valor da mediana da escala de auto-estima, apresentam uma *elevada* auto-estima. Os jovens cuja auto-estima está abaixo do valor da média apresentam uma auto-estima *reduzida*.

3. Uma terceira dimensão da identidade pessoal chama-se sentimento de controle na área pessoal. O sentimento de controle foi definido como a medida que mede o quanto os jovens conseguem influenciar os acontecimentos ou mantê--los inalteráveis. O sentimento de controle designa o conhecimento que se tem da capacidade de determinar de forma autónoma os seus interesses pessoais.

O sentimento de controle na área individual está contido no "inquérito para as possibilidades de influência dos jovens". O sentimento de controle, forma a média aritmética dos sentimentos de controle nas áreas de vida pessoal. A consistência das escalas é de Alpha = .53 na amostra de 1988 e Alpha = .51 na amostra de 1990. A escala pode variar entre 1 e 10. O sentimento de controle aumenta de maneira significativa com a idade (1988: $F = 9.25$; gl = 6, 845; p < .001; 1990: $F = 2.31$; gl = 5, 876; p = < .05). Contudo, não se diferencia pela especificidade do sexo. A divisão da escala sentimento de controle na área individual indica o valor mediano de 7.25 para ambos os sexos na amostra de 1988 e um valor mediano de 7.25 nas raparigas e um de 7.5 para os rapazes na amostra de 1990. Quando o sentimento de controle de um jovem é mais baixo do que o valor mediano, no qual o sentimento de controle na área pessoal se divide, dir-se-á que é *baixo*. Se, pelo contrário, o sentimento de controle for maior ou igual ao valor da mediana, é definido como *alto*. Os jovens com um alto sentimento de controle acham que podem eles próprios influenciar a sua identidade pessoal e controlá-la. Supostamente, que eles exploram e constroem activamente para si próprios uma identidade pessoal integrada. Talvez tenham aprendido a planear a vida em situações de crise. Os jovens com um alto sentimento de controle estão dispostos a deixar-se confrontar com desafios e acham que os conseguem vencer. O sentimento de controle de um jovem torna-se assim uma característica de um estilo de superação--"coping" (Carver, Scheier & Weintraub, 1989; Patterson & McCubbin, 1987): auto-determinada/pessoalmente activa vs. determinada por outros/evitando superação de stress. Os jovens com um sentimento de controle baixo acham que têm pouca influência sobre si próprios. Talvez se afastem das crises de identidade e, ao deixarem as autoridades decidir sobre si próprios, superem normativamente (ver Berzonsky *et al.*, 1990).

8.1.2 ESCALOGRAMA

No capítulo 6.4 demonstrou-se que o escalograma é uma escala de desenvolvimento que pode ser utilizada no conceito exposto. Assim, será desenvolvido um escalograma com as escalas apresentadas acima. O modelo de desenvolvimento pode ser muito bem demonstrado através do escalograma que se segue (hipótese):

- primeira fase: não existe nenhuma escala marcada de forma positiva.
- segunda fase: apenas a escala experiências de vida importantes está marcada positivamente. Esta escala mostra indícios de que, de acordo com o conceito de identidade, experiências novas não assimiladas agem como objectos de stress.
- terceira fase: para além da escala experiências de vida importantes, também a escala de auto-estima está assinalada com a marca alta: eles buscam, com a ajuda de novos recursos, uma auto--estima alta, tentando integrar a sua identidade. Procuram e encontram novos valores e objectivos e têm coragem para explorar.
- quarta fase: para além da nota alta na escala das experiências de vida importantes e auto-estima, também a escala senti-

mento de controle tem uma marcação alta. Os jovens alcançaram novas competências graças às experiências de vida, e adquiriram a consciência de que podem ser eles próprios a determinar a sua vida na área pessoal.

No primeiro passo deve-se agora verificar se um escalograma pode ser formado com estas características e critérios de qualidade satisfatórios.

Quando as três escalas dicotómicas escolhidas forem combinadas sistematicamente umas com as outras, surgem $2 \times 2 \times 2 = 8$ possibilidades. A frequência destas combinações possíveis está demonstrada separadamente, segundo o período de medição, na tabela 8.3. Essa divisão é significantemente diferente da divisão igual (1988: $Chi^2 = 89.85$; gl = 7;p < .001; 1990: $Chi^2 = 75.20$; gl = 7; p < .001). Os tipos um até quatro aparecem mais frequentemente, enquanto os tipos cinco a oito são mais frequentemente esperados (13,1%).

Os tipos um a quatro demonstram as características de um escalograma. Enquanto no tipo um nenhuma das variáveis apresenta uma marcação alta, no tipo quatro as variáveis têm uma marcação alta. Só existe uma variável positiva no tipo dois, no-

TABELA 8.3

Frequência (Fr.) e valores de percentagem (%) das combinações da escala da identidade pessoal diferenciada segundo período de medição (EI: experiências de vida importantes na área pessoal; Ae: auto-estima; Sc: sentimento de controle na área pessoal; +: marca alta da escala; –: marca baixa da escala)

Tipo	1988		1990	
	Fr.	%	Fr.	%
1. EI – Ae – Sc –	121	13.5%	133	14.9%
2. EI + Ae – Sc –	164	18.3%	166	18.6%
3. EI + Ae + Sc –	140	15.6%	116	13.0%
4. EI + Ae + Sc +	159	17.8%	137	15.3%
5. EI + Ae – Sc +	80	8.9%	117	13.1%
6. EI – Ae – Sc +	46	5.1%	75	8.4%
7. EI – Ae + Sc –	102	11.4%	65	7.3%
8. EI – Ae + Sc +	83	9.35%	84	9.4%
Soma	895	100%	893	100%

meadamente a quantidade de experiências de vida importantes. No tipo três, a auto-estima, para além daquela variável, também apresenta uma marcação alta. Do tipo um ao tipo quatro é realizada mais do que uma função, sendo solucionadas continuamente mais tarefas. Os tipos cinco a oito, formam variadas formas mistas, que surgem, no entanto, na amostra de 1988, mais raramente que esperadas. Para além do tipo cinco, este resultado é replicado na amostra de 1990. Contudo, esse tipo cinco, só é pouco mais frequente que o valor esperado de 12,5%. Enquanto os tipos um a quatro formam de facto um escalograma, os tipos cinco a oito deveriam ser indicados como erros. Guttman (1966), deduziu o quociente de reprodutibilidade RE, como medida de qualidade de um escalograma. É definido enquanto quociente do número de erros, pelo produto do número de tarefas e do número de pessoas inquiridas, que são subtraídos a um.

$$Re = 1 - (\text{número de erros}/(\text{número de tarefas} \times \text{número de pessoas inquiridas})$$

Na amostra de 1988, esse quociente perfaz $Re = .88$ e na amostra de 1990, $Re = .91$. Guttman (1966), interpretou o quociente de reprodutibilidade de $Re >= .90$ como sendo quase ideal, podendo os valores existentes ser aceites. Para que esta tipologia possa de facto ser aceite como escalograma, deverá ser por fim verificada a revelância para o desenvolvimento, numa sequência do design.

Há variadas frequências, dos tipos um a quatro que não podem ser replicadas em relação à morada dos jovens (cidade, aglomeração, país), em relação ao emprego do pai e da mãe, e ao trabalho do pai e da mãe. Contudo, houve uma relação significativa com a turma (1988: $Chi^2 = 66.21$; $gl = 15$; $p < .001$; 1990: $Chi^2 = 32.60$; $gl = 18$; $p < .001$): os jovens nos primeiros anos (oitavo até décimo ano) encontram-se mais no tipo um e dois, enquanto os jovens dos anos mais avançados se encontram mais nos tipos três e quatro. Este efeito está confundido com a escolaridade (1988: $Chi^2 = 68.52$; $gl = 9$; $p < .001$; 1990: $Chi^2 = 30.63$;

gl = 9; p < .001): os jovens na escola primária e no secundo ciclo encontram-se mais no tipo um e dois, enquanto os jovens que estão nas escolas profissionais, estágios ou nos últimos anos do liceu se encontram, de preferência, nos tipos três e quatro.

8.1.3 DESIGN DO ESTUDO SEQUENCIAL

Um escalograma deveria, segundo Guttman (1966), ser verificado ao ser relacionado com as idades dos inquiridos. Já em 1965, Warner Schaie chamou a atenção para o facto que a idade, o tempo e o efeito de coorte são sempre confundidos uns com os outros. Ele desenvolveu um modelo com o qual se podia contar com uma certa pureza, isto é, com efeitos inconfundíveis.

Neste modelo geral de Schaie (1965), a diferença entre repetições de medição e medições independentes só é demonstrada de forma pouco clara, segundo Baltes *et al.* (1979). É por essa razão que Baltes *et al.* (1979) distingue sequências do estudo longitudinal com pelo menos dois períodos de medição dos estudos transversais com pelo menos duas coortes, num modelo modificado. Este design de recolha de dados é uma tentativa de avaliar os valores confundidos e de os interpretar. Possibilita a contagem das reacções variáveis entre coorte e tempo e idade e coorte, em relação à identidade pessoal e à relação com os pais.

O escalograma não pode, por conseguinte, ser analisado sozinho em relação à idade. Por isso se analisará a questão, se estes quatro ou oito tipos de identidade pessoal representam uma sequência dependente da idade, se estão sujeitos à mudança do tempo, e se se diferenciam entre várias coortes. A idade, a mudança de tempo e a coorte são indicadores normativos para acontecimentos dependentes do amadurecimento (idade), dependentes do período de medição (passagem do tempo), ou para acontecimentos dependentes da genética e/ou do meio (coorte).

Espera-se que os estatutos de identidade e de emancipação se diferenciem segundo a idade, período de medição e coorte (ver capítulo 6.3, hipótese 3). Um efeito de idade evidencia processos de psicologia do desenvolvimento. O efeito do período de medição comprova a influência das mudanças sociais na identidade pessoal e na relação com os pais. Espera-se esse efeito, porque se parte aqui do conceito de tarefa de desenvolvimento, no âmbito de um modelo de desenvolvimento interaccionista. O efeito de coorte comprova as influências genéticas ou provocadas pelo meio em coortes individuais. A coorte confunde-se com a idade e o período de medição. Quando existe um efeito forte idade e/ou um forte efeito passagem do tempo, surgirá também um efeito *coorte*, que deve ser interpretado de forma análoga ao efeito de idade porque se trabalha aqui com uma *coorte* que tem apenas cinco anos de duração.

8.1.3.1 MÉTODO

A idade tem sete graus e abrange os jovens dos 14 aos 20 anos. O período de medição tem duas fases (1988 e 1990). A coorte tem cinco graus e abrange os anos de nascimento entre 1970 até 1974. A amostra dos anos seguintes, em ambos os períodos de medição, não se encontra completa e os dados são por isso excluídos (tabela 8.5).

TABELA 8.5

Modelo sequencial: coorte segundo idade e tempo de medição
(segundo Baltes *et al.*, 1979)

Período de Medição	Idade						
	14	15	16	17	18	19	20
1988	74	73	72	71	70	–	–
1990	–	–	74	73	72	71	70

Testa-se a diferença entre os quatro tipos do escalograma apresentados acima segundo idade (sequência de tempo), coorte e tempo (sequência longitudinal) e idade *within* e *coorte* (estudo transversal). A coorte × idade *between*, não pode ser calculada, porque teriam de estar disponíveis pelo menos três períodos de medição. A passagem do tempo e a sequência de coorte são testadas com as amostras do estudo longitudinal de 1988 e 1990 reunidas. O design do estudo transversal é verificado através da amostra do estudo transversal.

O efeito da idade no design do estudo transversal confunde-se com o efeito do tempo, ou seja, o efeito idade-*within* é igual ao efeito tempo-*within*. Os jovens que têm 14 anos em 1988, têm 16 em 1990 e os resultados podem por isso ser efeito da passagem de tempo. Devido a esta confusão, deve existir um efeito idade significativo, tanto no design do estudo transversal como no design da sequência de tempo, para que se possam interpretar as averiguações, enquanto efeito de desenvolvimento. Só se pode falar de um efeito de sequência de tempo quando existe um design de estudo longitudinal e transversal significativo. Só existe um efeito de coorte quando se encontra um efeito de coorte significativo, tanto no modelo de sequência longitudinal como no estudo transversal. Assim, só se interpreta um efeito quando este se encontra em dois métodos de análise diferentes. É por isso que se pode pôr de parte o chamado efeito de pureza (Schaie, 1965) no cálculo. Para além disso, esses efeitos de pureza partem de um modelo de desenvolvimento aditivo simplificado, que é pouco plausível (ver Baltes *et al.*, 1979).

Estas provas estatísticas restringem-se aos quatro tipos do escalograma acima apresentados, já que se mostrou que esses quatro tipos são bastante prováveis e que são a constelação da escala de desenvolvimento. Tendo em conta o efeito de totalidade, devem ser também aqui apresentados os outros quatro tipos respectivos, para que seja possível controlar eventuais efeitos perturbadores.

A variável dependente e o tipo de escalograma têm escala nominal. Os quatro tipos de escalograma só são entendidos como escala de desenvolvimento contínuo depois de verificação e validação bem sucedidas. O cálculo destes efeitos centrais e destas interacções efectua-se por isso com a ajuda do modelo *linear-log*. Nussbaum, Groner & Groner (1989) fazem uma introdução sobre este assunto. Com a ajuda do método maximum-Likelihood [1] (probabilidade máxima), são calculados valores prováveis da margem de probabilidade, que formam a base dos valores do teste Chi^2. Os graus de liberdade surgem através da multiplicação dos graus de factores reduzidos por uma das variáveis individuais. O cálculo do efeito idade-*within* é feito de forma análoga: cada um dos estatutos de desenvolvimento no primeiro período é combinado com cada um dos estatutos no segundo período, de forma a que os jovens possam ser ordenados de forma clara numa das 16 categorias. Estas combinações resultantes representam diversos processos de estatutos de superação. Pode ser testado o seu carácter significativo em *linear-log*. Os efeitos que daí resultam devem ser interpretados de forma análoga aos efeitos da análise da variância.

8.1.3.2 RESULTADOS

a) Design da sequência de tempo: distinguem-se os tipos um até quatro de identidade pessoal que se diferenciam de forma significativa em função da idade (Chi^2 = 47.72; gl = 18; p < .001). O efeito está demonstrado na tabela 8.6. O efeito tempo e a interacção

TABELA 8.6

Escalograma da identidade pessoal e idade em percentagem (estudo longitudinal de 1988 e de 1990; quando observadas frequências > frequência esperada, serão impressas em itálico)

Idade Identidade Pessoal	14 (N=47)	15 (N=228)	16 (N=284)	17 (N=285)	18 (N=306)	19 (N=326)	20 (N=247)
1. EI – Ae – Sc –	*34.0%*	*17.5%*	*18.7%*	11.6%	11.4%	10.4%	8.5%
2. EI + Ae – Sc –	21.3%	*22.8%*	*20.8%*	*20.0%*	14.1%	14.7%	14.6%
3. EI + Ae + Sc –	*17.0%*	8.3%	9.5%	*14.4%*	12.1%	*13.2%*	*14.6%*
4. EI + Ae + Sc +	4.3%	12.7%	15.5%	20.4%	*21.9%*	20.3%	*21.1%*
5. EI + Ae – Sc +	4.3%	5.7%	13.0%	12.6%	12.8%	*14.7%*	*15.8%*
6. EI – Ae – Sc +	2.1%	*8.8%*	3.9%	7.0%	*10.1%*	*8.3%*	7.7%
7. EI – Ae + Sc –	*14.9%*	*10.1%*	7.8%	5.6%	8.2%	7.1%	8.1%
8. EI – Ae + Sc +	2.1%	*14.0%*	*10.9%*	8.4%	9.5%	*11.4%*	9.7%
Soma	100%	100%	100%	100%	100%	100%	100%

---

[1] Em inglês no original.

não são significativos. A interacção só tem 15 graus de liberdade em vez de 18 porque não existem jovens de 14 anos na amostra do estudo transversal de 1990.

O tipo um surge menos vezes, com menor significado, à medida que a idade aumenta ($Chi^2 = 23.02$; gl = 6; p < .001), enquanto o tipo quatro atinge uma quota de frequência significativa com o aumento da idade ($Chi^2 = 18.15$; gl = 6; p < .01). O tipo dois surge com mais frequência nos jovens entre os 15 e os 17 anos, de acordo com as expectativas. Estas averiguações sustêm a interpretação que sugere que os tipos um a quatro formam um escalograma.

Apesar do quociente de reprodutibilidade do escalograma formado com estes quatro tipos ser especialmente alto, também se podem investigar na tabela 8.6 outros processos de desenvolvimento. Pode-se por exemplo investigar a questão, se o sentimento de controle tem de ser inicialmente alto antes que a auto-estima suba ou vice-versa, ou se, pelo contrário, uma subida da auto-estima antecede o aumento do sentimento de controle. De facto, pode-se verificar um aumento contínuo significativo da frequência com o aumento da idade no tipo cinco ($Chi^2 = 14.70$; gl = 6; p < .05). No entanto, os resultados não são suficientemente claros para se poder esclarecer de forma conclusiva a questão da linha causal.

O efeito de tempo no design da sequência temporal não é significativo. No entanto, faz parte da lista para que se tenha em conta a totalidade (tabela 8.7).

b) Design do estudo longitudinal: no estudo transversal, o efeito de idade *within* dos quatro tipos no efeito coorte sobressaiu significativamente de acordo com as expectativas ($Chi^2 = 11.79$; gl = 3; p < .01). Também o efeito *coorte* atinge um valor significativo ($Chi^2 = 28.35$; gl=12; p < .01), assim como a interacção ($Chi^2 = 24.45$; gl = 12; p < .05). Contudo, o efeito de idade *within* é significativo em todos as coortes (1970 até 1974). Por outro lado, o efeito coorte só é significativo no primeiro período de medição ($Chi^2 = 59.27$; gl = 12; p < .001).

Este período mostra a direcção esperada: os jovens nascidos no ano 1970 estão sobretudo no tipo quatro, enquanto os jovens nascidos no ano 1974 se encontram sobretudo nos tipos um e dois. Os tipos dois e três encontram-se sobretudo nas coortes 71 e 73. Este efeito está relacionado com o efeito de idade acima descrito.

TABELA 8.7
Identidade pessoal e período de medição em percentagem
(estudo longitudinal de 1988 e de 1990)

Período de medição Identidade pessoal	1988 (N = 883)	1990 (N = 893)
1. EI – Ae – Sc –	12.2%	14.9%
2. EI + Ae – Sc –	16.1%	18.6%
3. EI + Ae + Sc –	11.2%	13.0%
4. EI + Ae + Sc +	22.1%	15.3%
5. EI + Ae – Sc +	11.4%	13.1%
6. EI – Ae – Sc +	6.5%	8.4%
7. EI – Ae + Sc –	9.0%	7.3%
8. EI – Ae + Sc +	11.6%	9.4%
Soma	100%	100%

As frequências dos oito tipos são diferenciadas na tabela 8.8 e representadas segundo o período de medição. Nela estão contidas todas as categorias impressas em itálico, que são representadas mais frequentemente do que o valor esperado das células deixaria prever. Assim, é facilitada a interpretação.

São de novo os tipos um a quatro que são contemplados, suspeitando-se que formam um escalograma com elevado valor de confiança. Distinguem-se três grupos: os "estáveis" permanecem no mesmo tipo, durante o período de dois anos investigados. Encontram-se nas células acima da diagonal. Existem 152 estáveis (43,8%). Os "desenvolvidos" encontram-se nas células acima da diagonal (N = 88; 25,4%). Estes jovens mudaram de tipo na direcção esperada. Os "regredidos" encontram-se nas células abaixo da diagonal. Podem-se contar 107 regredidos (30,8%). Estes mudaram

TABELA 8.8

A identidade pessoal 1988 e 1990: frequência e frequência esperada (estudo transversal; 1988 e 1990; quando observadas frequências > frequências esperadas, serão impressas em itálico)

1988	1	2	3	4	5	6	7	8	1990 Soma
1. EI – Ae – Sc –	*17*	29	4	6	8	5	5	8	82
2. EI + Ae – Sc –	*16*	*38*	15	8	16	6	9	6	114
3. EI + Ae + Sc –	9	24	*33*	25	10	8	*14*	8	131
4. EI + Ae + Sc +	9	24	26	*64*	29	10	*21*	28	211
5. EI + Ae – Sc +	*12*	15	8	14	*32*	4	4	5	94
6. EI – Ae – Sc +	*10*	*10*	3	3	*12*	4	3	2	47
7. EI – Ae + Sc –	5	10	9	12	4	3	*8*	9	60
8. EI – Ae + Sc +	4	6	*17*	*32*	7	4	8	8	86
Soma	82	156	115	164	118	44	72	74	825

de um tipo para um outro que deveria aparecer mais cedo no desenvolvimento, partindo do ponto de vista do modelo postulado. Eles falharam na tarefa e regrediram para um estado anterior.

Os estáveis formam o grupo maior. Esperava-se, pelo contrário, que os desenvolvidos formassem o maior grupo de jovens. Mas estes formam com 25,4%, o grupo mais pequeno. Talvez o intervalo de investigação de dois anos seja curto demais para justificar uma mudança clara do estatuto de identidade pessoal. Para além disso, os dados de inquérito existentes talvez não sejam fidedignos, para determinar as mudanças intraindividuais de forma credível, tanto mais que o efeito de idade na amostra do estudo longitudinal já não se verifica de acordo com as expectativas. Este resultado comprova tendencialmente a tese de Berzonsky *et al.* (1990), que diz que o estatuto de identidade estável representa estilos estáveis de superação.

Apesar deste grupo de estáveis, interessam sobretudo os dois grupos de jovens que mudaram de tipo, porque nele se podem exprimir acções recíprocas com a idade ou os períodos de medição. De acordo com as expectativas, as células próximas das diagonais abrangem a maior parte dos jovens. Bowker (1948, citado por Lienert, 1973) desenvolveu um teste de simetria que é uma gene-

ANÁLISE DE UMA ESCALA DE DESENVOLVIMENTO : 201

ralização do teste McNemar de simetria, na tabela bidimensional de cruzes, com vários graus. Foi especialmente construída para amostras dependentes, assim como surgem no estudo transversal. Este teste compara os campos que estão situados simetricamente em relação à diagonal central, aos pares, com respeito à sua parte de frequência. As formas de cálculo e a sua derivação são descritas por Lienert (1973, pág. 200). O tamanho da prova deste processo é um valor de teste Chi^2 com $4 \times (4-1)/2 = 6$ graus de liberdade. Este valor Chi^2 é significativo no caso presente ($Chi^2 = 16.38$; $gl = 6$; $p < .01$). Os jovens não se agrupam simetricamente às diagonais. Este resultado do teste deve ser interpretado da seguinte maneira: os jovens do tipo um mudam com mais probabilidade para o tipo dois, de acordo com as expectativas, do que os jovens do tipo dois para o tipo um. Estas averiguações são um indício da importância de acontecimentos relevantes para o desenvolvimento. Os jovens do tipo três, pelo contrário, mudam com mais frequência para o tipo dois que os jovens do tipo dois mudam para o tipo três. As passagens do tipo três para o tipo quatro, ou então também na direcção contrária, do tipo quatro para o tipo três são igualmente improváveis. De acordo com esta análise, existe, por um lado, uma tendência para o tipo dois, e, por outro lado, um movimento pêndulo entre o tipo três e o tipo quatro.

Na esteira do modelo de Marcia (1966), Waterman (1993) descreveu o ciclo de desenvolvimento entre o estatuto de identidade alcançado e o estatuto de identidade crítico, segundo o qual os jovens alternam entre esses dois estatutos. Os estatutos crítico e alcançado seriam mais passíveis de corresponder aos tipos três e quatro. Por conseguinte, pode-se observar aqui um fenómeno correspondente (ver ilustração 8.1).

A parte, no geral relativamente grande, de regredidos, contradiz o efeito de idade nas análises do estudo longitudinal. Numa perspectiva especificamente de coorte, que seria, a bem dizer, a mais apropriada, torna-se claro que, na coorte com o ano 1974, está presente o decurso esperado. Aí existem 18 desenvolvidos, 17 estáveis e apenas 10 regredidos. O facto de o efeito de idade

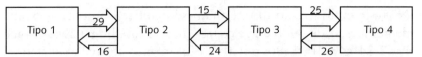

ILUSTRAÇÃO 8.1: decurso do modelo de desenvolvimento da identidade pessoal: número de jovens que mudaram para o estatuto de identidade seguinte, ou então, que mudaram para o último estatuto de desenvolvimento (estudo transversal)

indicar uma mudança marcante de frequência entre os jovens de 14 e 15 anos na amostra do estudo longitudinal também. Os jovens, dos 14 até aos 20 anos já são possivelmente mais velhos do que aquilo que as mudanças que interessam poderiam retratar. Estes processos de passagem já poderiam começar, devido a uma antecipação de desenvolvimento biológico, entre os 10 e os 12 anos.

As marcas dos três tipos, desenvolvidos, estáveis e regredidos, foram procuradas noutras análises. Os três grupos não se diferenciam pela sua educação escolar, pelo emprego dos pais ou pela nacionalidade. No entanto, foi possível encontrar uma relação entre os três grupos e as suas moradas (cidade, aglomeração, aldeia), no primeiro período de medição ($Chi^2 = 11.18$; gl = 4; p < .05). Os jovens que vivem numa cidade, no início de um passo de desenvolvimento, desenvolvem-se no sentido da definição dada acima, enquanto os jovens estáveis moram mais numa aglomeração ou aldeia. Os regredidos eram demasiado frequentemente originários de aldeias para ser considerado coincidência. Pelos vistos, a cidade oferece mais estímulos que impulsionam o desenvolvimento da identidade pessoal. No entanto, a morada não tinha relação com os três grupos, no segundo período de medição.

Em duas análises da variância unifactoriais e multivariadas, com as variáveis independentes (desenvolvido, estável, regredido), foi calculada a relação com diferentes escalas de bem-estar como as escalas relativas à atitude de vida positiva, à consciência dos problemas, aos problemas físicos, à depressão e à alegria de viver[1].

---

[1] A operacionalização destas escalas é referida no capítulo 7.2. No capítulo 9.2, voltar--se-á a falar mais pormenorizadamente no *constructo* do bem-estar. Os resultados aqui demonstrados deverão ser apenas brevemente mencionados

No teste multivariado, distinguiram-se significativamente as escalas de bem-estar de 1988 entre os três tipos (Hotelling-Lawley Trace $F = 2.24$; gl $= 10$, 1580; $p < .05$). No entanto, houve apenas uma escala que se distinguiu nos cinco testes univariados, sendo ela a consciência dos problemas ($F = 10.1$; gl $= 2$, 795; $p < .001$): os desenvolvidos demonstram uma consciência dos problemas claramente mais baixa no início do ciclo de desenvolvimento do que os estáveis e os regredidos. Para as escalas de bem-estar no segundo período de medição (1990), o teste multivariado revelou apenas uma tendência estatisticamente relevante (Hotelling-Lawley Trace $F = 1.67$; gl $= 10$, 1596; $p = .08$) Nos testes univariados, também se diferencia significativamente a consciência dos problemas no segundo período de medição ($F = 5.55$; gl $= 2$, 805; $p < .01$). Os desenvolvidos apresentam de novo uma consciência mais baixa dos problemas em comparação com os outros grupos. Também a atitude depressiva é significativa entre os três tipos ($F = 3.51$; gl $= 2$, 805; $p < .05$), sendo que os desenvolvidos são menos depressivos do que os jovens dos outros dois grupos. *Resumindo*, os jovens da cidade com uma baixa consciência dos problemas parecem desenvolver-se mais depressa no sentido do escalograma descrito.

Na tabela 8.8, pode-se verificar a hipótese, segundo a qual a subida do sentimento de controle precede a subida de auto-estima; operacionalmente, o tipo três é substituído pelo tipo cinco. Neste modelo, o sentimento de controle tornou-se uma condição para uma elevada auto-estima. Segundo este escalograma, nos tipos 1-2-5-4 existem 81 desenvolvidos (24%), 151 estáveis (45%) e 105 regredidos (31%). O decurso postulado é mais provável na passagem do tipo um para o tipo dois do que na passagem em direcção contrária. As passagens do tipo dois para o tipo cinco e o quatro não podem, pelo contrário, ser provadas. Estes resultados não são mais persuasivos que os resultados apresentados acima, com o escalograma dos tipos 1-2-3-4. No entanto, este escalograma apenas apresenta um coeficiente de reprodução de RE $= .87$ na amostra de 1990. Este modelo é portanto menos digno de confiança que o anteriormente apresentado e não mostra nenhuma sequência de decurso mais clara, devendo por isso ser recusado.

Concluindo, os resultados esperados da análise do estudo longitudinal através das actuais investigações de tipo transversal, só podem ser comprovados na coorte do ano 1974. Medições suplementares durante um intervalo de mais de dois anos e com jovens mais novos poderiam possivelmente proporcionar mais clareza. Um escalograma alternativo não é de confiança e não demonstra uma relação mais forte com a idade ou um padrão mais claro, sendo rejeitado.

b) Design sequencial de coorte: o efeito de coorte com a sequência de tipos 1-2-3-4, assim como pode ser identificado no estudo transversal, foi replicado no design sequencial de coorte ($Chi^2 = 63.78$; gl = 12; p < .001). O efeito tempo e a interacção, pelo contrário, não são significativos. O efeito de coorte está demonstrado na tabela 8.9. Entre as coortes diferenciam-se significativamente o tipo um ($Chi^2 = 12.30$; gl = 4; p < .05) do tipo dois ($Chi^2 = 18.72$; gl = 4; p < .001) e do tipo quatro ($Chi^2 = 12.42$; gl = 4; p < .05).

Decrescendo nos anos de nascimento, os jovens encontram-se mais frequentemente no tipo quatro da identidade pessoal, como esperado, ou então, menos frequentemente, nos tipos um e dois.

TABELA 8.9

Identidade pessoal e coorte em percentagem (estudo longitudinal de 1988 e de 1990; quando observadas frequências > frequência esperada, serão impressas em itálico)

Coorte Identidade pessoal	70 (N = 209)	71 (N = 258)	72 (N = 329)	73 (N = 310)	74 (N = 178)
1. EI − Ae − Sc −	9.6%	12.4%	12.5%	12.9%	*27.5%*
2. EI + Ae − Sc −	12.9%	16.7%	14.0%	*23.9%*	*27.0%*
3. EI + Ae + Sc −	*14.4%*	12.0%	11.9%	12.9%	11.8%
4. EI + Ae + Sc +	*23.9%*	*19.4%*	*18.2%*	16.5%	9.0%
5. EI + Ae − Sc +	*14.8%*	10.1%	*13.1%*	10.3%	11.2%
6. EI − Ae − Sc +	6.7%	9.3%	*8.2%*	6.1%	3.4%
7. EI − Ae + Sc −	8.6%	8.9%	*9.4%*	8.1%	6.7%
8. EI − Ae + Sc +	9.1%	*11.2%*	*12.8%*	9.4%	3.4%
Soma	100%	100%	100%	100%	100%

O efeito de coorte é confundido com o efeito de idade e pode por isso ser interpretado enquanto efeito de idade, neste caso.

Resumindo, os efeitos dos diferentes modelos de avaliação estão demonstrados na tabela 8.10. Estes efeitos foram calculados com apenas quatro tipos de combinações de características, respectivamente, que surgem com mais frequência e que apresentam a estrutura de tarefas de um escalograma. No estudo longitudinal foi possível demonstrar que estes tipos estão relacionados com a idade e a coorte, na direcção esperada. Esta importante averiguação ajuda a fundamentar a aceitação do facto, de estes quatro tipos formarem realmente um escalograma no sentido de Guttman (1966). Nas análises com a prova do estudo transversal, o estado das averiguações não foi, no entanto, homogéneo, tendo ainda sido descoberta uma grande parte de jovens que demonstram um processo de desenvolvimento contrário. Contudo, puderam ser mostrados resultados de acordo com as hipóteses, na coorte, dos jovens mais novos. São apresentadas outras investigações sobre este tema. O intervalo de dois anos é possivelmente curto demais. Jackson & Bosma (1990) formularam uma tese que corresponde aos estatutos de identidade de Marcia (1966), que chama a atenção para a estabilidade destes estatutos.

O escalograma sugerido não apresenta efeitos de tempo. Aparentemente, os processos sociais não influenciam esta escala de forma apreciável no período de tempo investigado. Esta averiguação é impressionante porque as experiências de vida importantes estão num contexto social. As interacções com o meio não têm

TABELA 8.10

Combinação dos efeitos centrais da identidade pessoal no design da passagem do tempo, do estudo transversal e da sequência de coorte (***: $p < .001$; **: $p < .01$; *: $p < .05$; ns.: não siginificativo)

	Idade	Tempo	Coorte	Interacção
Sequência de tempo	***	ns.	–	ns.
Estudo transversal	**	–	**	*
Sequência longitudinal	–	ns.	***	ns.

reacção nesta escala. Assim, as averiguações puderam ser interpretadas de acordo com a especificidade da idade: as experiências de vida importantes sucedem aos jovens quando estes têm mais ou menos 15 anos, acelerando o processo de desenvolvimento. Quando conseguem construir uma auto-estima elevada, eles conseguem por fim formar o sentimento de competência e o sentimento de controle, decidir sobre si próprios, alcançando opiniões próprias, e determinar o rumo das suas vidas. A hipótese segundo a qual as escalas formam um escalograma pode ser confirmada com base nestas averiguações.

8.1.4 TESE CONTRÁRIA: O PROCESSO DE DESENVOLVIMENTO MULTIDIMENSIONAL

O escalograma pressupõe um processo de desenvolvimento unidimensional. De acordo com o conceito de desenvolvimento apresentado, pode-se considerar um processo multidimensional porque a diferenciação e a integração são processos de desenvolvimento explicitamente formulados. Esta tese alternativa de um processo de desenvolvimento multidimensional pode ser verificada através do método de análise de cluster (ver Peterman, 1982). Este método será aqui utilizado para que, primeiro, se possa abordar a questão da uni- e multi- dimensionalidade e, de seguida, para que ambos os métodos (escalograma vs. análise cluster) possam ser colocados frente a frente.

A análise cluster tem como base o cálculo da correlação. Para uma melhor compreensão dos resultados que se seguem, as intercorrelações-Pearson, entre as variáveis não-dicotómicas, serão apresentadas separadamente de acordo com a idade e o período de medição (ver tabela 8.11). Deste modo, torna-se clara a correlação mais que unanimemente alta de $.22 < r < .32$ entre as duas variáveis intra psíquicas, sentimento de controle na área pessoal e auto-estima. Por outro lado, as experiências de vida importantes não se correlacionam com estas duas variantes de forma significativa.

ANÁLISE DE UMA ESCALA DE DESENVOLVIMENTO : 207

TABELA 8.11

Intercorrelações Pearson específicas do sexo, entre as dimensões da identidade pessoal nas amostras do estudo longitudinal 1988 e 1990 (quando r > .2, então p < .001)

	1	2	3
1988 Raparigas (N = 352)			
1. experiências de vida importantes na área individual	1	.13	.04
2. sentimento de controle na área individual		1	.22
3. auto-estima			1
1990 Raparigas (N = 364)			
1. experiências de vida excepcionais na área individual	1	.12	.05
2. sentimento de controle na área individual		1	.30
3. auto-estima			1
1988 Rapazes (N = 531)			
1. experiências de vida importantes na área individual	1	.12	.08
2. sentimento de controle na área individual		1	.32
3. auto-estima			
1990 Rapazes			
1. experiências de vida excepcionais na área individual	1	.22	.02
2. sentimento de controle na área individual		1	.22
3. auto-estima			1

A análise cluster é um processo que agrupa os jovens com base em correlações de critérios de semelhança e parecença. A quantidade cluster da melhor solução, a sua homogeneidade e heterogeneidade, a unanimidade entre o cluster e os agrupamentos *a priori,* são critérios para a qualidade da operacionalização sugerida. Um algoritmo cluster agrupa os inquiridos segundo critérios empíricos: os jovens que apresentam um máximo de semelhanças são reduzidos a um cluster. Eles devem ser simultaneamente diferenciados, tanto quanto possível, nas várias análises cluster (algoritmos-Ward). É porque as escalas escolhidas têm intervalos nas escalas que a distância euclidiana tem uma medida de semelhança correspondente. A distância euclidiana é definida como a raiz das diferenças de diferentes pares de características, somadas ao quadrado. Essa distância corresponde ao numerador de um desvio padrão.

As análises cluster são processos com cálculos intensivos e, muitas vezes, não são encontrados os melhores agrupamentos. O algoritmo Ward trata os jovens, de início, como clusters individuais e reúne-os passo a passo, hierarquicamente, segundo medidas de se-melhança dadas. Uma solução cluster encontrada (por exemplo, solução cluster quatro) pode ser optimizada através de uma análise cluster iterativa: os elementos dos clusters individuais podem ser trocados com outros clusters. São armazenados aqueles objectos, em outros grupos, que maximizam a variante entre os grupos (algo-ritmo-K-Means). Este processo repete-se muitas vezes (Iterações), até que não possam ser encontrados grupos melhores, no sentido dos critérios de variação. Backhaus, Erichson, Plinke & Weiber chamam a atenção para o facto de os processos iterativos reflectirem a hierarquia (por exemplo Ward ou Single-Linkage) porque podem trocar elementos que já foram ordenados num cluster, com um outro cluster. A combinação sequencial de processos hierárquicos e iterativos, é frequentemente vista na literatura como um óptimo procedimento para encontrar os melhores agrupamentos.

A análise hierárquica cluster foi calculada a partir do método Ward, depois, a solução-cluster-4 foi optimizada com a ajuda de um procedimento iterativo (método-K-Means). Não foram neces-sárias mais de 20 iterações em nenhuma das análises. Agora serão apresentados os resultados dessas análises cluster, que foram feitas separadamente com ambas as dimensões da identidade pessoal para a amostra do estudo longitudinal de 1988 e 1990. Primeiro, serão dados os critérios de qualidade para a escolha de uma análise cluster, em seguida será descrito o rendimento que se alcança com esta análise cluster. Por fim, será descrita essa solução cluster optimiza-da e a tipologia, que foi determinada por critérios *a priori,* será confrontada com a relação com a idade, numa tabela 4×4.

8.1.4.1 NÚMERO E DESCRIÇÃO DOS CLUSTER

A primeira análise cluster foi calculada com as dimensões de identidade pessoal, nomeadamente experiências de vida importantes na área individual, sentimento de controle na área individual e auto-estima. Não existem hoje critérios reconhecidos que regu-lem uma determinada solução cluster devido a valores estatísticos.

A variante que foi explicada e o valor pseudo-F podem ratificar teoricamente a escolha comprovada. Por isso serão dados estes dois critérios para a análise cluster hierárquica na tabela 8.12.

A parte de variância determina a relação com a variância total que pode ser explicada através dos cluster. O valor pseudo-F é o quociente da variância entre o cluster e aqueles que estão no interior do cluster (variância de erro). Com o aumento do número de cluster, a heterogeneidade do cluster, e, assim, também o valor pseudo-F, têm tendência a diminuir.

A variância explicada sobe, quando são permitidos mais cluster, embora nas duas amostras (1988 e 1990) a subida das soluções--dois-cluster tenha uma subida mais inclinada, até três soluções, do que nas soluções seguintes. O aumento de variâncias explicadas desce depois gradualmente. O pseudo valor-F tem tendência para baixar, embora na amostra de 1988, a solução 5 apresente um chamado "Peak" (ponto máximo). Isso significa que os pseudo-valores-F das soluções cluster vizinha são menores. Este *peak* não pode, no entanto, ser demonstrado na amostra de 1990. Tanto o aumento das variâncias esclarecidas, como também *peaks* como este, são critérios de qualidade para uma solução cluster óptima. Há mais de dez cluster que não são considerados correctos e os dados conhecidos só são dados da solução dois até à solução dez, por essa razão.

Devido a essa falta de replicação dos valores conhecidos, não é possível justificar nenhuma solução cluster de forma convincente. No entanto, poder-se-ia argumentar a favor das soluções de três e

TABELA 8.12

Os critérios de qualidade das soluções cluster com dois até dez cluster das dimensões da identidade pessoal em 1988 e 1990 (variância explicada em percentagem e pseudo valores-F)

N.º de cluster	2	3	4	5	6	7	8	9	10
1988									
Variância esclarecida	22	42	52	60	64	68	71	72	74
Pseudo F	256	319	324	333	318	309	304	290	283
1990	2	3	4	5	6	7	8	9	10
Variância esclarecida	40	58	64	69	72	75	77	79	80
Pseudo F	621	618	530	505	462	444	435	418	408

de cinco clusters. É por causa da falta de clareza da estrutura, que é sugestão unânime uma solução de quatro clusters com o modelo teórico de desenvolvimento.

Esta solução quatro clusters foi optimizada numa analise cluster iterativa, de forma a que a parte explicada da variância da amostra de 1988 tenha subido para 64% e, na amostra de 1990, para 73%. O pseudo-valor-F pode ser melhorado para 428.3 na amostra de 1990. Tornou-se claro num diagrama que, em ambas as amostras, os quatro clusters formavam grupos delimitados sem cortes sobrepostos. Esta solução cluster pode ser assim satisfatória.

8.1.4.2. ESCALOGRAMA E ESCALA CLUSTER

Enquanto no escalograma aqui descrito apenas um único grupo apresentava algumas experiências de vida importantes, a análise cluster evidencia apenas alguns grupos com muitas experiências (amostra 1988: cluster 1; amostra de 1990: cluster 3). Os valores médios do sentimento de controlo e de auto-estima estão dispersos nos quatro clusters. Isso também é diferente no escalograma. Na tabela 8.13, os valores médios das escalas de descrição são dados de forma diferenciada, de acordo com os quatro clusters e as amostras.

Tabela 8.13

Valores médios de cluster (M) e Desvio Padrão (D.P.) (solução-4-cluster) das dimensões da identidade pessoal(estudo longitudinal de 1988 e de 1990)

	Experiências de vida importantes na área ind.		Sentimento de controlo na área ind.		Auto-estima	
1988	M	D.P.	M	D.P.	M	D.P.
Cluster 1	3.53	.87	7.51	1.10	4.88	4.88
Cluster 2	.81	.94	5.01	.70	4.29	4.29
Cluster 3	.63	.73	6.87	.52	4.32	4.31
Cluster 4	.86	.80	8.40	.69	5.03	5.03
1990	M	D.P.	M	D.P.	M	D.P.
Cluster 1	7.20	.27	8.00	1.0	4.81	.84
Cluster 2	1.61	.99	8.19	.79	4.89	.75
Cluster 3	1.23	1.02	6.11	.69	4.38	.68
Cluster 4	4.28	.92	7.25	1.08	4.68	.75

Na tabela 8.14, a solução cluster foi confrontada com os oito tipos que foram formados pelas combinações completas das variáveis dicotómicas (escalograma). Os valores em itálico são aqueles cuja frequência observada é maior do que o valor esperado da célula.

TABELA 8.14
Identidade pessoal: solução cluster e sistemática *a priori*
(estudo longitudinal 1988 e 1990)

	1988					1990				
Identidade Pessoal	Cl 1	Cl 2	Cl 3	Cl 4	Soma	Cl 1	Cl 2	Cl 3	Cl 4	Soma
1. EI–Ae–Sc–	0	*18*	*25*	0	43	0	0	25	0	25
2. EI+Ae–Sc–	6	*28*	16	0	50	3	0	9	19	31
3. EI+Ae+Sc–	*39*	*50*	*63*	0	152	6	0	44	82	132
4. EI+Ae+Sc+	*83*	0	48	*163*	294	80	89	2	158	329
5. EI+Ae–Sc+	*14*	0	25	8	47	12	10	0	22	44
6. EI–Ae–Sc+	0	0	*28*	7	35	0	12	16	0	28
7. EI–Ae+Sc–	0	*58*	*53*	0	111	1	6	106	6	119
8. EI–Ae+Sc+	0	0	58	*107*	165	0	182	20	0	202
Soma	142	154	316	285	897	102	299	222	287	910

Torna-se claro que os oito tipos formados *a priori* com os quatro cluster, não correspondem exactamente. Mas, mesmo assim, na amostra de 1988, das 32 células, 12 não foram usadas e na amostra de 1990, 10 células em 32 não foram usadas.

Amostra de 1988: O cluster um está sobretudo relacionado com os tipos três, quatro e cinco, que são caracterizáveis através de muitas experiências de vida importantes. O cluster quatro está em concordância apenas com os tipos quatro e oito. O cluster dois e o cluster três não podem, pelo contrário, ser claramente ordenados em nenhum dos tipos formados a priori, em que se demonstra a alta correlação do sentimento de controle e de auto-estima.

Amostra de 1990: O cluster um pode ser ordenado no tipo sete. Os jovens do cluster dois encontram-se em grande número no tipo oito. A grande maioria dos jovens do cluster três podem ser ordenados no tipo quatro, embora, no sentido inverso, só um quarto dos jovens do tipo quatro é que podem ser ordenados neste cluster. O cluster quatro divide-se, sobretudo, nos tipos quatro, três e cinco. Os tipos um a quatro, que poderiam apresentar características de um escalograma, não podem, assim, ser validados de acordo com métodos analíticos de cluster.

Importa agora perguntar se estes quatro cluster mostram uma sequência que depende da idade. Esta pergunta não pode ser comprovada no mesmo modelo de sequência que o escalograma apresentado acima. A razão para tal, reside no facto de os cluster não estarem comparativamente estruturados no período 1988 e no período 1990. Assim, diferencia-se significativamente a frequência dos cluster entre ambos os períodos de medição (Chi^2 = 68.45; gl = 3; p < .001). O cluster dois é mais frequente no período de 1990, enquanto o cluster três surge mais vezes no período de 1988 (tabela 8.14).

O efeito de idade é por isso medido dependendo do período de medição. A frequência dos quatro cluster varia significativamente com a partilha idêntica entre os diferentes níveis etários (amostra 1988: Chi^2 = 50.71; gl = 18; p < .001; amostra de 1990: Chi^2 = 58.14; gl = 15; p < .001). Estes efeitos estão apresentados na tabela 8.15.

Amostra de 1988: enquanto os jovens mais novos têm uma presença mais alta que a média no cluster dois (Chi^2 = 32.05; gl = 6; p < .05), os jovens mais velhos encontram-se no cluster quatro em maior número do que o esperado (Chi^2 = 12.90; gl = 6; p = < .05). Os cluster um e três repartem-se de forma bimodal porque tanto os jovens mais novos como os mais velhos atingem maiores frequências do que o poderia ser esperado pelo acaso.

Esse facto representa, possivelmente, uma evolução multidimensional do desenvolvimento. A maior parte dos jovens encontram-se no cluster dois, que pode ser caracterizado por um sentimento de controle tendencialmente mais baixo e por uma auto-estima reduzida. Os jovens mais velhos encontram-se no cluster quatro, ou seja, o seu sentimento de controle ou auto-estima subiram, tendo nomeado o mesmo número de experiências que os jovens no cluster dois. Ou os jovens mais velhos encontram-se no cluster um, que pode ser caracterizado por um sentimento de controle tendencialmente mais elevado e por uma auto-estima também elevada. Estas duas evoluções de desenvolvimento demonstram a semelhança entre o aumento do sentimento de controle e de auto-estima, como distinto do número de experiências de vida importantes ocorridas.

TABELA 8.15

Identidade pessoal: 4 soluções-cluster e idade em percentagem
(estudo longitudinal de 1988 e de 1990)

Idade 1988	14 (N = 47)	15 (N = 125)	16 (N = 153)	17 (N = 99)	18 (N = 130)	19 (N = 169)	20 (N = 129)
Cluster 1	12.8%	16.8%	15.3%	12.1%	14.6%	16.6%	17.8%
Cluster 2	42.6%	27.2%	18.3%	14.1%	10.8%	13.0%	11.6%
Cluster 3	38.3%	32.0%	34.0%	39.4%	41.5%	36.1%	33.3%
Cluster 4	6.4%	24.0%	32.7%	34.3%	33.1%	34.3%	37.25%
Soma	100%	100%	100%	100%	100%	100%	100%
1990		(N = 105)	(N = 132)	(N = 186)	(N = 176)	(N = 162)	(N = 121)
Cluster 1	0%	5.7%	9.1%	20.4%	11.4%	8.0%	8.3%
Cluster 2	0%	33.3%	20.5%	29.6%	35.2%	40.1%	38.0%
Cluster 3	0%	37.1%	34.9%	22.6%	19.9%	20.4%	14.1%
Cluster 4	0%	23.8%	35.65%	27.4%	33.55%	31.5%	39.75%
Soma	0%	100%	100%	100%	100%	100%	100%

Amostra de 1990: Os jovens mais novos e os jovens dos grupos de idades médias são representados pelo cluster três (Chi^2 = 22.28; gl = 5; p < .001) e os mais velhos estão mais associados ao cluster quatro (Chi^2 = 20.66; gl = 5; p < .01). O cluster um é definido especialmente através dos jovens de 17 anos. Assim como já aconteceu na amostra de 1988, os jovens mais novos são sobretudo reduzidos a um cluster, enquanto os jovens mais velhos se podem agrupar em dois cluster diferentes (cluster quatro e dois). Como na amostra de 1988, os jovens mais velhos têm, na amostra de 1990, um sentimento de controle mais elevado nos cluster dois e quatro, e diferenciam-se pelo número de experiências de vida importantes que vivem.

Resumindo, é certo que se podem encontrar certas indicações de uma evolução multidimensional de desenvolvimento, mas estas averiguações não são fiáveis devido à instabilidade das soluções cluster. A instabilidade das soluções cluster pode, possivelmente, depender dos diferentes inquéritos sobre as experiências de vida importantes que foram utilizados nas amostras de 1988 e 1990. Os efeitos de idade podem ser significativos na sua totalidade, mas só dois dos quatro cluster mostram uma relação com a idade possível de interpretar. Estas análises não conseguem responder à pergunta da uni-/multidimensionalidade de forma conclusiva.

8.1.5 INTERPRETAÇÃO SUMÁRIA E PRIMEIRAS CONCLUSÕES

Partindo do conceito de identidade foram determinadas três escalas que formam, dicotomicamente, um escalograma segundo Guttman (1955). Este escalograma demonstra bons critérios de qualidade: foi possível demonstrar um coeficiente de reprodução satisfatório e um efeito de idade, no estudo transversal. No entanto, o efeito de idade só se conseguiu demonstrar nos grupos etários mais jovens (dos 14 aos 15 anos). O escalograma corresponde ao modelo do desenvolvimento da identidade em aspectos centrais:

- O ponto de partida de um ciclo de desenvolvimento é demonstrável pela falta de experiências de vida importantes, de valores e de um sentimento de controle mais alto.
- Um ciclo é iniciado através das experiências de vida importantes.
- O tipo três está marcado pela subida da auto-estima. Os novos valores indicarão novas direcções e motivam o alcance de novas competências.
- O sentimento de controle e a auto-estima são elevados no tipo quatro, apesar das experiências de vida importantes existentes. Esta fase é interpretada como a conclusão de um ciclo e enquanto identidade alcançada.

Neste modelo de evolução, a auto-estima aumenta antes de aumentar o sentimento de controle. A tese contrária, segundo a qual um sentimento de controle elevado é condição para uma auto-estima elevada, não pode, pelo contrário, ser comprovada. Mesmo que estas análises apenas permitam conclusões cautelosas sobre a causalidade e as condições do desenvolvimento, parecem favorecer mais a tese que diz que a auto-estima é condição para a construção do sentimento de controle.

Os efeitos da idade no escalograma permitem a recondução para dimensões individuais? Como foi mostrado acima, as experiências de vida importantes nas amostras do estudo longitudinal e a auto-estima na amostra do estudo longitudinal de 1988 não aumentam com a idade. Por outro lado, na amostra do estudo longitudinal de 1990 e em ambas as amostras do estudo longitudinal, a auto-estima aumenta significativamente. Estes efeitos da idade contribuem sem dúvida para o efeito de idade do escalograma. Contudo, só a combinação de escalas e o escalograma na sua totalidade formam uma ilustração empírica do modelo teórico de evolução e a sua interpretação não deveria, por isso, ser reduzida às dimensões que lhes servem de base [1]. *Por todas essas razões, cada um dos tipos do escalograma é interpretado como fase.*

Contudo, a operacionalização dessas quatro fases num escalograma é simples e não necessita de retratar a diferenciação total e a complexidade do modelo teórico de fases. Faltam em especial as operacionalizações, de estruturas e dos aspectos das fronteiras da identidade. De facto, seria possível pensar em outras operacionalizações partindo de modelos de desenvolvimento. A presente operacionalização já tem em conta as dimensões centrais da identidade e tem a capacidade de retratar os aspectos centrais do modelo de evolução postulado. Ela restringe-se a apenas um conteúdo de identidade. No capítulo 8.2 é apresentada uma análise análoga com base num outro conteúdo de identidade, a relação com os pais. Assim, também é tido em conta o aspecto do conteúdo da identidade nesta investigação.

---

[1] Recorre-se aqui ao princípio da psicologia da forma, segundo o qual o todo é diferente da soma das suas partes.

O escalograma é unidimensional, assim como o modelo teórico de desenvolvimento postulado. A tese contrária de uma evolução de desenvolvimento multidimensional não pode ser refutada conclusivamente nem demonstrada através das dimensões existentes porque não podem ser identificadas soluções cluster apesar dos métodos trabalhosos. Algumas pistas para uma evolução multidimensional do desenvolvimento tornaram-se claras. O modelo do desenvolvimento da identidade deveria, por conseguinte, ser modificado: existem, provavelmente, nos mais velhos, vários tipos de identidade alcançada na área pessoal, enquanto os jovens mais novos podem ser reduzidos a um único tipo de identidade. Estas conclusões parecem ser plausíveis mas não se podem, no entanto, concluir definitivamente através das presentes análises.

8.2 RELAÇÃO COM OS PAIS

De seguida, serão apresentadas as características das escalas da relação com os pais que foram medidas nas amostras apresentadas acima e nos instrumentos.

8.2.1. CARACTERÍSTICAS DA ESCALA

1. Experiências de vida importantes na área interpessoal são experiências de vida de jovens com parceiros e parceiras sociais, os pais em especial. Supostamente, todas as experiências de jovens com parceiros e parceiras sociais provocam experiências que influenciam a relação com os pais. Esta hipótese torna-se plausível quando a relação com os pais é definida em interacção com as outras relações: a emancipação dos pais não significa apenas discussão e separação dos pais; significa também confronto com a autoridade em geral e construção de uma rede de relações com jovens da mesma idade. A emancipação da tutela parental implica que

os jovens procurem uma posição e um papel novos na sociedade. Estas transformações nas relações sociais não decorrem sem perturbações: os acontecimentos importantes levam a experiências que são incompatíveis com o mundo conhecido em que vivem os jovens e que têm de ser superadas. Por isso, os acontecimentos como adquirir uma relação íntima de amizade e dificuldades com um professor ou professora são subjectivamente relevantes e representam acontecimentos que mudam a direcção da desvinculação dos pais.

Os inquéritos "experiências de vida importantes" e "lista de experiências de vida excepcionais" contêm acontecimentos da área social. A impressão destas escalas corresponde à soma individual de acontecimentos vividos na área interpessoal. Este valor da soma está presente no inquérito "experiências de vida importantes" entre zero e, no máximo, seis acontecimentos. Com o aumento da idade, são nomeadas significativamente mais experiências de vida importantes na área interpessoal (amostra 1988: $F = 3.39$; $gl = 6, 845$; $p < .01$; 1990: $F = 3.87$; $gl = 5, 876$; $p < .01$). As raparigas nomeiam significativamente mais experiências de vida importantes na área interpessoal do que os rapazes (amostra 1988: $F = 60.4$; $gl = 1, 883$; $p < .001$). O valor médio nas raparigas é um e nos rapazes é zero. Mas 40% dos rapazes referiram, no entanto, pelo menos um acontecimento da área social. Existem, portanto, aproximadamente tantos rapazes aos quais sucedeu um acontecimento na área social como aos quais não sucedeu acontecimento nenhum. Esta separação empírica justifica a divisão das escalas num acontecimento nos dois sexos.

Na "lista de acontecimentos de vida excepcionais", o valor da soma das experiências de vida importantes na área interpessoal varia entre zero e, no máximo, 18 acontecimentos. Apesar de o número de acontecimentos só se diferenciar entre raparigas e rapazes devido à moda (amostra 1990: $F = 2.74$; $gl = 1, 893$; $p < .10$), o valor médio nas raparigas é de um acontecimento e, nos rapazes, de dois acontecimentos. Os jovens remetem para *muitos* acontecimentos, quando o número de acontecimentos é maior ou igual ao valor mediano. Demonstram *poucos* acontecimentos, quando o número de acontecimentos é inferior à mediana.

Com esta dicotomização das escalas, consegue-se a condição necessária para a construção de um escalograma, porque se deve desenvolver um escalograma na área interpessoal, de forma análoga ao da área pessoal. As razões da dicotomização são, por isso, análogas às que foram introduzidas acima.

Nas tabelas 8.16 e 8.17 os valores conhecidos das dimensões da relação com os pais estão divididos de acordo com os sexos e o período de medição.

TABELA 8.16

Número de jovens (N), mediana, média e desvio padrão (D.P.) das escalas das relações com os pais, diferenciadas segundo sexos (amostra do estudo longitudinal de 1988)

	N	Mediana	Média	D.P.
Raparigas				
Experiências de vida importantes	338	1	1.05	1.0
Auto-estima	337	4	4.06	.74
Sentimento de controle na área interpessoal	338	7	6.76	1.92
Rapazes				
Experiências de vida importantes	515	0	.55	.80
Auto-estima	515	4	3.91	.86
Sentimento de controle na área interpessoal	515	7	6.68	1.94

TABELA 8.17

Número de jovens (N), mediana, média e desvio padrão (D.P.) das escalas da relação com os pais, diferenciadas segundo o sexo (amostra do estudo longitudinal de 1990)

	N	Mediana	Média	D.P.
Raparigas				
Experiências de vida importantes	364	2	2.15	1.79
Auto-estima	364	4	4.07	.72
Sentimento de controle na área interpessoal	364	7	6.98	1.85
Rapazes				
Experiências de vida importantes	529	1	1.95	1.81
Auto-estima	529	4	4.01	.77
Sentimento de controle na área interpessoal	529	7	6.92	1.74

2. A segunda dimensão da relação com os pais chama-se *importância do controle do conflito com os pais*. Os conflitos dos jovens com os seus pais são situações típicas do processo de desvinculação dos pais. É possível que se manifeste nos conflitos o desejo dos jovens de influenciar a relação com os pais. A desvinculação dos pais traz consigo uma mudança de valores: os jovens, com o aumento da emancipação, já não querem estar dependentes dos pais. Desvalorizam os pais e exigem a possibilidade de intervir também, ser independentes e ter uma relação simétrica. A importância do controle sobre a relação com os pais pode ser assim postulada, enquanto dimensão para o processo de desvinculação.

A importância do controle sobre os conflitos com os pais está presente no "inquérito para as possibilidades de influência dos jovens", enquanto item na parte de área conflito com os pais. Não depende significativamente da idade. As raparigas consideram o controle mais importante, na amostra de 1988, do que os rapazes (amostra de 1988: $F = 8.08$; $gl = 1, 881$; $p < .01$) e, na amostra de 1990, não se encontrou, pelo contrário, nenhuma diferença significativa relativa aos sexos. Esta dimensão apresenta, nas amostras de 1988 e 1990, e em ambos os sexos, um valor mediano de quatro. A importância do controle também é apresentada como sendo *alta,* quando o valor individual é inferior ao valor mediano.

3. A terceira dimensão da relação com os pais é o sentimento de controle nos conflitos com os pais. A dimensão indica o tamanho da competência que demonstra o quanto os jovens pensam conseguir influenciar a resolução de um conflito com os seus pais. Quanto maior for a concretização da emancipação da tutela parental, maior é a parte que os jovens determinam. A desvinculação dos pais pode, por isso, ser definida como um aumento do controle, por parte dos jovens, sobre os seus pais. O sentimento de controle também é uma dimensão que demonstra o quanto os jovens conseguem superar

activa e independentemente os seus conflitos. Um elevado sentimento de controle é condição para uma cooperação ("coping") exploratória e centrada nos problemas. Por outro lado, um sentimento de controle profundo dificulta a superação activa dos problemas. A forma de lidar com os problemas pode ser orientada pela norma ou pela fuga (ver Berzonsky *et al.,* 1990).

O sentimento de controle sobre os conflitos com os pais é o único item encontrado no "inquérito para as possibilidades de influência dos jovens", relativamente à parte de área conflito com os pais. O sentimento de controle nos conflitos com os pais sobe, à medida que aumenta a idade (amostra 1988: $F = 4.34$; $gl = 6, 845$; $p < .001$; amostra 1990: $F = 3.54$; $gl = 5, 876$; $p < .01$). A distribuição desta dimensão demonstra, em ambos os períodos de medição 1988 e 1990, e em ambos os sexos, um valor mediano de sete. O sentimento de controle sobre os conflitos com os pais não se distingue significativamente pela especificidade dos sexos. Os jovens, cuja manifestação do sentimento de controle está abaixo do valor mediano demonstram um sentimento de controle *reduzido*.

8.2.2 ESCALOGRAMA

Assim como na identidade pessoal, também será construído um escalograma com as três escalas acima descritas, que ilustrarão as fases da desvinculação dos pais. Será postulada a definição de tipos seguinte: a fase um caracteriza-se pela manifestação baixa de todas as escalas. A fase dois caracteriza-se pelo grande número de experiências de vida importantes na área interpessoal. Sucedem aos jovens experiências importantes não assimiladas, que agem como provocadoras de stress. A fase três define-se por um grande número de experiências de vida importantes e por uma alta previsão da importância do controle nos conflitos com os pais. Os jovens encontraram novos valores e iniciam uma confrontação activa com os seus pais. Na fase quatro também é finalmente atingido um elevado sentimento de controle sobre os pais, para além de uma alta manifestação de ambas as escalas. Estes jovens não pretendem apenas partilhar responsabilidades com os pais, mas também têm agora suficientemente confiança em si, para se colocarem ao mesmo nível que os pais.

O escalograma com estes quatro graus deverá ser agora comprovado empiricamente.

Quando estas três escalas dicotómicas forem combinadas sistematicamente umas com as outras, surgem $2 \times 2 \times 2 = 8$ possibilidades. A frequência destas combinações possíveis está apresentada segundo o período de medição na tabela 8.18. Esta divisão é significativamente diferente, pela distribuição implicada (1988: $Chi^2 = 238.0$; gl = 7; p < .001; 1990: $Chi^2 = 332.25$; gl = 7; p < .001). Enquanto nas escalas da identidade pessoal, os tipos um a quatro surgirem frequentemente para além das expectativas, nas escalas da relação com os pais, na amostra de 1988, os tipos 1,3,4,7 e 8 estão frequentemente presentes para além das expectativas e, na amostra de 1990, o mesmo acontece com os tipos três, quatro e

TABELA 8.18

A frequência (fr) e o valor da percentagem (%) das combinações de escalas da relação com os pais, diferenciadas segundo período de medição (Ei: experiências de vida importantes na área interpessoal; Ic: importância do controle; Sc: sentimento de controle; +: manifestação alta da escala; −: manifestação baixa da escala)

	1988		1990	
	fr	%	fr	%
1. Ei − Ic − Sc −	108	12.1%	35	3.9%
2. Ei + Ic − Sc −	48	5.4%	71	8.0%
3. Ei + Ic + Sc −	127	14.0%	164	18.4%
4. Ei + Ic + Sc +	226	25.3%	333	37.3%
5. Ei + Ic − Sc +	22	2.5%	51	5.7%
6. Ei − Ic − Sc +	37	4.1%	19	2.1%
7. Ei − Ic + Sc −	125	14.0%	83	9.3%
8. Ei − Ic + Sc +	202	22.6%	137	15.3%
Soma	895	100%	893	100%

oito. Estes cinco, ou, eventualmente, três tipos, não formam, contudo, nenhum escalograma. Um escalograma de elevada confiança é formado pelos tipos 1-7-8-4, que atingem um coeficiente de reprodução de RE = .91 na amostra de 1988, e um coeficiente de reprodução de RE.89, na amostra de 1990. Ambos estes escalogramas não formam, no entanto, uma transformação concordante com a hipótese do modelo apresentado inicialmente de desenvolvimento da identidade.

Os tipos um a quatro formam, pelo contrário, uma ilustração apropriada das hipóteses. Estes escalogramas demonstram, na amostra de 1988, um coeficiente de reprodução de RE = .86 e de RE = .89, na amostra de 1990. A fiabilidade que se pode obter neste escalograma é dificilmente aceitável. Só com base na fiabilidade do escalograma é que o modelo teórico de fases de desvinculação dos pais não pode ser rejeitado. Na argumentação seguinte, os escalogramas deverão ser, por isso, comprovados. No capítulo 8.2.5, serão avaliados criticamente os resultados, de forma resumida.

A frequência dos tipos um a quatro não possibilitou e diferenciação, segundo a nacionalidade dos jovens (Suiça vs. não-suiça), a morada (cidade, aglomeração, país), a relação do emprego do pai e da mãe e no emprego da mãe. Foi possível, contudo, encontrar uma relação significativa entre os tipos um a quatro e o emprego dos pais (1988: $Chi^2 = 38.80$; $gl = 21$; $p < .01$; 1990: $Chi^2 = 41.14$; $gl = 21$; $p < .001$): o pai dos jovens no tipo três ou quatro é académico (valor ultrapassando o acaso), e pertence às classes mais altas no que diz respeito à formação. Os pais dos jovens nos tipos um e dois, pelo contrário, são trabalhadores por conta de outrem (valor para além do acaso), trabalham como operários ou artesãos e pertencem à classe média ou baixa. Este resultado chamou a atenção de forma análoga em ambas as amostras, de 1988 e 1990.

A frequência da distribuição distingue-se, para além disso, segundo o nível de escolaridade dos jovens (1988: Chi = 54.43; gl = 18; $p < .001$; 1990: $Chi^2 = 33.42$; gl = 18; $p < .05$): estes jovens, no 8.º e no 9.º ano, encontram-se (valor para além do acaso) no tipo um e dois, enquanto os jovens nos níveis mais avançados estão mais frequentemente associados aos tipos três e quatro. Este efeito confunde-se com o efeito postulado de idade, assim como com a relação significativa com o tipo de escola (1988: $Chi^2 = 55.25$; gl = 9; p < .001; 1990: $Chi^2 = 19.81$; gl = 9; p < .05): os jovens do tipo um e dois preferem frequentar a escola primária e secundária, enquanto os jovens do tipo três e quatro andam nas escolas profissionais ou no Gymnasium[1]. Este efeito do tipo de escola é primariamente interpretado como o efeito de idade postulado já que não demonstra nenhuma relação com o nível da escola (Gymnasium vs. escola profissional ou escola primária vs. escola secundária).

8.2.3 DESIGN SEQUENCIAL

Os tipos quatro do escalograma, formados com as escalas da relação com os pais, são comprovados, assim como na identidade pessoal, num modelo sequencial. Espera-se que os estatutos de emancipação se diferenciem segundo a idade, período de medição e coorte (ver capítulo 6.3, hipótese 3).

8.2.3.1 MÉTODO

A idade tem sete escalões e abrange os jovens dos 14 aos 20 anos. O período de medição tem dois momentos (1988 e 1990). A *coorte* tem cinco níveis incluindo os anos de representação de pessoas nascidas entre 1970 e 1974. Os outros anos não estão presentes de forma completa em nenhum dos períodos de medição, e são por isso postos de parte para a comprovação do efeito de coorte (tabela 8.5). O método e o procedimento para a verificação do escalograma seguem-se à argumentação dada acima para a verificação do escalograma da identidade pessoal.

---

[1] O Gymnasium refere-se ao sistema de ensino no norte da Europa; trata-se da secundária incluindo um 13.º ano ou ano zero, não existente em Portugal.

224 : DESENVOLVIMENTO E IDENTIDADE NA ADOLESCÊNCIA

8.2.3.2 RESULTADOS

a) Design de sequência temporal: no design de sequência temporal diferenciam-se significativamente as frequências dos tipos um a quatro da relação com os pais, segundo os níveis etários ($Chi^2 = 53.55$; $gl = 18$; $p < .001$). O efeito está apresentado na tabela 8.19. Nessa tabela foram calculados todos os valores esperados das células. As frequências que surgiram mais vezes do que se esperava foram impressas em itálico na tabela. No entanto, nos testes de significância referidos acima, só foram mencionados os tipos um a quatro. O efeito de idade e a interacção não são significativos.

TABELA 8.19

Escalograma da relação com os pais e da idade em percentagem (estudo longitudinal de 1988 e de 1990; se observadas frequências > frequências esperadas, serão impressas em itálico)

Idade Relação com os pais	14 (N = 47)	15 (N = 228)	16 (N = 284)	17 (N = 285)	18 (N = 306)	19 (N = 326)	20 (N = 247)
1. Ei – Ic – Sc –	*21.3%*	*11.8%*	*8.5%*	7.0%	6.5%	4.9%	6.1%
2. Ei + Ic – Sc –	*10.6%*	6.6%	*9.2%*	*9.8%*	7.2%	4.3%	2.4%
3. Ei + Ic + Sc –	4.3%	11.8%	*17.6%*	15.4%	*19.6%*	*18.8%*	17.0%
4. Ei + Ic + Sc +	8.5%	21.5%	25.0%	33.0%	*35.3%*	35.9%	40.9%
5. Ei + Ic – Sc +	2.1%	1.8%	1.1%	*4.9%*	*7.5%*	5.8%	3.6%
6. Ei – Ic – Sc +	4.3%	*4.8%*	*4.9%*	1.8%	1.6%	2.8%	*3.6%*
7. Ei – Ic + Sc –	*27.7%*	*20.6%*	*15.5%*	8.8%	8.5%	8.0%	8.1%
8. Ei – Ic + Sc +	*21.3%*	*21.1%*	18.3%	*19.3%*	13.7%	20.6%	18.2%
Soma	100%	100%	100%	100%	100%	100%	100%

O tipo um torna-se significativamente menos frequente com o aumento da idade ($Chi^2 = 21.44$; $gl = 6$; $p < .001$) enquanto o tipo quatro aumenta significativamente de frequência com o aumento da idade ($Chi^2 = 29.48$; $gl = 6$; $p < .01$). O tipo dois é especialmente frequente, acima das expectativas, nos jovens com idades compreendidas entre os 16 e os 17 anos ($Chi^2 = 17.41$; $gl = 6$; $p < .01$). O tipo três, pelo contrário, torna-se mais frequente, com o aumento da idade, mesmo que não seja significativamente. Estas averiguações suportam a interpretação que diz que os tipos um a quatro formam um escalograma.

Quando os três tipos restantes, que foram inicialmente indicados como erros de escalograma, são observados, não se pode calcular uma tendência significativa relacionada com a idade nos tipos sete (Chi^2 = 40.48; gl = 6; p < .001) e cinco (Chi^2 = 21.30; gl = 6; p < .01).

Especialmente interessante é a diminuição da frequência do tipo sete, com o aumento da idade, já que, com este tipo, e não com o tipo dois, pode-se formar um escalograma muito fiável (ver acima). O tipo sete define-se com uma elevada previsão da importância do controle, através de poucas experiências de vida importantes e um baixo sentimento de controle. Ao contrário do previsto, as frequências do tipo três e do tipo oito, por outro lado, não se diferenciam segundo a faixa etária.

Antes de concluir a interpretação, será feita uma observação dos resultados da amostra do estudo transversal.

O efeito do tempo no design da sequência temporal não é significativo. Ainda aparece na lista, para que esta esteja completa (tabela 8.20).

TABELA 8.20

Relação com os pais e período de medição em percentagem
(estudo longitudinal em 1988 e 1990)

Período de medição Relação com os pais	1988 (N = 883)	1990 (N = 893)
1. El – Ic – Sc –	12.2%	3.9%
2. El + Ic – Sc –	5.2%	8.0%
3. El + Ic + Sc –	14.3%	18.4%
4. El + Ic + Sc +	25.6%	37.3%
5. El + Ic – Sc +	2.5%	5.7%
6. El – Ic – Sc +	4.1%	2.1%
7. El – Ic + Sc –	14.3%	9.3%
8. El – Ic + Sc +	21.9%	15.3%
Soma	100%	100%

b) Design do estudo transversal: no design do estudo transversal, o efeito de idade-*within* dos tipos um a quatro na relação com os pais, chamou a atenção de forma significativa, como previsto

(Chi^2 = 19.45; gl = 3; p < .01). Também o efeito de coorte atinge um valor significativo (Chi^2 = 44.78; gl12; p < .01). A interacção não é significativa.

O efeito de coorte reflecte um efeito de idade: os jovens nascidos no ano de 1974 encontram-se frequentemente no tipo dois para além das expectativas. Os jovens nascidos no ano de 1973 estão no tipo dois, enquanto os jovens nascidos nos anos de 1971 e 1972 baixam muitas vezes para o tipo três, (valor para além do acaso) e os do ano 1970 estão muitas vezes presentes no tipo quatro.

A frequência dos oito tipos está diferenciada na tabela 8.21 segundo o período de medição. Aí estão também, por outro lado, impressas em itálico, as frequências de todos os oito tipos que estão presentes com mais frequência do que previsto.

TABELA 8.21

Relação com os pais 1988 e 1990. Frequência e frequências previstas (estudo transversal; 1988 e 1990; quando observadas frequências > frequências previstas, impressas em itálico)

	1988				1990				
	1	2	3	4	5	6	7	8	Soma
1. El – Ic – Sc –	*11*	*10*	4	20	2	2	5	6	60
2. El + Ic – Sc –	1	*13*	7	18	2	1	2	0	44
3. El + Ic + Sc –	5	*12*	*34*	46	5	0	8	11	114
4. El + Ic + Sc+	3	11	*32*	*106*	4	0	11	4	178
5. El + Ic – Sc +	0	0	4	*14*	0	2	1	1	22
6. El – Ic – Sc +	*3*	*3*	0	7	2	1	0	2	18
7. El – Ic + Sc –	7	9	23	25	1	4	20	5	94
8. El – Ic + Sc +	9	6	17	79	3	5	11	*14*	144
Soma	39	64	121	315	19	15	58	43	674

Mais uma vez só serão tidos em conta os tipos um a quatro. Distinguem-se três grupos: os "estáveis" permanecem no mesmo tipo ao longo do espaço de tempo investigado, durante dois anos, aparecendo nas células, na diagonal (N = 164 "estáveis", 49,2%).

ANÁLISE DE UMA ESCALA DE DESENVOLVIMENTO : 227

Os "desenvolvidos" encontram-se nas células acima das diagonais (N = 91; 27,3%). Estes jovens mudaram de tipo na direcção prevista. Os "regredidos" encontram-se nas células abaixo das diagonais. Podem-se contar 78 regredidos (23,4%). Eles mudaram de um tipo para outro o que deveria surgir mais cedo no desenvolvimento, no ponto de vista do modelo de evolução postulado. Eles falharam numa tarefa e regridem para um estado anterior.

Os estáveis formam o grupo maior. Em vez disso previa-se que os desenvolvidos formassem o grupo maior de jovens. Se não se prestar atenção a este grupo de estáveis, interessam sobretudo os dois grupos nos quais o estatuto da relação com os pais se modifica por ser expressão dos factores idade ou tempo. De acordo com o teste de Bowker (1948), os jovens não se agrupam simetricamente para com a diagonal (Chi^2 = 25.56; gl = 6; p < .001). Os jovens do tipo um mudam com maior probabilidade do tipo um para o tipo dois, de acordo com as previsões, do que os jovens do tipo dois para o tipo um. Estas averiguações são um indício da importância dos acontecimentos relevantes para o desenvolvimento. Os jovens do tipo três, pelo contrário, mudam com mais probabilidade para o tipo dois, do que os jovens do tipo dois para o tipo três. Por outro lado, a mudança do tipo três para o tipo quatro é mais provável do que a mudança do tipo quatro para o tipo três (ver ilustração 8.2). No conjunto, a mudança prevista é mais provável do que a mudança no sentido contrário.

Assim como acontece na mudança de direcção da identidade pessoal, em que o modelo de evolução sugerido é mais claro nos jovens mais novos do que nos mais velhos, também o número de regredidos na relação com os pais aumenta, com o aumento da idade. Esta interpretação não será aqui prolongada, porque a interacção não é significativa.

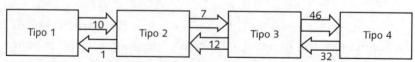

ILUSTRAÇÃO 8.2: Modelo de evolução da separação dos pais: número de jovens que mudaram para o estado identidade seguinte ou anterior (estudo transversal)

Quais são as características diferenciais dos três grupos "desenvolvidos", "estáveis" e "regredidos"? Eles não se diferenciam pelo tipo de escola, pelo emprego do pai ou pela nacionalidade. Mas encontrou-se uma relação significativa entre estes três tipos e a morada no segundo período de medição ($Chi^2 = 10.87$; gl = 4; $p < .05$). Os desenvolvidos moram mais vezes no campo, no segundo período de medição, enquanto os estáveis moram mais vezes na cidade ou pelo menos numa aglomeração. Os regredidos moram frequentemente, (valor para além do acaso), em aglomerações.

Os três tipos (desenvolvidos, estáveis, regredidos) de identidade pessoal foram comparados com diferentes escalas de bem-estar no primeiro e no segundo períodos de medição. A comparação análoga foi realizada com os três tipos de separação dos pais e com as escalas dependentes de atitude positiva perante a vida, consciência dos problemas, queixas físicas, auto-estima, disposição depressiva, alegria de viver. Em duas das análises de variância unifactoriais multivariadas, no primeiro período de medição, foi calculado um efeito multivariado significativo para as escalas do bem-estar (Hotelling Lawley Trace $F = 1.83$; gl = 12, 1578; $p < .05$). No teste univariado distinguiu-se significativamente a escala da consciência dos problemas ($F = 3,23$; gl = 2, 795; $p < .05$). Os regredidos apresentaram uma consciência dos problemas maior do que os outros dois grupos. A disposição depressiva, por fim, distinguiu-se significativamente dos outros grupos ($F = 4.19$; gl = 2, 795; $p < .05$). Os regredidos apresentaram a disposição depressiva mais alta, enquanto a manifestação de escala entre os outros dois grupos não se diferenciou muito.

No segundo período de medição, em 1990, o teste multivariado só conseguiu demonstrar uma relação tendenciosa entre os três tipos e o bem-estar (Hotelling Lawley Trace $F = 1.68$; gl = 12, 1594; $p < .07$). Os regredidos demonstraram uma consciência dos problemas significativamente mais elevada do que os outros dois grupos ($F = 5.32$; gl = 2, 803; $p < .01$).

Resumindo, os jovens com uma elevada consciência dos problemas parecem regredir com especial frequência, no sentido do modelo de evolução postulado, com uma auto-estima reduzida e uma disposição depressiva elevada. Passados dois anos, os regredidos preferem residir nas aglomerações das cidades e demonstram ter uma elevada consciência dos problemas.

A análise do escalograma no parágrafo 8.2.2 sugeriu uma escala de desenvolvimento com a sequência de tipo 1-7-8-4. Esta sequência parte do princípio que sucede primeiro uma mudança de valores, no qual os jovens estimam que o controle é mais importante, do tipo um ao tipo sete. Depois, sobe o sentimento de controle (tipo oito), e é só na passagem para o tipo quatro que lhes sucedem experiências de vida importantes na área interpessoal. Na tabela 8.21, pode-se comprovar a frequência das passagens individuais de um tipo para o seguinte, na amostra do estudo transversal. Assim demonstra-se que 133 jovens (35%) se desenvolvem nesta sequência, 170 jovens (45%) permanecem no mesmo tipo e 79 (21%) jovens regridem, de acordo com o padrão e sequência. Esta distribuição está separada simetricamente de forma significativa, de acordo com o teste de Bowker (Chi^2 = 88.96; gl = 6; p < .001). De acordo com a ilustração 8.3, a passagem do tipo oito para o tipo quatro é especialmente mais frequente do que a passagem na direcção contrária. Aos jovens com um alto sentimento de controle, que também consideram importante o controle da relação com os pais, sucedem experiências de vida importantes na área interpessoal, com maior probabilidade à medida em que se verifica um aumento da idade. A passagem do tipo um para o tipo sete aparece com a mesma frequência em ambas as direcções. Apesar de, neste escalograma, o número de desenvolvidos ser maior do que o número de regredidos, pode no entanto justificar a passagem do tipo oito para o tipo quatro, de forma convincente. Para além disso quase não é possível interpretar convenientemente a sequência de fases, de acordo com a teoria dada.

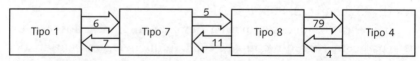

ILUSTRAÇÃO 8.3: Modelo I de evolução modificado da separação dos pais (estudo transversal)

Na tabela 8.21 pode-se verificar uma terceira forma de escalograma. Foi, nomeadamente, possível formular e verificar teoricamente a tese, de que deve existir primeiro um elevado sentimento de controle, antes que aumente a valorização da importância do controle. De forma operacional, esta tese pode ser demonstrada numa sequência de tipos 1-2-5-4. Neste modelo existem 130 jovens (60,5%) que não mudaram de tipo durante o período de dois anos. 66 jovens (30,7%) mudaram de tipo na direcção prevista e 19 jovens (8,8%) mudaram de tipo na direcção contrária. Esta distribuição é, segundo o teste de Bowker (1948) significativamente alta ($Chi^2 = 31.17$; gl = 6; p < .001). Segundo a ilustração 8.4, a evolução do tipo um para o tipo dois é mais provável do que a mudança de tipo no sentido inverso. O mesmo resultado é também válido para a passagem do tipo dois para o tipo cinco e do tipo cinco para o tipo quatro. A análise do estudo longitudinal já teve como consequência a observação de um efeito de idade significativo no tipo cinco. Este escalograma alternativo demonstra portanto uma relação mais forte com a idade do que aquele que foi aceite com base na teoria. Demonstra também, no entanto, um coeficiente de reprodução pior de RE = .83 na amostra de 1988 e de RE = .85 na amostra de 1990. Assim, por motivos de fiabilidade, deve ser rejeitado.

Resumindo, o escalograma postulado teoricamente revela um efeito de idade, no estudo longitudinal, nos tipos um a quatro mas nenhum efeito de mudança no tempo. O efeito significativo no estudo transversal pode, por isso, ser interpretado relativamente à idade. Contudo, só foi possível comprovar a passagem do tipo um para o tipo dois e do tipo três para o tipo quatro. As duas outras alternativas para a sequência dos tipos não são convincentes e têm de ser rejeitadas por motivos de fiabilidade e devido a resultados impossíveis de interpretar. Assim, o modelo de evolução postulado teoricamente é, por enquanto, conservado.

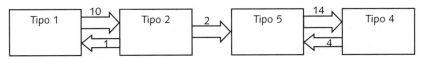

ILUSTRAÇÃO **8.4:** Modelo de evolução II modificado da separação dos pais (estudo transversal)

O efeito de *coorte,* como foi identificado no estudo transversal, foi replicado no *design-sequência-coorte* com os tipos um a quatro ($Chi^2 = 33.52$; gl = 12; p < .001). O efeito de tempo também se tornou mais significativo. A interacção, pelo contrário, não é significativa. O efeito de coorte está demonstrado na tabela 8.22. Entre as coortes, apenas a frequência do tipo dois se distingue significativamente ($Chi^2 = 12.42$; gl = 4; p < .05). Com o aumento dos anos de nascimento, o tipo dois aparece mais frequentemente. No total, a frequência do tipo dois sobe de acordo com a previsão, com o aumento da idade e a frequência dos tipos três e quatro diminui, enquanto no tipo um não se verificou nenhum ano de nascimento com especial predominância. O efeito de coorte está confundido com o efeito de tempo em grande escala e pode, portanto, no presente caso, ser interpretado como efeito de idade.

TABELA 8.22

Relação com os pais e coorte em percentagem (estudo longitudinal 1988 e 1990)

Coorte Relação com os pais	70 (N = 209)	71 (N = 258)	72 (N = 329)	73 (N = 310)	74 (N = 178)
1. El – Ic – Sc –	8.6%	7.0%	7.3%	8.7%	8.4%
2. El + Ic – Sc –	5.3%	3.9%	7.6%	10.0%	11.2%
3. El + Ic + Sc –	18.7%	17.8%	19.5%	12.9%	15.2%
4. El + Ic + Sc +	37.8%	34.9%	29.5%	30.3%	25.3%
5. El + Ic – Sc +	3.4%	7.0%	5.5%	3.6%	1.7%
6. El – Ic – Sc +	2.4%	2.3%	3.7%	3.2%	3.9%
7. El – Ic + Sc –	9.6%	7.4%	10.9%	13.6%	18.0%
8. El – Ic + Sc +	14.4%	19.8%	16.1%	17.7%	16.35%
Soma	100%	100%	100%	100%	100%

O efeito de tempo no design de sequência de coorte não é demonstrado e interpretado porque não se tornou significativo no design de sequência de tempo.

Resumindo, o escalograma com os tipos um a quatro comprovou--se. O escalograma mais fiável, formado pelos tipos 1-7-8-4 não é uma operacionalização adequada da teoria apresentada, pelo que a avaliação deste escalograma não foi logo apresentada diferencia-damente, como a avaliação acima referida. Os seus critérios de qualidade, como por exemplo a relação com a idade ou o padrão de sequência, são iguais no escalograma, em conformidade com a teoria e não sobrepostos. Assim, o escalograma conforme com a teoria é privilegiado, apesar da sua baixa fiabilidade.

Na tabela 8.23, os efeitos relacionados com os vários modelos de avaliação, estão apresentados no escalograma com os tipos um a quatro. Foi possível mostrar, nas análises do estudo longitudinal, que estes tipos estão relacionados com a idade e a coorte do ano de nascimento, na direcção prevista. Esta importante averiguação suporta a suposição de que estes quatro tipos formam, de facto, um escalograma no sentido de Guttman (1966).

TABELA 8.23

Combinação dos efeitos principais da relação com os pais no design de mudança de tempo, do estudo transversal e de sequência de coorte (***: $p < .001$; **: $p < .01$; *: $p < .05$; ns: não significativo)

	Idade	Tempo	Coorte	Interacção
Sequência de tempo	***	ns.	–	ns.
Estudo transversal	**	–	**	ns.
Sequência longitudinal	–	***	***	ns.

O escalograma sugerido não apresenta nenhum efeito de tempo replicável. Aparentemente, os processos sociais não influenciam significativamente esta escala no período investigado de dois anos. Esta constatação é impressionante porque as experiências de vida importantes estão integradas num contexto social. As interacções homem-meio não têm, contudo, expressão nesta escala. As averiguações podem ser, por isso, interpretadas especificamente pela idade: aos jovens, sucedem experiências de vida importantes, que dão início a processos de desenvolvimento. Quando conseguem construir novos valores para além da sua relação com os pais e quando o seu sentimento de controle sobe, conseguem desligar--se dos pais. No entanto, estes processos já são provavelmente iniciados antes dos 14 anos. A avaliação crítica dos resultados e a sua interpretação segue no capítulo 8.2.5, quando for apresentada a situação completa das averiguações.

ANÁLISE DE UMA ESCALA DE DESENVOLVIMENTO : 233

8.2.4 TESE CONTRÁRIA: EVOLUÇÃO MULTI-DIMENSIONAL DO DESENVOLVIMENTO

O próximo passo consiste na comprovação da tese contrária, tentando responder à questão, se a separação dos pais apresenta uma evolução do desenvolvimento multi-dimensional. Os jovens mais velhos apresentarão formas diferentes de relação com os pais, enquanto os jovens mais novos podem resumir-se a um só tipo? Esta hipótese já foi verificada no desenvolvimento da identidade pessoal e deverá ser abordada aqui com o mesmo método.

Mais uma vez, as intercorrelações entre as escalas da relação com os pais que formam a base dos métodos de análise de cluster devem ser colocadas no início. A tabela 8.24 dá uma visão geral. Foi possível calcular correlações altas entre o sentimento de controle na relação com os pais e a importância do sentimento de controle na relação com os pais, enquanto as correlações entre as variáveis intra-psíquicas e as experiências de vida importantes ou excepcionais chamaram menos a atenção.

TABELA 8.24

Intercorrelações-Pearson específicas segundo os sexos entre as dimensões da relação com os pais nas amostras do estudo longitudinal de 1988 e de 1990 (quando r > .14, então p < .001)

	1	2	3
1988 Raparigas			
1. Experiências de vida importantes na área interpessoal	1	.09	.18
2. Sentimento de controle na relação com os pais		1	.35
3. Importância do controle na relação com os pais			1
1990 Raparigas			
1. Experiências de vida importantes na área interpessoal	1	.08	.03
2. Sentimento de controle na relação com os pais		1	.34
3. Importância do controle na relação com os pais			1
1988 Rapazes			
1. Experiências de vida importantes na área interpessoal	1	.00	.15
2. Sentimento de controle na relação com os pais		1	.31
3. Importância do controle na relação com os pais			1
1990 Rapazes			
1. Experiências de vida importantes na área interpessoal	1	.02	.06
2. Sentimento de controle na relação com os pais		1	.34
3. Importância do controle na relação com os pais			1

8.2.4.1 NÚMERO DE CLUSTER E DESCRIÇÃO DOS CLUSTER

Nas amostras de 1988 e de 1990 foi calculada uma análise de cluster hierárquica com as dimensões da relação com os pais, experiências de vida importantes na área inter-pessoal, sentimento de controle e importância do controle sobre a relação com os pais. O *criterium*-pseudo-F privilegia uma solução quatro-cluster na amostra de 1988 (tabela 8.25). Nesta amostra o valor-pseudo-F diminuiu continuamente e não mostrou nenhum *peak*. Devido à variância explicada não se pode comprovar com segurança uma solução cluster determinada. As reflexões teóricas apoiam uma solução-4-cluster, que é suportada na amostra de 1990 através do valor-pseudo-F. Por essa razão, a solução-4-cluster continuará a ser seguida.

TABELA 8.25

Os critérios de qualidade das soluções cluster com dimensões de dois a dez cluster, da relação com os pais 1988 e 1990 (variância explicada em percentagem e valor-pseudo-F)

N.º de cluster	2	3	4	5	6	7	8	9	10
1988									
Variância explicada	43	56	63	68	72	75	77	79	80
Pseudo F	681	579	505	478	456	438	435	412	395
1990	2	3	4	5	6	7	8	9	10
Variância explicada	28	48	59	64	68	72	75	77	78
Pseudo F	346	422	427	400	387	389	392	374	361

8.2.4.2 ESCALOGRAMA E ESCALA CLUSTER

Numa análise de cluster iterativa, a solução-4-cluster foi optimizada de maneira que, na amostra de 1988, a variância explicada pôde ser aumentada para 71% e o valor.pseudo-F para 548. A solução cluster optimizada da amostra de 1990 explica 69% da variância e o valor-pseudo-F é de 508. Graficamente, as soluções cluster mostram grupos claramente delimitados sem sobreposição, em ambas as amostras. Na tabela 8.26, os valores médios das dimensões destes cluster foram apresentados separadamente, para os dois períodos de medição.

TABELA 8.26

Valores médios dos cluster (M) e desvios padrão (D.P.) (solução-4-cluster) das dimensões da relação com os pais (estudo longitudinal 1988 e 1990)

1988	Experiências de vida importantes na área interpessoal		Sentimento de controle na área interpessoal		Importância do controle	
	M	D.P.	M	D.P.	M	D.P.
Cluster 1	.43	.53	8.31	1.03	4.21	.69
Cluster 2	.48	.71	5.57	.62	3.65	.73
Cluster 3	.82	.96	3.22	1.10	3.44	1.09
Cluster 4	2.55	.79	7.63	1.19	4.39	.63
1990	M	D.P.	M	D.P.	M	D.P.
Cluster 1	1.23	.96	8.16	1.00	4.17	.69
Cluster 2	1.00	.84	5.16	1.01	3.76	.84
Cluster 3	3.92	1.10	5.68	1.21	3.95	.69
Cluster 4	5.25	1.37	8.54	1.00	4.32	.61

Os jovens no cluster um indicam, em média, poucas experiências de vida importantes na área interpessoal (1988: M = .43 ou 1990: M = 1.23 resultados). O seu sentimento de controle em média e a sua estimativa da importância do controle sobre a relação com os pais são bastante elevados, quando comparados com os respectivos valores médios dos restantes cluster. A comparação dos valores cluster conhecidos, entre as duas amostras, dá origem a uma alta concordância. O número médio de acontecimentos é mais alto na amostra de 1990 do que na amostra de 1988 porque foram utilizados métodos e períodos de medição diferentes (ver capítulo 7.2). Na tabela 8.27, as frequências desses cluster estão colocadas em frente aos oito tipos formados, descritos acima.

No total, a concordância entre os quatro cluster e os tipos formados a priori é semelhante nas duas amostras. Esta averiguação comprova a impressão de que os conteúdos dos cluster são muito semelhantes em ambas as amostras. O cluster quatro concorda com o tipo quatro em alto grau, em ambas as amostras. Por outro lado, o tipo quatro também demonstra uma concordância com o cluster um. Os cluster um e quatro caracterizam-se por uma estimativa elevada do controle e um elevado sentimento de controle. Con-

TABELA 8.27

Relação com os pais: agrupamentos empíricos e teóricos (quando observadas frequências > frequências previstas, serão impressas em itálico; estudo longitudinal de 1988 e de 1990)

Relação com os pais	1988					1990				
	Cl 1	Cl 2	Cl 3	Cl 4	Soma	Cl 1	Cl 2	Cl 3	Cl 4	Soma
Tipo 1: El – Ic – Sc –	0	*78*	*31*	0	109	0	*21*	0	0	21
Tipo 2: El + Ic – Sc –	0	*26*	*21*	1	48	0	*30*	*18*	0	48
Tipo 3: El + Ic + Sc –	0	*80*	*32*	15	127	0	*74*	*59*	0	133
Tipo 4: El + Ic + Sc +	*146*	0	0	80	226	*144*	0	24	*46*	214
Tipo 5: El + Ic – Sc +	9	8	0	5	22	*98*	0	*19*	*40*	157
Tipo 6: El – Ic – Sc +	*23*	*14*	0	0	37	*87*	0	0	0	87
Tipo 7: El – Ic + Sc –	0	*112*	14	0	126	25	*125*	*37*	6	193
Tipo 8: El – Ic + Sc +	*202*	0	0	0	202	*57*	0	0	0	57
Soma	380	318	98	101	897	411	250	157	92	910

tudo, o cluster um também revela uma interferência com os tipos seis a oito em ambas as amostras. A maioria dos jovens dos cluster dois e três estão ordenados nos tipos dois ou três.

Resumindo, a confrontação demonstra que os quatro cluster e os tipos um a quatro não podem ser ordenados entre si de forma exacta. No entanto, existem interferências marcantes.

As frequências dos quatro cluster são altamente significativas em ambos os períodos de medição ($Chi^2 = 396.45$; gl = 3; p < .001). Os cluster dois e quatro são mais frequentes na amostra 1988 do que o previsto pelo acaso e os cluster um e três são mais frequentes do que previsto na amostra de 1990 (tabela 8.27).

Os jovens nos quatro cluster são significativamente diferentes nos dois períodos de medição (1988: $Chi^2 = 43.69$; gl = 18; p < .001; 1990: $Chi^2 = 33.65$; gl = 18; p < .001; ver tabela 8.28).

Amostra de 1988: As frequências no cluster um sobem significativamente com o aumento da idade ($Chi^2 = 15.45$; gl = 6; p < .05). No cluster dois, pode-se observar uma subida das frequências com o aumento da idade, seguindo a tendência observada. As frequências dos cluster três e quatro diminuem seguindo uma tendência progressiva, com o aumento da idade. Os jovens mais novos encontram-se, portanto, preferencialmente, no cluster três ou no quatro,

TABELA 8.28

Relação com os pais: solução-cluster-4 e idade em percentagem
(estudo longitudinal de 1988 e de 1990)

Idade 1988	14 (N = 47)	15 (N = 125)	16 (N = 153)	17 (N = 99)	18 (N = 130)	19 (N = 169)	20 (N = 129)
Cluster 1	4.3%	3.2%	11.1%	15.2%	10.8%	13.0%	17.1%
Cluster 2	14.9%	33.6%	23.5%	32.3%	30.8%	36.7%	38.8%
Cluster 3	19.2%	12.8%	11.8%	14.1%	9.2%	7.1%	7.0%
Cluster 4	61.7%	50.4%	53.6%	38.4%	49.2%	43.2%	37.2%
Soma	100%	100%	100%	100%	100%	100%	100%
1990		(N = 105)	(N = 132)	(N = 186)	(N = 176)	(N = 162)	(N = 121)
Cluster 1	0%	41.9%	34.9%	37.6%	39.8%	43.8%	39.7%
Cluster 2	0%	10.5%	18.9%	19.4%	21.0%	14.2%	20.7%
Cluster 3	0%	40.0%	35.6%	24.7%	25.6%	24.1%	18.2%
Cluster 4	0%	7.6%	10.6%	18.3%	13.6%	17.9%	21.5%
Soma	0%	100%	100%	100%	100%	100%	100%

enquanto os jovens mais velhos pertencem mais ao cluster um ou, em todo o caso, ao cluster dois. Os cluster um e dois caracterizam-se sobretudo por poucas experiências de vida importantes, enquanto os jovens dos cluster três ou quatro viveram tendencialmente mais experiências de vida importantes na área interpessoal. Esta averiguação é importante porque o número de experiências de vida importantes aumenta, por princípio, com a idade (ver capítulo 8.2.1). A tendência relacionada com a idade das frequências dos quatro cluster vai contra a distribuição das experiências de vida importantes e não pode, por isso, ser interpretada com esta escala. Aparentemente, esta tendência da idade só pode ser interpretada com uma combinação específica das escalas e não pode ser reenviada para os efeitos casuais de idade, de cada uma das escalas.

Amostra de 1990: Na amostra de 1990, não existem jovens de 14 anos. Como já acontecia na amostra de 1988, as frequências dos jovens nos cluster um e dois têm tendência a aumentar com a idade. É possível calcular uma subida significativa das frequências no cluster quatro, embora não seja contínua ($Chi^2 = 11.43$; gl = 5; p < .05).

Existe uma diminuição significante das frequências no cluster três (Chi^2 = 15.03; gl = 5; p < .05). Enquanto os jovens mais novos se encontram preferencialmente no cluster três, os mais velhos distribuem-se em três cluster diferentes (cluster um, dois e quatro). Apesar de não ser possível refutar esta averiguação na amostra de 1988, ela indica várias formas de evolução da forma como a relação dos jovens com os pais se pode transformar. No geral, o sentimento de controle e a estimativa da importância do controle sobre a relação dos pais têm tendência a subir, embora a alguns jovens sucedam muitas experiências de vida importantes e aos jovens mais velhos não.

Resumindo, a investigação analítica de cluster da emancipação da tutela parental não apresenta resultados finais. Apesar de os valores médios de escala das soluções cluster serem semelhantes em duas amostras, não foi possível calcular nenhum efeito comparável. Em ambas as amostras foi, no entanto, possível encontrar indícios de que a separação dos pais pode apresentar diferentes formas de evolução. Enquanto a amostra de 1988 tinha diferenciado sobretudo dois tipos de evolução, foi observado um processo de diferenciação na amostra um, segundo o qual os jovens mais novos podem ser congregados essencialmente num tipo, enquanto os mais velhos se distribuem por três tipos diferentes. Estas análises não podem responder conclusivamente à questão da uni- ou multidimensionalidade da separação dos pais, porque os resultados não podem ser replicados, mas dão os primeiros indícios. Mais investigação sobre este ponto será necessária.

8.2.5 INTERPRETAÇÃO RESUMIDA E PRIMEIRA CONCLUSÃO

Partindo das reflexões teóricas, foi formado um escalograma que demonstra um coeficiente de reprodução satisfatório na amostra de 1990 e aceitável na amostra de 1988. O efeito tempo não pôde ser contestado. Este escalograma está, contudo, relacionado com a idade, como o demonstram as análises do estudo longitudinal. As análises do estudo transversal comprovam a passagem do tipo um para o tipo dois e do tipo três para o tipo quatro. Nos jovens mais novos pode mesmo ser comprovada a passagem contínua do tipo um para o quatro. Estes quatro tipos só concordam de forma mediana com os grupos formados na base da análise de cluster. Estes grupos cluster são específicos da idade e oferecem indícios da multidimensionalidade dos processos de separação dos pais. Contudo, as análises não possibilitam a réplica de nenhum dos resultados, reservando-se por isso a clarificação final da questão para investigações vindouras.

Na amostra do estudo transversal foram testadas hipóteses alternativas que implicariam uma modificação do modelo de evolução da separação dos pais. Chama, por exemplo, a atenção o facto de, em todas as variantes dos modelos de evolução investigados no estudo transversal, surgir com mais frequência a passagem de um tipo no qual as experiências de vida importantes aparecem na sequência de fases, do que na passagem desse tipo para os seguintes. Esta averiguação contestada é um indício do facto de as experiências de vida importantes poderem ser de facto interpretadas na psicologia do desenvolvimento. Contudo, as experiências de vida importantes só suportam o desenvolvimento, quando combinadas com outras variáveis, como o demonstram as análises com os grupos formados a partir da análise de cluster.

Com a apresentação de uma confiança apenas satisfatória, foi possível comprovar o modelo seguinte na sua evolução: os jovens passam para a fase dois devido às experiências de vida importantes. Eles encontram novos valores próprios e querem influenciar também os conflitos com os pais, o que se reflecte numa elevada estimativa da importância do controle sobre os conflitos com os pais. Este aumento da estimativa da importância do controle reflecte, possivelmente, um esforço reflexivo possível dos jovens, que leva a uma mudança de valores num plano-meta. É porque o controle é previsto ser mais importante, que o sentimento de controle sobe, no caso mais favorável. O objectivo proposto tem como reacção um aumento da competência e da confiança na determinação própria.

Estes processos caracterizam-se operacionalmente através das quatro fases seguintes:

- O ponto de partida de um ciclo determinado de desenvolvimento caracteriza-se pela falta de experiências de vida importantes na área interpessoal, pela baixa estimativa da importância do controle e o reduzido sentimento de controle, no conflito com os pais.
- Uma passagem para a fase dois é iniciada através de experiências de vida importantes.
- A fase três caracteriza-se pela subida da estimativa da importância do controle. Os novos valores vão estabelecer uma direcção e motivar o alcance de novas competências.
- Na fase quatro, o sentimento de controle e a estimativa da importância do controle são elevados, apesar da presença de experiências de vida importantes. Esta fase é indicada como a conclusão provisória da separação dos pais e designada pela noção relação com os pais relativamente autónoma.

Estas quatro fases concordam em alto grau com as quatro fases teóricas da separação dos pais postuladas. Empiricamente, podem ser comprovadas com uma fiabilidade aceitável, sobretudo para a coorte dos jovens mais novos no estudo transversal e longitudinal, na sua sequência. No entanto, uma sequência alternativa apresentou um padrão de sequência mais claro, apesar de ter uma fiabilidade mais baixa no estudo transversal: as fases um e dois concordam com o escalograma apresentado acima. A passagem para a fase três caracteriza-se por uma subida do sentimento de controle. Só depois é que sucede uma mudança de valores na fase quatro, dentro da qual o controle sobre a relação com os pais passa a ter mais importância. Este processo não deve ser entendido como uma acção de desenvolvimento direccionada para um objectivo, mas sim como uma mudança de valores, através da reflexão sobre a relação com os pais.

Apesar de, empiricamente, quase não existirem regredidos neste processo de separação, ele é relativamente raro e não é válido, para a maioria dos jovens. O processo de separação conforme à teoria, pelo contrário, observa-se mais frequentemente. *Por estas razões, os tipos um a quatro são interpretados como fases que são atravessadas de forma normal, durante o processo da separação dos pais.*

9. VALIDAÇÃO E SUA RELAÇÃO À TEORIA

NO CAPÍTULO 8, foram demonstradas as características dos escalogramas relativos à identidade pessoal e à relação com os pais. Vamos agora estudar a validação destes dois escalogramas. Nesse processo, devem ser verificadas as hipóteses quatro e cinco (ver capítulo 6.3), nomeadamente:

– hipótese quatro: o desenvolvimento da identidade pessoal e da separação dos pais estão correlacionados. Não se prevêem diferenças importantes (desfasamentos) de conteúdos específicos

– hipótese cinco: a identidade pessoal e a relação com os pais estão relacionadas com o bem-estar.

Para a verificação destas duas hipóteses, utilizam-se as duas amostras de tipo longitudinal dos anos 1988 e 1990. Estas duas fases de dados de tipo longitudinal representam jovens de todos os níveis etários, dos 14/15 anos aos 20 anos, sendo os dados generalizados a toda a adolescência. As duas amostras do estudo longitudinal não são reunidas em apenas uma, porque devem evitar a confusão com o factor tempo. Para além disso, as análises separadas segundo o período de medição permitem a réplica dos resultados, através de uma segunda amostra independente, num outro período de medição. Os resultados replicados reforçam a demonstração das hipóteses e são mais fiáveis.

Devido à operacionalização específica por sexo dos estatutos de identidade, compreende-se imediatamente que a distribuição específica destes estatutos não se diferencia, para nenhum dos dois pontos de medição, entre rapazes e raparigas. As análises não precisam, por isso, de ser realizadas especificamente por sexo.

9.1 RELAÇÃO ENTRE IDENTIDADE PESSOAL E RELAÇÃO COM OS PAIS

Na verificação da hipótese quatro, trata-se da questão: como é que se comportam os dois conteúdos da identidade, um em relação ao outro? A identidade da maior parte dos jovens é congruente ou podem-se encontrar, no desenvolvimento da identidade, os chamados "décalages horizontaux"? Waterman (1985) postulou, no seu interessante artigo de síntese, que a identidade deveria ser analisada pelo conteúdo específico. Isso melhoraria o valor explicativo do *constructo*. Ele demonstrou, numa pequena meta-análise, que os efeitos do desenvolvimento nos conteúdos específicos podem ser encontrados empiricamente. Goossens & Schillebeeks (1994) pelo contrário, demonstraram que os jovens que concordam, em várias áreas, no seu estatuto de identidade, também se encontram nos mesmos respectivos estatutos globais de identidade.

A questão da especificidade de conteúdo de ambos os escalogramas pode ser comprovada quando se observa a concordância entre identidade pessoal e relação com os pais. Prevê-se uma concordância média, porque as dimensões que serviram de base aos escalogramas são semelhantes, mas diferenciam-se nos conteúdos.

9.1.1 MÉTODO

Com as amostras do estudo longitudinal de 1988 e 1990, deve ser descrita a repartição das frequências das fases da identidade pessoal e da relação com os pais, dependendo do período de medição, assim como a concordância. É demonstrada uma concordância alta num posicionamento acima das células da diagonal e num posicionamento inferior às restantes células. O teste é um teste de Chi^2 com $(4-1) \times (4-1) = 9$ graus de liberdade.

9.1.2 RESULTADOS

Na tabela 9.1, as frequências das fases, consideradas separadamente das amostras de 1988 e de 1990 estão em conjunto. Em 1988, no total, foram considerados 373 (37.6%) jovens na análise. Este número é pequeno, comparado com a amostra total $(N = 937)$, porque, nesta análise, só foram tidos em conta os jovens para os quais existia um valor da identidade pessoal e do estatuto de separação. Desses jovens, podem ser considerados 56 na fase um, 102 na fase dois, 53 na fase três e 126 na fase quatro da identidade pessoal. As fases de separação estão distribuídas de maneira a que sejam atribuídos 74 jovens à fase um, 34 à fase dois, 90 à fase três e 139 à fase quatro. Existem significativamente mais jovens que estão em concordância na sua fase que previsto (Chi$^2 = 83.86$; gl = 9; p < .001) mais precisamente 42%. O V de Cramer é de V = .288.

Na amostra do estudo longitudinal de 1990, com, no total, 910 jovens, só é possível definir a fase da identidade pessoal e da separação dos pais de 369 (40.5%) jovens (tabela 9.1). São considerados 69 jovens na fase um, 123 na fase dois, 76 na fase três e 101 na fase quatro do desenvolvimento da identidade pessoal. Desses jovens, 25 são distribuídos na fase um da emancipação dos pais, 46 na fase dois, 109 na fase três e 189 na fase quatro. 34% dos jovens na fase do desenvolvimento da identidade pessoal e da separação dos pais

TABELA 9.1

Relação da identidade pessoal e relação com os pais
(estudo longitudinal de 1988 e de 1990)

1988 Id. Pessoal	Fase 1	Fase 2	Fase 3	Fase 4	Rel. c/ os pais Soma
Fase 1	33	4	10	9	56
Fase 2	24	15	30	33	102
Fase 3	...8	9	17	19	53
Fase 4	...9	...6	...33	...78	126
Soma	74	34	90	139	337
1990 Id. Pessoal	Fase 1	Fase 2	Fase 3	Fase 4	Rel. c/ os pais Soma
Fase 1	14	13	21	21	69
Fase 2	7	18	40	58	123
Fase 3	1	8	26	41	76
Fase 4	3	7	22	69	101
Soma	25	46	109	189	369

estão em concordância uns com os outros, para além do acaso e mais do que o valor esperado (Chi ^{2} = 44.8; gl=9; p<.001). O V de Cramer é de V=.201. Este resultado contesta o resultado da amostra longitudinal de 1988.

9.1.3 INTERPRETAÇÃO E RESUMO DO CAPÍTULO

Apesar de a distribuição de frequências ser desigual, de acordo com o valor Chi^2, ambos os escalogramas têm tendência para dependerem pouco um do outro (ver também Backhaus *et al.*, 1994). A concordância é de 42% ou 34%, apesar das dimensões semelhantes que serviram de base. Esta averiguação justifica a verificação posterior do conteúdo específico dos escalogramas. Os dados revelam apenas uma leve tendência em que as fases de desenvolvimento atingidas são determinadas para além do conteúdo e que os desfasamentos, os chamados "décalages horizontaux", são relativamente frequentes.

246 : DESENVOLVIMENTO E IDENTIDADE NA ADOLESCÊNCIA

A concordância entre os dois escalogramas também poderia ser um artefacto do plano da prova, já que o leque de idades está restringido a sete anos (14-20 anos). Em seguida, a operacionalização tinha como consequência que todos os jovens, no interior de cada área, fossem distribuídos regularmente num estatuto de identidade e de separação. Esta crítica só pôde ser desactivada e posta à prova com um grande leque de idades, numa nova investigação.

Resumindo, a hipótese quatro tem de ser negada, tendencialmente. Apesar de existir uma certa dependência mútua entre os escalogramas da identidade pessoal e da relação com os pais, surgem vários desfasamentos no desenvolvimento entre os dois conteúdos de identidade. Esta averiguação pode ser interpretada enquanto prova para o facto de a identidade dever ser analisada em relação à especificidade do conteúdo.

9.2 DESENVOLVIMENTO DO BEM-ESTAR

O bem-estar é uma medida global para a situação da disposição de uma pessoa (ver capítulo 3.3). Reflecte a experiência cognitiva de quanto o desejo e as circunstâncias de facto são concordantes ou da medida em que podem influenciar as necessidades pessoais. O bem-estar também pode ser entendido como uma emoção, no sentido de uma avaliação subjectiva da vida pessoal e das experiências quotidianas. Ele resulta de processos de valorização na superação do quotidiano e torna-se assim numa dimensão da identidade. Um bem-estar elevado é característico de uma identidade pessoal integrada e de relações sociais satisfatórias, ou seja, é uma característica de um equilíbrio psicossocial geral.

Com Grob *et al.* (1992), diferenciam-se e operacionalizam-se dois aspectos independentes do bem-estar: o contentamento e a situação negativa. O contentamento é constituído pelas dimensões atitude positiva perante a vida, auto-estima, alegria de viver e baixa disposição depressiva. As dimensões da disposição negativa são, segundo Grob *et al.* (1992), queixas físicas e reacções, como também a consciência dos problemas. O contentamento é uma medida para as experiências positivas e para a prosperidade. A disposição negativa, pelo contrário, reflecte emoções negativas, como as que podem, por exemplo, surgir numa crise. Supõe-se, com Headey *et al.* (1984), que estas duas escalas são independentes uma da outra, ou seja, que não pode existir ao mesmo tempo uma disposição negativa e um contentamento elevados. Estas dimensões estão disponíveis como escalas da presente investigação.

Espero que os jovens com uma identidade pessoal mais integrada ou com uma separação avançada dos pais se tornem cada vez mais felizes, já que o contentamento é uma medida para a congruência que é atribuída a uma identidade pessoal integrada e a uma relação simétrica e autónoma, relativamente aos pais. Havighurst já postulava que o contentamento se regulava na base do domínio das tarefas de desenvolvimento. Por outro lado, a disposição negativa dos jovens aos quais sucederam experiências de vida importantes na área interpessoal que ainda não foram superadas, é mais elevada do que a dos outros jovens. A disposição negativa comprova a hipótese de que as experiências de vida importantes não superadas podem provocar experiências e, assim, emoções negativas. Estas análises são entendidas como validações de *constructo* dos escalogramas da identidade pessoal e da relação com os pais.

Nestas análises, não se correlacionam propositadamente as dimensões individuais dos escalogramas com as escalas do bem-estar, mas os escalogramas são antes entendidos e validados enquanto todo. A combinação específica das escalas, com as quais os escalogramas são construídos, deverá ser aqui comprovada. Nesse processo, o escalograma deverá ser validado, uma vez que já se tinha tornado claro nas análises do desenvolvimento da identidade, que os tipos de escala podem ter outras características que as escalas individuais. O objectivo das análises não reside primariamente no efeito central, mas sim na análise de contraste.

9.2.1 MÉTODO

A verificação das teses propostas acima, é feita com base nos princípios da recolha de dados do estudo longitudinal de 1988 e de 1990. Calcula-se, para cada um dos períodos de medição, uma análise de co-variância unifactorial multivariate [1] com os respectivos factores identidade pessoal e separação dos pais, a co-variante idade. A idade poderia ser confundida com o bem-estar e a identidade no sentido de uma condição comum e é por isso retirada e dividida em parcelas nas análises da identidade pessoal e da relação com os pais. A auto-estima serve de co-variante nas análises com a identidade pessoal porque os efeitos só poderiam surgir com base numa correlação da auto-estima com as outras escalas de bem-estar. As variáveis dependentes são a atitude positiva perante a vida, a alegria de viver, a disposição depressiva, a consciência dos problemas e as queixas físicas e reacções. A escala de auto-estima não pode ser utilizada para a validação da identidade pessoal por ser uma característica da mesma. Contudo, isto não se verifica relativamente ao factor de relação com os pais.

As escalas das variáveis dependentes têm escalas de intervalos e demonstram variâncias homogéneas. A análise da variância é robusta, pelo facto de o tamanho das presentes amostras ir um pouco além das condições normais.

9.2.2 RESULTADOS

Os resultados da identidade pessoal e da relação com os pais são apresentados separadamente. Eles serão primeiro debatidos tendo como base a amostra de 1988 e, em seguida, serão complementados com a amostra de 1990.

---

[1] Em inglês no original.

9.2.2.1 IDENTIDADE PESSOAL

Os estatutos de *identidade pessoal* diferenciam-se significativamente no teste multivariado, relativo aos dados de 1988, no que diz respeito às escalas do bem-estar (Hotelling-Lawley Trace $F = 2.32$; $gl = 16,1487$; $p < .01$). Pode-se supor que existe uma variação sistemática entre as fases da identidade pessoal e das variáveis dependentes. É por isso que os testes univariados podem ser interpretados. Os valores médios correspondentes estão resumidos na tabela 9.2.

TABELA 9.2

Identidade pessoal e escalas de bem-estar: valores médios e desvios padrão (D.P.; estudo longitudinal de 1988 e de 1990; ***: p<.001; **: p<.01; *: p<.05; ns.:não significativo; >/<: contraste significativo

1988	Fase 1 N=103	DP		Fase 2 N=137	DP		Fase 3 N=98	DP		Fase 4 N=194	DP	p
Atitude positiva												
perante a vida	4.15	.59		4.17	.57	<	4.57	.56	<	4.76	.55	*
Alegria de viver	3.39	1.14		3.46	.94		3.86	.95	<	4.33	.94	**
Disposição depressiva	2.58	1.06	>	2.30	.71		1.77	.73		1.78	.65	**
Consciência												
dos problemas	2.60	.88		2.56	.81		2.28	.80		2.21	.69	Ns.
Queixas físicas	2.04	.87		2.09	.90		1.76	.82		1.68	.70	Ns.
1990	N=125	DP		N=160	DP		N=113	DP		N=130	DP	P
Atitude positiva												
perante a vida	4.19	.61		4.17	.61		4.71	.50		4.88	.55	Ns.
Alegria de viver	3.35	.92	<	3.65	.92		4.09	.85		4.38	1.00	**
Disposição depressiva	2.41	.79		2.30	.73		1.79	.58		1.58	.53	Ns.
Consciência												
dos problemas	2.46	.77	<	2.77	.8		2.23	.64		2.16	.63	*
Queixas físicas	2.00	.94		2.09	.90	>	1.77	.74		1.80	.82	**

Os valores da escala *atitude positiva* perante a vida são significativamente diferentes entre *estatutos de identidade* ($F = 2.66$; $gl = 3, 501$; $p < .01$) A co-variante auto-estima também está correlacionada de forma significativa ($F = 79.21$; $gl = 1, 501$; $p < .001$) assim como a idade ($F = 9.71$; $gl = 1,501$; $p < .001$). A atitude positiva perante a vida sobe continuamente, como previsto, da fase dois para a fase quatro. Quando se comparam, em análises contrastantes, com os

250 : DESENVOLVIMENTO E IDENTIDADE NA ADOLESCÊNCIA

respectivos estádios de factores vizinhos, só a fase dois se distingue de forma significativa da fase três (F = 4.38; gl = 1,596; p < .05) e a fase três da fase quatro (F = 6.27; gl = 1,596; p < .05).

Também a *alegria de viver*, em média, diferencia-se significativamente segundo as fases de identidade pessoal (F = 4.94; gl = 3, 501; p < .01). A co-variante auto-estima (F = 11.8; gl = 1, 501; p < .001) correlaciona-se significativamente, assim como a co-variante idade (F = 11.7; gl = 1, 501; p < .001). A alegria de viver sobe continuamente, como previsto, da fase um para a fase quatro. A fase três não se distingue significativamente da fase quatro (F = 13.2; gl = 1, 501; p < .001).

A *disposição depressiva* é a terceira escala, que se diferencia significativamente do escalograma da identidade pessoal (F = 3.86; gl = 3,501; p < .01). A co-variante auto-estima também apresenta correlacões significativas (F = 26.68; gl = 1, 501; p < .01), mas não a co-variante idade. A disposição depressiva média diminui continuamente, de acordo com as previsões, da fase um da identidade pessoal para a fase quatro da mesma. A diminuição atinge um valor significativo entre as fases um e dois (F = 8.93; gl = 1, 501; p < .01).

Ambas as escalas da disposição negativa, pelo contrário, não apresentam diferenças significativas entre as quatro fases da identidade pessoal.

O bem-estar aumenta, portanto, em conformidade com as hipóteses, em todas as escalas de contentamento, o que se confirma pelas análises contrastantes. Apesar de a auto-estima estar correla-cionada com todas estas escalas, ela não pode explicar este efeito porque a influência através das co-variadas foi retirada e dividida em parcelas. Aparentemente, os jovens, no decurso da fase um à fase quatro, tornam-se mais congruentes e sofrem menos tensões negativas, o que é coerente com a teoria apresentada. Para além disso, o resultado comprova a tese de Havighurst (1972), que diz que a superação de tarefas de desenvolvimento implica o aumento do bem-estar.

Por outro lado, a segunda hipótese, segundo a qual as experiências de vida importantes trariam consigo uma subida da disposição negativa, não pôde ser comprovada. As análises da amostra de 1990 podem, provavelmente, trazer conclusões sobre este assunto.

A mesma análise, como foi descrita acima, foi replicada pela amostra do estudo longitudinal de 1990. Os resultados estão resumidos na tabela 9.2. Como já em 1988, o efeito principal diferencia-se quanto aos estatutos da identidade pessoal, no teste multivariado, de forma significativa (Hotelling-Lawley Trace $F = 2.55$; $gl = 15,1550$; $p < .001$). Por essa razão, os testes univariados podem ser interpretados.

A *atitude positiva perante a vida* e a *disposição depressiva* não se diferenciam de forma significativa, em 1990, entre *estatutos de identidade pessoal*. Em ambas as variáveis dependentes, é possível calcular uma correlação alta em relação à auto-estima (atitude positiva perante a vida: $F = 100.23$; $gl = 1,522$; $p < .001$; disposição depressiva: $F = 83.6$; $gl = 1,522$; $p < .001$).

A expressão do factor *alegria de viver*, em média, diferencia-se pelo contrário, entre fases de identidade pessoal, conforme previsto ($F = 4.37$; $gl = 3,522$; $p < .001$). A co-variante auto-estima também se correlaciona significativamente ($F = 18.0$; $gl = 1,522$; $p < .001$) e com a idade ($F = 5.61$; $gl = 1,522$; $p < .05$). A alegria de viver sobe continuamente da fase um à fase quatro e atinge um valor significativo entre a fase um e a dois ($F = 7.42$; $gl = 1,522$; $p < .001$).

As fases da identidade pessoal não são significativamente diferentes na escala *consciência dos problemas* ($F = 3.71$; $gl = 3,522$; $p < .05$). A co-variante auto-estima atinge um valor F significativo ($F = 25.8$; $gl = 1, 522$; $p < .001$), assim como a idade ($F = 4.25$; $gl = 1, 522$; $p < .05$). Os jovens na fase dois da identidade pessoal têm uma consciência significativamente mais alta dos problemas, do que os jovens na fase um ($F = 11.1$; $gl = 1,522$; $p < .01$).

Os valores da escala *queixas físicas e reacções* diferenciam-se de forma significativa segundo os estatutos de identidade pessoal ($F = 3.83$; $gl = 3,522$; $p < .01$). A co-variante auto-estima indica um valor F significativo ($F = 42.86$; $gl = 1,522$; $p < .001$), mas a co-variante idade não. Os jovens na fase dois indicam mais queixas físicas e reacções do que os jovens na fase três ($F = 4.34$; $gl = 1,522$; $p < .05$). No entanto, assim como sucede com a consciência dos problemas, não se observou nenhuma tendência ao quadrado, como postulado, mas sim uma diminuição das queixas físicas no percurso da fase dois à fase quatro.

Os resultados da amostra de1990 são semelhantes aos resultados da amostra de 1988, mas não iguais. A relação com a escala *alegria de viver* foi a única que pôde ser replicada de forma exacta. A réplica da relação linear entre o escalograma e a escala *atitude positiva perante a vida* e a *disposição depressiva* falhou por ter uma influência demasiado forte da co-variante *auto-estima*. Esta parece ter uma correlação especialmente alta com estas duas escalas.

Ao contrário da amostra de 1988, foi possível calcular aqui as relações com ambas as escalas de *disposição negativa, consciência dos problemas* e *queixas físicas e reacções*. Na fase dois, que é caracterizada por muitas experiências de vida importantes com baixa auto-estima e baixo sentimento de controlo, a expressão de ambas as escalas é a mais alta; os valores diminuem depois continuamente da fase dois à fase quatro. Aparentemente, as duas variáveis *auto-estima* e *sentimento de controlo* reagem cada uma como um pára-choques (recursos pessoais), que ameniza a reacção das experiências de vida negativas. Esta função das duas variáveis já foi referida repetidamente, durante a construção do conceito de identidade, discutida por exemplo no capítulo 5.1.5.

Resumindo, o contentamento aumenta de forma contínua durante a evolução da fase um para a fase quatro, enquanto a disposição negativa, em geral, tem tendência a diminuir. A relação com a escala *alegria de viver* é a mais forte e pôde ser replicada de forma exacta nas duas amostras.

9.2.2.2 RELAÇÃO COM OS PAIS E BEM-ESTAR

Os valores das escalas de bem-estar diferenciam-se significativamente no teste multivariado, relativamente a 1988, nos *quatro estatutos de separação* (Hotelling-Lawley Trace $F = 6.16$; $gl = 18,1373$; $p < .001$). Por essa razão, os testes univariados podem ser interpretados. Na tabela 9.3, está apresentada uma tabela dos valores médios respectivos.

TABELA 9.3

Relação com os pais e escalas de bem-estar: valores médios e desvios padrão (D.P.) estudo longitudinal de 1988 e de 1990; ***: p<.001; **: p<.01; *: p<.05; ns.:não significativo; >/<: contraste significativo)

1988	Fase 1 N=98	DP		Fase 2 N=45	DP		Fase 3 N=120	DP		Fase 4 N=215	DP	p
Atitude positiva												
perante a vida	4.35	.69		4.24	.56		4.35	.56	<	4.58	.56	***
Alegria de viver	3.31	1.00		3.44	1.10		3.69	.96	<	4.26	.93	***
Auto-estima	4.25	.79		4.47	.68		4.57	.77	<	4.77	.77	***
Disposição depressiva	2.37	1.06	>	1.92	.69		2.14	.79	>	1.85	.63	***
Consciência												
dos problemas	2.27	.90		2.48	.79		2.49	.81		2.43	.74	Ns.
Queixas físicas	1.89	.78		2.02	.73		1.95	.81		1.95	.85	Ns.
1990	N=34	DP		N=67	DP		N=160	DP		N=315	DP	P
Atitude positiva												
perante a vida	4.24	.69		4.36	.67		4.37	.61	<	4.57	.61	***
Alegria de viver	3.28	1.02	<	3.71	.97		3.86	.96	<	4.19	.92	***
Auto-estima	4.36	.72		4.57	.75		4.66	.85		4.81	.73	**
Disposição depressiva	2.33	.80	>	2.07	.77		2.01	.75		1.94	.69	*
Consciência												
dos problemas	1.99	.70	<	2.50	.82		2.58	.79		2.58	.80	***
Queixas físicas	1.75	.81		2.04	.94		1.94	.80		2.04	.92	Ns.

A quantidade de *atitudes positivas perante a vida* diferencia-se significativamente segundo as fases de separação dos pais (F = 8.04; gl = 3,46; p < .001). A co-variante idade não é significativa. A *atitude positiva perante a vida* sobe, da fase dois para a fase quatro, e, significativamente, entre a fase três e a fase quatro (F = 12.26; gl = 1,464; p < .001).

Na escala *alegria de viver*, sobem os valores de forma significativa (F = 20.8; gl = 3,464; p < .001). Também a co-variante idade se torna significativa (F = 13.7; gl = 1,464; p < .001). É possível verificar a mesma tendência de diferença significativa entre a fase três e a fase quatro (F = 25.15; gl = 1,464; p < .001).

A *auto-estima* dos jovens sobe também no decurso da fase um a quatro, de forma significativa (F = 8.59; gl = 3,464; p < .001). A co-variante idade não se relaciona de forma significativa com a *auto-estima*. Esta sobe, sobretudo entre a fase dois e quatro dos estatutos de separação dos pais (F = 4.52; gl = 1,464; p < .05).

254 : DESENVOLVIMENTO E IDENTIDADE NA ADOLESCÊNCIA

A *disposição depressiva* dos jovens é diferente em cada uma das fases de separação dos pais (F = 11.61; gl = 3,464; p < .001). Mas, mais uma vez, não foi possível encontrar uma relação com a idade. A tendência para a depressão, revelada pelos jovens na fase um, é mais alta do que a dos jovens na fase dois (F = 10.13; gl = 1,464; p < .01). O mesmo acontece com os jovens na fase três, que são significativamente mais depressivos do que os jovens na fase quatro (F = 11.56; gl = 1,464; p < .01). Por outro lado, a disposição depressiva sobe, da fase dois para a fase três, embora não o faça de forma significativa, ao contrário do que se previa.

Nas duas escalas da disposição negativa, *consciência dos problemas* e *queixas corporais e reacções*, os valores apresentados pelos jovens não se diferenciam de forma significativa uns dos outros. A réplica desta análise, através da amostra do estudo longitudinal de 1990, pode trazer um esclarecimento.

No total, os jovens parecem tornar-se mais satisfeitos no decurso da emancipação da tutela parental e, no geral, menos depressivos. Esta averiguação reconduz, sobretudo, ao aumento do contentamento entre a fase três e a fase quatro. É interessante constatar que o contentamento dos jovens na fase um, na maioria das escalas de contentamento, não é mais elevado do que o dos jovens na fase dois, apesar de esta fase se caracterizar por conter muitas experiências de vida importantes. As experiências de vida importantes na área interpessoal, só por si, não parecem exercer nenhuma forte reacção sobre o contentamento, quando o sentimento de controlo e a estimativa da importância do controlo se mantêm simultaneamente constantes. Estes resultados podem ser agora avaliados criticamente, com base nos resultados da amostra de 1990.

Os jovens nos diferentes *estatutos de separação* diferenciam-se significativamente, em 1990, nas escalas de bem-estar (Hotelling--Lawley Trace F = 4.73; gl = 18,1694; p < .001). Por essa razão, serão apresentados os efeitos univariados. Os valores médios correspondentes estão apresentados na tabela 9.3

Os valores da *atitude positiva perante a vida* diferenciam-se significativamente entre estatutos de separação (F = 6.71; gl = 3,571;

p < .001). A co-variante idade, por outro lado, não se correlaciona significativamente com a *atitude positiva perante a vida*. Esta aumenta de forma contínua da fase um para a fase quatro de separação dos pais, tornando-se estatisticamente significativa entre as fases três e quatro (F = 11.54; gl = 1,571; p < .001).

Também o factor *alegria de viver* apresenta diferenças significativas em função dos estatutos de separação 1990 (F = 12.56; gl = 3,571; p < .001). A idade não tem nenhum efeito recíproco significativo com a escala *alegria de viver*. Esta sobe continuamente da fase um para a fase quatro, tornando-se a diferença significativa nas passagens da fase um para a fase dois (F = 4.70; gl = 1,571; p < .05) e da fase três para a fase quatro (F = 12.44; gl = 1,571; p < .001)

Na escala *auto-estima,* os valores dos jovens sobem continuamente, da fase um para a fase quatro da separação (F = 4.00; gl = 3,571; p < .01) dos pais. A idade co-varia também de forma significativa com a *auto-estima* (F = 5,69; gl = 1,571; p < .05). No entanto, nenhum dos contrastes atinge o limite de significação.

Os valores da escala *disposição depressiva* diminuem continuamente entre as fases de separação dos pais (F = 3.07; gl = 3,571; p < .05). A idade não co-varia de forma significativa com a disposição depressiva. A disposição depressiva diminui significativamente da fase um para a fase dois, quase de forma significativa (F = 2.93; gl = 1,571; p < .10)

Os valores da escala *consciência dos problemas* sobem de forma contínua, entre as fases de separação dos pais (F = 6.01; gl = 3,571; p < .001). A co-variante idade não se correlaciona com a *consciência dos problemas*. Os jovens, na fase um de separação dos pais, têm uma consciência dos problemas significativamente mais profunda, do que os jovens na fase dois (F = 9.44; gl = 1,571; p < .01).

Por outro lado, os jovens não se diferenciam de forma significativa nas escalas da separação dos pais de 1990, na escala *queixas corporais e reacções*.

9.2.3 INTERPRETAÇÃO E RESUMO DO CAPÍTULO

A réplica da averiguação que indica que os valores de contentamento, na maioria das escalas, apresentam diferenças significativas entre as fases um e quatro, é satisfatória porque aumenta e diminui *continuamente*. Por outro lado, são poucos os contrastes que são eliminados de forma significativa. Estes resultados da amostra de 1990 replicam os resultados da amostra de 1988, em relação às escalas *atitude positiva perante a vida, alegria de viver, auto-estima, disposição depressiva* e *queixas físicas*. A tese de Havighurst (1972), em que a superação da tarefa de desenvolvimento emancipação da tutela parental proporciona contentamento, é comprovada por estes factos. Na amostra de 1990 surge, como resultado, a imagem diferenciada que aumenta a consciência dos problemas, subindo também o contentamento e diminuindo, simultaneamente, a disposição depressiva. Seria possível que os jovens se tornassem mais felizes com o aumento da independência mas que, ao mesmo tempo, reflectissem e aprendessem com os problemas que os preocupam e por cuja solução eles também são responsáveis.

A hipótese de que os jovens demonstram uma disposição negativa elevada quando lhes sucedem experiências de vida importantes na área interpessoal que não conseguiram superar, tende a ser rejeitada. Por outro lado, a disposição negativa durante a separação dos pais tem tendência a aumentar, contanto que se distinga, de todo, das fases de separação dos pais, já que as relações entre as fases de separação dos pais e as escalas de disposição negativa são, no geral, mais fracas do que a relação com as escalas do contentamento.

É interessante constatar que os jovens se sentem pior na fase um da separação dos pais do que na fase dois, apesar de esta se caracterizar por experiências de vida importantes com sentimento de controlo profundo e baixa estimativa da importância do controlo. Impõe-se a questão, se as experiências de vida importantes devem ser, de facto, percepcionadas enquanto provocadoras de stress, que pesam sobre a pessoa. É verdade que, na amostra de 1990, a consciência dos problemas aumenta significativamente, da fase um para a fase dois, e, ao mesmo tempo, a alegria de viver. A mesma averiguação está patente na amostra de 1988. Além disso, as experiências de vida importantes foram medidas com outro método. Este efeito parece estar condicionado pelos métodos de questionamento e período de medição. Na presente investigação, foi possível interpretar as experiências de vida importantes, no sentido da teoria apresentada (capítulo 3.1) não enquanto provocadoras de stress para os jovens, mas sim enquanto tarefas e oportunidades de desenvolvimento, cuja influência positiva sobre o desenvolvimento foi tida em consideração. Aparentemente, as tarefas e oportunidades de desenvolvimento não prejudicam o bem-estar em todos os casos. Esta averiguação suporta a validade da presente operacionalização.

No total, pode-se afirmar que, em duas amostras diferentes, da fase um para a fase quatro, a separação dos pais, a auto-estima, a alegria de viver e a consciência dos problemas aumentam de forma contínua, enquanto que diminui a depressividade. As queixas corporais, pelo contrário, não se diferenciam significativamente em função das diferentes fases de separação dos pais. Esta averiguação valida o escalograma de separação dos pais.

Neste capítulo, foi possível comprovar a hipótese cinco, que indica que diversas escalas de bem-estar não co-variam, na maior parte das vezes, com a idade, mas co-variam com os escalogramas da identidade pessoal e da relação com os pais. O bem-estar não é, primariamente, uma função da idade, mas existe uma relação que determina em qual das fases de superação de tarefas de desenvolvimento o jovem se encontra.

O modelo de desenvolvimento sugerido subordina a passagem de estruturas confirmadas ao stress, para a superação e o bem-estar. Os resultados demonstraram que, aparentemente, os jovens em geral, não sentem um peso extremo com as experiências de vida importantes, sendo esse peso, pelo contrário, bastante leve, permitindo utilizar as experiências para continuar o seu desenvolvimento.

Por outro lado, foi também possível provar que a sequência de fases termina com o bem-estar (fase quatro), de acordo com a hipótese. Esta averiguação é interpretada como prova para o facto de os jovens terem alcançado um novo equilíbrio psicossocial na sua auto-imagem.

A fase das estruturas confirmadas (fase um) e a fase da superação (fase três) não puderam, pelo contrário, ser provadas nem refutadas. Para clarificar o conteúdo e a estrutura de ambas as fases será necessário realizar outras investigações porque os dados actualmente disponíveis não são suficientes.

10. DISCUSSÃO E PERSPECTIVAS NA PRÁTICA DO ACONSELHAMENTO

NO PRESENTE TRABALHO, fundamentou-se um conceito de identidade e um conceito de desenvolvimento, que foram reunidos num modelo de desenvolvimento da identidade. Este modelo foi operacionalizado e validado com os dois conteúdos de identidade, identidade pessoal e identidade social (relação com os pais). Os critérios de qualidade resultantes foram encorajadores. Esses conceitos de identidade e desenvolvimento serão agora, na conclusão, resumidos e discutidos.

10.1 BALANÇO FINAL E QUESTÕES ABERTAS

O conceito de identidade formulado orienta-se pela investigação das experiências de vida, efectuada pela psicologia do desenvolvimento. O conceito de identidade parte de duas correntes teóricas: a neopsicanálise, segundo Erikson (1968) e Marcia (1966; 1980), e a investigação do auto-conceito, de natureza cognitiva, de Rosenberg (1979; Como já o fizeram teóricos anteriores, tentou-se aqui reunir diferentes correntes teóricas, relacionando-as com as noções de identidade, de modo a que se formasse um modelo coerente.

O conceito não é pensado como uma hierarquia estática de noções, no sentido de Collins & Quillian (1969) ou Shavelson & Marsh (1986), mas sim enquanto interacção dinâmica de conteúdos que se juntam em três dimensões numa estrutura, porque o homem e o seu desenvolvimento são entendidos como estando em constante acção recíproca entre o meio e a actividade própria. Simultaneamente, dá-se inicio à delicada questão da definição: como é que a noção de identidade deve ser diferenciada de noções semelhantes, como o eu ou o auto-conceito?

Apesar de uma parte considerável da literatura sobre a identidade e o eu ser apenas de natureza teórica, tentou-se aqui atingir a verificação empírica dos conceitos. Esta evita a generalização de preconceitos pessoais dos investigadores em relação a teorias gerais que pudessem surgir em trabalhos exclusivamente teóricos, exigindo definições precisas e passíveis de operacionalização. Contudo, não apresenta verdades, apenas conseguindo demonstrar critérios para a qualidade de uma teoria. Os instrumentos clássicos de medição da identidade e do auto-conceito não conseguem operacionalizar o modelo sugerido de forma conveniente, tendo sido assim necessário alcançar uma operacionalização própria. No entanto, o modelo apresentado só pôde ser comprovado empiricamente em parte. Mas a operacionalização sugerida já incluiu três dimensões de identidade e dois conteúdos diferentes. Investigações futuras deveriam comprovar a taxonomia das quatro categorias dos conteúdos de identidade, através de outros instrumentos e replicar o modelo do desenvolvimento da identidade recorrendo a outros conteúdos, como o desenvolvimento das relações com os jovens da mesma idade, as crenças políticas, a procura de emprego, a procura do papel sexual, etc.

Porque é que a operacionalização sugerida descreve a identidade e não apenas a auto-imagem? A identidade é, de acordo com esta definição, uma parte do todo da auto-imagem, e foca os conteúdos centrais, valores, experiências, objectivos, etc. A identidade pessoal é determinada por conteúdos como a beleza própria, as reflexões sobre si próprio, a escola, o local de emprego, etc. Estes conteúdos são considerados muito importantes por bastantes jovens (ver, por exemplo, Grob *et al.* 1992). Esta estimativa elevada da importância dos conteúdos também é válida para a relação com os pais (ibidem). Os presentes itens não suscitam especificamente a questão porque é que os jovens se definem tanto por estes conteúdos, mas sim até que ponto é que eles os descrevem e representam experiências marcantes. Os conteúdos são auto-descrições consideradas importantes e representam, dessa forma, a identidade. No fundo, trata-se de uma questão de definição, que deveria ser retomada em investigações futuras.

Os escalogramas da identidade pessoal e da relação com os pais demonstram uma série de características:

- O processo tipológico, como foi apresentado nas fases de desenvolvimento, adapta-se ao princípio organísmico.
- As experiências de vida importantes possibilitam uma análise estritamente ecológica da identidade e acrescentam a díade--pessoa-meio à unidade de análise.
- Evolução cumulativa unidimensional.
- As relações com a idade e com a coorte do ano de nascimento atrás mencionadas podem ser provadas empiricamente com bastante precisão. Também foi possível mostrar indícios da sequência da evolução, embora pouco conclusivos.
- As experiências de vida importantes estão presentes na passagem da fase um para a fase dois. A fase três é definida no sentido de uma nova construção parcial, com uma mudança de valor/objectivo.
- Entre os dois escalogramas, apenas existe uma relação moderada.
- O contentamento e a consciência dos problemas sobe, no decurso da fase um para a fase quatro.

Todas estas características foram exigidas pelo modelo de desenvolvimento da identidade. No entanto, os nomes das fases da identidade, identidade relativamente não-diferenciada, identidade parcialmente reconstruída e identidade relativamente diferenciada e integrada, só podem ser um passo para a interpretação, que não pode ser provado sem margem de dúvida. Também a nomeação do conteúdo específico das fases: relativamente determinada por estranhos, relativamente difusa, relativamente procurada e identidade pessoal relativamente alcançada, ou então, relativamente dependente, relativamente ambivalente, relativamente crítica e relação com os pais relativamente autónoma, são interpretações que, apesar disso, também se adaptam bem às características das quatro fases.

Assim é, porque a operacionalização nunca consegue formar conceitos de grau teóricos, só se conseguindo aproximar deles (Reese & Overton, 1970). Empiricamente, o desenvolvimento só é operacionalizado, na maior parte das vezes, enquanto aumento/diminuição de uma característica, de uma determinada dimensão, o que só corresponde a transformações quantitativas. Ao serem combinadas expressões de dimensões diferentes, tentou-se reformular estruturas operacionalmente, para simular assim transformações qualitativas. Contudo, uma operacionalização desse tipo só pode constituir uma aproximação da comprovação empírica dos graus de desenvolvimento.

Por outro lado, o princípio da espiral permaneceu uma afirmação que, por fim, foi baseada na teoria, e que não foi comprovada empiricamente, porque a amostra investigada abrangia um leque de idades demasiado pequeno. Para saber se, na infância e na idade adulta, surgem as mesmas transformações em relação às dimensões investigadas e se é possível observar os mesmos processos que na adolescência, será necessário proceder a novas investigações. Provavelmente, o tempo necessário para uma espiral de desenvolvimento é diferente nas várias fases da vida. O princípio da espiral pode ter enriquecido a elaboração da teoria e ter sido confirmado pela interpretação dos resultados, mas não se pode afirmar de forma conclusiva se o desenvolvimento decorre realmente em forma de espiral. Por outro lado, também não ficou clara a forma como as espirais individuais se delimitam umas em relação às outras. Diferentes teorias, que argumentam com o modelo da espiral de desenvolvimento, também não conseguem dar nenhuma resposta conclusiva. Como é que se diferencia a fase um da espiral x, da fase um da espiral $x + 1$? Esta questão deveria ser abordada por investigações futuras.

Na presente investigação, foram discutidas três variáveis que devem esclarecer os comportamentos de superação (coping): experiências de vida importantes, fases de identidade e idade.

- A relação entre as experiências de vida importantes e a superação é um tema clássico na investigação psicológica e foram realizadas muitas investigações sobre esta acção recíproca.
- A identidade e a idade são, pelo contrário, conceitos novos de esclarecimento do processo de superação (Jackson & Bosma, 1990; Vollrath, Torgersen & Alnaes, em impressão). A identidade controla os processos de superação enquanto recurso pessoal, enquanto estilo pessoal de comportamento e enquanto protecção/fuga de acontecimentos inesperados, ao garantir a continuidade. Mas o estatuto de identidade é, também, um resultado do processo de superação. Aqui, retoma-se a tese de Erikson (1959) e Havighurst (1972): a superação bem sucedida de tarefas de desenvolvimento e de experiências de vida importantes age sobre a superação das experiências de vida seguintes.

Superação designa o processo de adaptação ao meio ao modificar o meio ou a estrutura da identidade. Esta adaptação é necessária para que o indivíduo não se torne um "aparte social" e para que continue a poder comportar-se no meio de forma integrada. A superação tem de ser bem sucedida para que a identidade possa ser conservada (ver Haan, 1977). A superação mal sucedida, como sucede com a ameaça em relação às experiências de vida importantes, põe em perigo o equilíbrio da estrutura de identidade e pode trazer consigo doenças psíquicas.

- O novo ramo de investigação teórica, segundo o qual os processos de superação são entendidos como microprocessos de desenvolvimento, também foi avaliado (ver capítulo 3.2.2).

A resposta à pergunta como é que os processos de desenvolvimento se transformam e desenvolvem só pode ser investigada num plano-meta. A pergunta exacta é qual a instância que controla as transformações e se essa instância, por seu lado, se transforma, e, se for o caso, de que forma. Resulta daí um *regressus ad infinitum* que ainda não foi possível solucionar. Maturana (1985) tentou resolver o problema partindo de experiências biológicas, com a noção de "autopoiese", ao descrever sistemas com a ajuda de processos que produzem o sistema e a si próprios, de novo, e que se podem modificar, adaptando-se ao meio. A estrutura do sistema e os parâmetros das regras que se relacionavam com ela, assim como os processos de autopoiese, adaptam-se constantemente ao sistema do meio, desenvolvendo-se assim o sistema. Esses sistemas de autopoiese são controlados através da respectiva organização, enquanto instância máxima que permanece conservada, apesar das modificações estruturais, mantendo o sistema com as suas características próprias. Assim é porque, segundo Maturana (1985), quando a organização se modifica, o sistema morre.

Na presente investigação os resultados dos designs sequenciais da psicologia do desenvolvimento são, na maior parte das vezes, significativos, mas também são fracos. Somente as análises diferenciais para determinar as características dos jovens regredidos demonstraram, de forma concordante, que os regredidos têm uma consciência dos problemas superior à média. Os jovens com demasiadas preocupações e problemas não conseguem percepcionar as experiências de vida importantes como sendo possibilidades de desenvolvimento. Para eles, as experiências apenas representam um stress que os ultrapassa (provocador de stress, motor de desenvolvimento). Assim, chama-se mais a atenção para a acção diferencial das experiências de vida importantes. Para além disso, o local onde se mora (cidade--país) influencia a direcção do desenvolvimento dos jovens.

Uma tarefa de desenvolvimento só é tarefa porque a sua resolução pode falhar. Os regredidos são entendidos enquanto jovens que falharam uma tarefa de desenvolvimento. É provável que não tenham sido orientados com sucesso ou que tenham sido, simplesmente, ultrapassados pelas tarefas. É porque a nossa sociedade se torna cada vez mais complexa e pluralista que o grau de dificuldade poderia estar à altura das tarefas de desenvolvimento. O número relativamente alto de regredidos pode ser entendido como prova do facto de o desenvolvimento de uma identidade pessoal e da relação com os pais serem, de facto, tarefas de desenvolvimento e que essas tarefas representam um verdadeiro desafio para os jovens de hoje.

No entanto, assim restringe-se a possibilidade de verificação do modelo de desenvolvimento porque tanto o desenvolvimento como a regressão são explicados através do mesmo modelo. É porque as tarefas de desenvolvimento contêm a ideia do falhanço que não é possível provar empiricamente nenhuma sequência rigorosa de fases (ver diagrama na ilustração 3.2). As investigações correspondentes têm, por isso, de encontrar um grande número de regredidos. O conceito das tarefas de desenvolvimento e experiências de vida importantes não permite uma concepção de graus rigorosa porque não argumenta de forma genética, mas sim organísmica.

Em estudos longitudinais, durante um intervalo de tempo mais longo do que o aqui registado (por exemplo, seis a dez anos) e com um leque de idades mais alargado (por exemplo, dos dez aos 30 anos), os efeitos encontrados deveriam ser reforçados. Seria especialmente interessante provar se não é mesmo possível encontrar um efeito de mudança no tempo: a formação de uma identidade pessoal e a relação com os pais também é determinada por factores sociais, o que deveria exprimir-se numa mudança no tempo. A consideração de factores sociais e ecológicos poderia, provavelmente, trazer mais esclarecimentos sobre os processos de desenvolvimento da identidade (Flammer & Avramakis, 1992).

10.2 PERSPECTIVAS NO ACONSELHAMENTO EDUCACIONAL DE JOVENS

Para concluir, o modelo de desenvolvimento da identidade deverá agora ser utilizado a título de exemplo numa área tradicional de actividade da psicologia da juventude, nomeadamente, o aconselhamento associado à educação. Assim, deverá ser demonstrada sob a forma de tópicos, a conversibilidade prática e a relevância do modelo de desenvolvimento da identidade apresentado.

Os conselheiros de educação têm de se confrontar com dois tipos de problemas de identidade. Primeiro, com a estruturação da identidade própria, na perspectiva dos encargos pessoais do emprego e das obrigações institucionais e, em segundo lugar, com os problemas do desenvolvimento da identidade dos seus clientes (Gerstenmaier, 1987).

1. Na idade adulta, o emprego tem uma grande importância para a determinação da identidade. Ultimamente, esta regra é cada vez mais válida também para as mulheres. Em empregos na área do aconselhamento ou pedagogia, a personalidade está muito envolvida, porque a actividade age sobre a relação pessoal com os clientes (Freud, 1940 Perls, 1989; Rogers, 1989). A personalidade transforma os seus comportamentos com base na interacção com o(a) conselheiro(a). É por isso que a identidade do conselheiro se modifica perifericamente em cada caso de aconselhamento. Os conselheiros, a nível da educação, trabalham numa equipa colegial no interior de um quadro institucional. Os problemas políticos de trabalho na delimitação de grupos de trabalho semelhantes (por exemplo trabalho social, médicos, etc), as restrições administrativas e as dificuldades com a hierarquia na equipa podem pesar sobre a identidade no trabalho, de tal forma que os empregados se "queimam" (Friedman & Farber, 1992). Conforme a espiral de desenvolvimento sugerida, o perigo torna-se especialmente elevado quando os conselheiros de educação não recebem nenhum apoio para vencer os desafios, perdendo a convicção de que ajudam a determinar decisões importantes. As reorganizações institucionais podem ser dadas como exemplo, na medida em que não podem ser aceites nem modificadas pelas pessoas atingidas, sendo conduzidas segundo instruções numa direcção que não podem influenciar.

2. O segundo tipo de problema está mais associado ao presente questionamento, e será por isso referido mais detalhadamente. Uma percentagem importante de jovens entra em contacto com os problemas de identidade com o aconselhamento proporcionado a nível da educação. Mais concretamente, trata-se de problemas de separação dos pais, de comportamentos fora do normal ou de dificuldades na produção de trabalho. Este tipo de problemas resultam de ou provocam uma crise de identidade. O modelo de desenvolvimento da identidade possibilita uma classificação, por alto, dos consultandos, de maneira a que os problemas descritos se possam ordenar rapidamente num contexto. Para ajudar à organização, utilizam-se as categorias de conteúdo e as quatro fases de desenvolvimento, enquanto as três dimensões e a sua regulação servem de ajuda na decisão da classificação de uma fase de desenvolvimento. Concretamente, será atribuída à maior parte dos jovens uma identidade desorganizada e por reconstruir. A categorização, por alto, das dificuldades expostas possibilita um diagnóstico, a partir do qual é possível planear uma intervenção global: quando tem de ser atribuída uma identidade desorganizada aos jovens, é necessário um posicionamento activo de ajuda e de transmissão de valores, enquanto os jovens com uma identidade reconstruída apenas são apoiados no seu esforço por conseguir uma exploração própria, necessitando de menos conselhos concretos. O modelo transmite assim uma base para a resposta a perguntas críticas no quotidiano do aconselhamento, sendo que os jovens, regredidos à força de circunstâncias de vida aparentemente catastróficas e estacionárias devem ser acompanhados ou conseguem eles próprios solucionar a sua crise de identidade, necessitando apenas de ajuda ambulatória e de um acompanhamento ligeiro.

O processo de aconselhamento e a superação de problemas, com Rogers (1951), podem ser especialmente observados sob o aspecto do desenvolvimento da identidade. Os clientes em aconselhamento ou terapia (fase dois) procuram a ajuda de um profissional que os apoie na superação dos seus conflitos (fase três), até que, no melhor dos casos, os primeiros aspectos dos problemas se solucionem (fase quatro). Depois de uma fase de consolidação (fase um), o cliente estará disposto a percepcionar novos aspectos dos seus problemas e a dar-se conta deles, podendo começar assim uma nova espiral. Estes novos aspectos dos seus problemas podem ser no início bastante pesados e provocar crises nos clientes (fase dois), mas serão ultrapassados aos poucos com a ajuda do conselheiro (fases três e quatro). Este processo repete-se até que o cliente possa resolver os seus problemas através do seu próprio esforço. Durante o aconselhamento dever-se-ia, em especial, tentar conseguir explicitamente que o cliente relacione a situação actual com as etapas avaliadas positivamente na sua história de vida. A situação de vida actual pode ser assim posta em continuidade com as fases de vida anteriores que foram agradáveis.

De acordo com o modelo de desenvolvimento da identidade, são justamente os jovens com uma identidade desorganizada que estão em risco de crise e que necessitam de aconselhamento frequente. Sem ajuda, poderiam surgir complicações neuróticas ou mesmo psicóticas. De conflitos de separação dos pais não resolvidos, podem resultar abandono, consumo de drogas duras, delinquência, etc. O conselheiro pode tentar ajudar através da proposta de uma relação, porque o processo de cura realiza-se através de uma relação verdadeira, que respeita os valores, e empática, do conselheiro para com o cliente (Rogers, 1989). Formulado no ambiente teórico do conceito de identidade defendido: o conselheiro age enquanto objecto de identificação que é interiorizado pelo paciente, proporcionando um comportamento construtivo e ajudando à diferenciação e integração da identidade. Assim, o conselheiro ajuda, não apenas a resolver a crise actual, mas também a alcançar uma autonomia, proporcionando assim uma protecção para desafios vindouros.

No processo de terapia e aconselhamento, as fases alternam de enquadramento elevado por parte do psicoterapeuta, para fases de resolução do problema e acalmia. Em momentos sempre diferentes, podem ser sempre trabalhados novos problemas e atribuídas novas soluções. Para o terapeuta, o modelo implica a mudança das intervenções provocantes/de confrontação para métodos destinados a acalmar e apoiar. As primeiras levam o jovem que consulta a percepcionar novos aspectos do problema durante as fases de acalmia. As segundas transmitem uma atmosfera óptima para solucionarem sozinhos os problemas. O objectivo conjunto destas intervenções deve conter o melhoramento das estratégias de superação (coping) e da capacidade de resolução de problemas. Esta mudança de intervenções postula tanto princípios de terapia individual (Rogers, 1951), como diversos princípios de terapia familiar (por exemplo, Minuchin, 1990).

Este modelo permanece, no entanto, pouco específico e generalizado, no diagnóstico de intervenções optimizadas. Trabalhos vindouros deveriam diferenciar o modelo, em diálogo com profissionais no activo, e avaliá-lo empiricamente. Na minha actividade de conselheiro de educação, conservou-se enquanto sistema de categorias aproximado.

11. POSFÁCIO: UM ENCORAJAMENTO E CONSOLO PARA OS JOVENS E SEUS PAIS

SUPONHO QUE O MODELO de desenvolvimento da identidade sugerido pode encorajar e consolar os jovens e os seus pais. Permito--me terminar com alguns comentários de valores que podem parecer lapidares mas que são, no entanto, muitas vezes esquecidos no quotidiano do aconselhamento.

O modelo é um encorajamento para os jovens que se confrontam activamente com a sua identidade pessoal e a sua relação com os pais. Os dados demonstram que os jovens com uma identidade pessoal integrada e uma relação autónoma relativamente aos pais são mais felizes e menos depressivos. Com Raskin (1989), gostaria de incitar à exploração e à superação activa de dificuldades que surjam. Mesmo que muitas vezes seja necessária coragem, para se confrontarem de corpo e alma com uma crise, só uma superação (coping) activa é que possibilita o desenvolvimento. A fuga e/ou o recalcamento de dificuldades estabiliza e dificulta o desenvolvimento. Uma identidade diferenciada e integrada é um objectivo de desenvolvimento que compensa.

Aqui está patente um consolo para os jovens que se encontrem numa crise de identidade: a crise pode estar relacionada com uma situação altamente negativa, mas é o único caminho para algo de novo ("Krise als Chance"). As crises representam a possibilidade de um confronto e uma resolução para um problema difícil. Suponho, assim como Rogers (1961), que está presente em cada um a chave para a solução de uma dificuldade. Quando as pessoas procuram resolver o problema com todas as suas forças estabelecendo um contacto com as dificuldades, este pode ser ultrapassado. Um desenvolvimento bem-sucedido leva ao bem-estar psíquico, físico e social, e é um valor alto na vida humana.

O modelo é, no entanto, também um encorajamento para os pais dos jovens: quando os jovens se tornam autónomos, eles criticam os seus pais. Esta crítica é sinal de um desenvolvimento saudável por parte dos jovens, mesmo que por vezes seja duro para os pais. Os jovens não devem ser empurrados para fora de casa, nem deve ser estabelecida uma ligação tão estreita que não seja possível realizar uma separação (Stierlin, 1980). Só um verdadeiro confronto em que ambas as partes sejam dispostas a compromissos conduz a uma relação satisfatória a longo prazo entre os jovens e os seus pais. Gostaria de encorajar os pais a possibilitar o confronto, num sentido construtivo, e a estimulá-lo eles próprios.

O modelo de desenvolvimento também pode consolar os pais. A emancipação da tutela parental, por parte dos jovens, não pode ser evitada e pode ser valorizada enquanto sinal de saúde. Uma crise de emancipação pode provocar a esperança no surgimento de uma nova relação entre os jovens e os seus pais. O modelo representa uma possibilidade para os pais pensarem sobre si próprios e descobrirem novas possibilidades.

12. BIBLIOGRAFIA

ABELE, A., e BECKER, P. (1991). Eds., *Wohlbefinden: Theorie, Empirie, Diagnostik*. Weinheim: Juventa.

AEBLI, H. (1980). *Denken: das Ordnen das Tuns. Bd. 1: Kognitive Aspekte der Handlungstheorie*. Stuttgart: Klett.

AEBLI, H. (1981). *Denken: Das Ordnen das Tuns. Bd. 2: Denkprozesse*. Stuttgart: Klett.

ABRAHAM, K. G. (1983). The relation between identity status and locus of control among rural high school students. *Journal of Early Adolescents, 3*, 257-264.

ABRAMSON, L.Y., SELIGMAN, M. E. P., e TEASDALE, J. D. (1978). Learned helplessness in humans: Critique and reformulation. *Journal of Abnormal Psychology, 87*, 49-74.

ADAMS, G. R., e JONES, R. M. (1981). Female adolescents' ego development. *Journal of Early Adolescence, 1*, 423-426.

ADAMS, G. R. (1985a). Family correlates of female adolescents' ego-identity development. *Journal of Adolescence, 8*, 69-82.

ADAMS, G. R. (1985b). Identity and political socialization. In A. S. Waterman (ed.), *Identity in adolescence: Processes and contents*. San Francisco: Jossey-Bass.

ADAMS, G. R., SHEA, J., e FITCH, S. A. (1979). Towards the development of an objective assessment of ego-identity status. *Journal of Youth and Adolescence, 8*, 81-89.

AINSWORTH, M. D. S. (1979). Infant-mother attachment. *American Psychologist, 34*, 932-937.

AKEN, M. A. G. v. (1991). *Competence development in a transactional perspective: A longitudinal study. Unveröffentlichte Dissertation*. Den Haag.

ALLOY, L. B., ABRAMSON, L.Y., METALSKY, G. I., e HARTLAGE, S. (1988).The hopelessness theory of depression: Attributions aspects. *British Journal of Clinical Psychology, 27* 5-21.

ALLPORT, G.W. (1955). *Becoming.* New Haven:Yale University Press.

ALLPORT, G.W. (1970). *Gestalt und Wachstum in der Persönlichkeit.* Meisenheim a.G.:Anton Hain.

ALSAKER, F. D. (1990). Global negative self-evaluations in early adolescence. Unpublished doctoral dissertation. University of Bergen.

ALTMAN, I., e ROGOFF, B. (1987).World views in psychology:Trait, interactional, organismic, and transactional perspectives. In Stokols, D., e Altman, I. (eds.). *Handbook of Environmental Psychology.* Nova Iorque: John Wiley, 7-40.

AMATO, P. R. (1988). Family processes and the competence of adolescents and primary school children. *Journal of Youth and Adolescence, 18,* 39-53.

AMERICAN PSYCHOLOGICAL ASSOCIATION APA (1995). *Summaries of the world's serial literature in psychology and related disciplines, compiled from the PsycINFO Database (Psyclit).* Boston: Silber Platter.

AMOROSO, D. M., e WARE, E. E. (1986).Adolescents' perceptions of aspects of their home environment and their attitudes towards parents, self, and external authority. *Adolescence, 81,* 191-204.

ARCHER, S. L., e WATERMAN, A. S. (1983). Identity in early adolescence: A developmental perspective. *Journal of Early Adolescence, 3,* 203-214.

ASENDORPF, J. B., e VAN AKEN, M. A. G. (1993). Deutsche Version der Selbstkonzeptskalen von Harter. *Zeitschrift für Entwicklungspsychologie und Pädagogische Psychologie, 25,* 64-86.

AUSUBEL, D. P., e SULLIVAN, E.V. (1970). *Theory and problems of child development.* Nova Iorque: Grunn e Stratton.

AUSUBEL, D. P. (1968). *Das Jugendalter.* München: Juventa.

BACHMAN, J. G., O'MALLEY, P. M., e JOHNSTON, J. (1978). *Youth in transition. Volume VI: Adolescence to adulthood.* Ann Arbor: University of Michigan Social Research.

BACKHAUS, K., ERICHSON, B., PLINKE, W., e WEIBER, R. (1994). *Multivariate Analysemethoden. Eine anwendungsorientierte Einführung.* (7 ed.). Berlin: Springer.

BAKKEN, L., e ROMIG, C. (1989). Adolescent ego development: Relationship to family cohesion and adaptability. *Journal of Adolescence, 12,* 83-94.

BALTES, P. B., e WILLIS, S. L. (1982). Plasticity and enhancement of intellectual functioning in old age: Penn state's adult development and enrichment project (ADEPT). In F. Craik, e S. E.Trehub (eds.), *Aging and cognitive processes.* Nova Iorque: Plenum Press, 353-389.

BALTES, P. B., CORNELIUS, S.W., e NESSELROAD, J. R. (1979). Cohort effects in developmental psychology. In J. R. Nesselroad, e P. B. Baltes (eds.), *Longitudinal research in the study of behavior and development.* Nova Iorque: Academic Press, 61-87.

BAND, B. E., e WEISZ, J. R. (1990). Developmental differences in primary and secondary control coping and adjustment to juvenile diabetes. *Journal of Clinical Child Psychology, 19*, 150-158.

BANDURA, A. (1977). Self-efficacy: Towards a unifying theory of behavioral change. *Psychological Review, 84*, 191-215.

BANDURA, A. (1978). The self system in reciprocal determinism. *American Psychologist, 33*, 344-358.

BANDURA, A. (1982). Self-efficacy mechanisms of human agency. *American Psychologist, 37*, 122-147.

BANDURA, A. (1986). *Social foundations of thought and action.* Englewood Cliffs: Prentice-Hall.

BANKS, J. A. (1984). Black youths in predominant white suburbs: An exploratory study of their attitudes and self-concepts. *Journal of Negro Education, 5*, 3-17.

BARTLETT, F. C. (1977). *Remembering. A study in experimental and social Psychology.* Cambridge: Cambridge University Press (1. Aufl. 1932).

BAUMEISTER, R. F., e TICE, D. M. (1986). How adolescence became the struggle for self: a historical transformation of psychological development. In J. Suls, e A. G. Greenwald (eds.), *Psychological perspectives on the self.* Hillsdale: Erlbaum, 183-202.

BEM, D. J. (1967). Self-perception. *Psychological Review, 74*, 183-200.

BENEDICT, R. (1938). Continuities and discontinuities in cultural conditioning. *Psychiatry, 1*, 161-167.

BENSON, M. J., HARRIS, P. B., e ROGERS, C. S. (1991). Identity consequences of attachment to mothers and fathers among late adolescents. *Journal of Research on Adolescence, 2*, 187-204.

BERNARD, H. S. (1981). Identity formation during late adolescence: A review of some empirical findings. *Adolescence, 16*, 349-358.

BERZONSKY, M. D. (1989). Identity status and self-construct systems: Process X structure interactions. *International Journal of Personal Construct Psychology, 2*, 363-376.

BERZONSKY, M. D. (1992). Social-cognitive aspects of identity style. Need for cognition, experiential openness, and introspection. *Journal of Adolescent Research, 7*, 140-155.

BERZONSKY, M. D., RICE, K. G., e NEIMEYER, G. J. (1990). Identity status and self-construct systems: Process X structure interactions. *Journal of Adolescence, 13*, 251-263.

BLASI, A. (1988). Identity and the development of the self. In D. K. Lapsley, e F. C. Poer (eds.), *self, ego, and identity.* Nova Iorque: Springer.

BOWKER, A. H. (1948). A test for symmetry in contingency tables. *Journal of American statistic Association, 43*, 572-574.

BOWLBY, S. (1982). *Attachment and loss. Vol. 1.: Attachment.* London: Hogart (1.Aufl. 1969).

BRADBURN, N. N. (1969). *The structure of psychological well-being.* Chicago: Aldine.

BRANDTSTÄDTER, J., e RENNER, G. (1990). Tenacious goal pursuit and flexible goal adustment: Explication and age-related analysis of assimilative and accommodative strategies of coping. *Psychology and Aging, 5*, 58-67.

BRAUKMANN, W., e FILIPP, S.-H. (1981). Personale Kontrolle und die Bewälti-gung kritischer Lebensereignisse. In S.-H. Filipp (Ed.), *Kritische Leben-sereignisse.* München: 233-251.

BRONFENBRENNER, U. (1978). Ansätze zu einer experimentellen Ökologie menschlicher Entwicklung. In R. Oerter (ed.), *Entwicklung als lebenslanger Prozess.* Hamburg: Hoffmann und Campe, 33-65.

BRONFENBRENNER, U. (1979). *The ecology of human development. Experiments by nature and design.* Cambridge, Mass.: Harvard University Press. (Die Ökologie der menschlichen Entwicklung. Stuttgart: Klett, 1981).

BUSEMAN, A. (1953). *Krisenjahre im Ablauf der menschlichen Jugend.* Ratingen: Aloys Henn.

CAMPBELL, E., ADAMS, G. R., e DOBSON, W. R. (1984). Familial correlates of identity formation in late adolescence: A study of the predictive utility of connectedness and individuality in family relations. *Journal of Youth and Adolescence, 13*, 509-525.

CAMPBELL, J. D. (1990). Self-esteem and clarity of the self-concept. *Journal of Personality and Social Psychology, 59*, 538-549.

CAMUS, A. (1957). *L'étranger.* Gallimard.

CARVER, C. S., SCHEIER, M. F., e WEINTRAUB, J. K. (1989). Assessing coping strategies: A theoretically based approach. *Journal of Personality and Social Psychology, 56*, 267-283.

COLEMAN, J. C., e COLEMAN, E. Z. (1984). Adolescent attitudes to authority. *Journal of Adolescence, 7*, 131-141.

COLEMAN, J. C. (1982). *Nature of adolescence.* Nova Iorque: Methuen, e Co.

COLLINS, A. M., e QUILLIAN, M. R. (1969). Retrieval Time from semantic memory. *Journal of Verbal Learning and Verbal Behavior, 8*, 240-248.

CONGER, J. J., e PETERSEN, A. C. (1984). *Adolescence and youth. Psychological development in a changing world.* Nova Iorque: Harper, e Row.

COOLEY, C. H. (1902). *Human nature and the social order.* Nova Iorque: Charles Scribner's Sons.

CÔTÉ, J. E., e LEVINE, C. (1988). A critical examination of the ego identity status paradigm. *Developmental Review, 8*, 147-184.

CRANACH, M. v., MÄCHLER, E., e STIERN, V. (1983). Die Organisation zielgerichteter Handlungen. Forschungsbericht. Psychologisches Institut.

CRAWLEY, J. (1985). Education update: The life cycle V: The young adult. *Australian and New Zealand Journal of Family Therapy*, 6, 215-221.

CROSS, S., e MARKUS, H. (1991). Possible selves across the life span. *Human Development*, 34, 230-255.

DEUSINGER, I. M. (1986). *Die Frankfurter Selbstkonzeptskalen (FSKN)*. Göttingen: Hogrefe.

DEUSINGER, I. M. (im Druck). Locus of control – ein Selbstkonzept. In H. Haase (ed.), *Persönlichkeit und Kognition*. Göttingen: Hogrefe.

DICKSTEIN, E. (1977a). Self and self-esteem: Theoretical foundations and their implications for research. *Human Development*, 20, 129-140.

DICKSTEIN, E. (1977b). Theory and measurement of self-esteem. *Journal of Multivariate Experimental Personality and Clinical Psychology*, 3, 23-30.

DIENER, E. (1984). Subjective well-being. *Psychological Bulletin*, 95, 542-575.

DÖBERT, R., e NUNNER-WINKLER, G. (1982). *Adoleszenzkrise und Identitätsbildung*. Frankfurt a.M.: Suhrkamp.

DÖBERT, R., HABERMAS, J., e NUNNER-WINKLER, G. (1980). Zur Einführung. In R. Döbert, J. Habermas, e G. Nunner-Winkler (eds.), *Entwicklung des Ichs*. Königstein: Athenäum, Hain, Scriptor, Hanstein, 9-30.

DOI, L.T. (1986). *The anatomy of self: The individual versus society*. Tokyo: Kodansha.

DONOVAN, J. M. (1975). Identity status and interpersonal style. *Journal of Youth and Adolescence*, 4, 37-55.

DREHER, E., e DREHER, M. (1985). Entwicklungsaufgaben im Jugendalter: Bedeutsamkeit und Bewältigungskonzept. In D. Liepmann, e A. Stiksrud (eds.), *Entwicklungsaufgaben und Bewältigungsprobleme in der Adoleszenz*. Göttingen: Hogrefe, 56-70.

DREHER, E., e DREHER, M. (1991). Entwicklungsrelevante Ereignisse aus der Sicht von Jugendlichen. *Schweizerische Zeitschrift für Psychologie*, 50, 24-33.

EISENSTADT, S. N. (1966). *Von Generation zu Generation*. München: Juventa.

ENDLER, N. S., e PARKER, J. D.A. (1990). *Coping inventory for stressful situations*. Nova Iorque: Multi-Health Systems Inc.

ENGELKAMP, J., e ZIMMER, H. D. (1990). Zur Architektur des Gedächtnisses. *Magazin Forschung*, 1, 2-7.

Epstein, R., e Koerner, J. (1986). The self-concept and other daemons. In J. Suls, e A. G. Greenwald (eds.), *Psychological perspectives on the self*. Hillsdale: Erlbaum, 27-53.

EPSTEIN, S. (1973). The self-concept revisited. Or a theory of a theory. *American Psychologist*, 5, 404-416.

EPSTEIN, S. (1985). The implications of cognitive-experiential self-theory for research in social psychology and personality. *Journal for the Theory of Social Behavior*, 15, 283-310.

ERIKSON, E. H. (1959). *Identität und Lebenszyklus*. Frankfurt: Suhrkamp.

ERIKSON, E. H. (1968). *Identity, youth and crisis.* Nova Iorque: Norton. (dt. Jugend und Krise. Weinheim: Klett-Cotta, 1981).

FAHRENBERG, J., e SELG, H. (1978). *Freiburger Persönlichkeitsinventar (F-P-I).* Göttingen: Hogrefe.

FEND, H. (1990). Ego-strength development and pattern of social relationships. In H. Bosma, e S. Jackson (eds.), *Coping and self-concept in adolescence.* Berlin: Springer, 87-109.

FEND, H. (1991). *Identitätsentwicklung in der Adoleszenz. Lebensentwürfe, Selbstfindung und Weltaneignung in beruflichen, familiären und politisch-weltanschaulichen Bereichen. Entwicklungspsychologie der Adoleszenz in der Moderne Band II.* Bern: Huber.

FEND, H., HELMKE, A., e RICHTER, P. (1984). Inventar zu Selbstkonzept und Selbstvertrauen. Forschungsbericht. Universität Konstanz.

FESTINGER, L. (1957). *A theory of cognitive dissonance.* Stanford: Stanford University Press.

FILIPP, S.-H. (1980). Entwicklung von Selbstkonzepten. *Zeitschrift für Entwicklungspsychologie und Pädagogische Psychologie, 12,* 105-125.

FILIPP, S.-H. (1981). Ein allgemeines Modell für die Analyse kritischer Lebensereignisse. In S.-H. Filipp (ed.), *Kritische Lebensereignisse.* München: Urban, e Schwarzenberg, 3-52.

FILIPP, S.-H., AYMANNS, P., e BRAUKMANN, W. (1986). Coping with life events: When the self comes into play. In R. Schwarzer (ed.), *Self-related cognitions in anxiety and motivation.* Hillsdale: Erlbaum, 87-109.

FISCHER, M., e FISCHER, U. (1981). Wohnortswechsel und Verlust der Ortsidentität als nicht-normative Lebenskrisen. In S.-H. Filipp. (ed.), *Kritische Lebensereignisse.* München: Urban, e Schwarzenberg, 139-153.

FISCHER, M. (1984). Phänomenologische Analysen der Person-Umwelt--Beziehung. In S.-H. Filipp (ed.), *Selbstkonzept-Forschung.* Stuttgart: Klett, 47-73.

FLAMMER, A. (1988). *Entwicklungstheorien.* Bern: Huber.

FLAMMER, A. (1990). *Erfahrung der eigenen Wirksamkeit.* Bern: Huber.

FLAMMER, A. (1995). Developmental analysis of control beliefs. In A. Bandura (ed.), *Self-efficacy in changing societies,* Cambridge: Cambridge University Press, 69-113.

FLAMMER, A., e AVRAMAKIS, J. (1992). Developmental tasks: where do they come from? In M. v. Cranach, G. Mugny, e W. Doise (eds.), *Social representations and the social bases of knowledge .* Bern: Huber, 56-63.

FLAMMER, A., GROB, A., e LÜTHI, R. (1987a). Einfluss und Partizipation. *Schweizerische Zeitschrift für Psychologie, 46,* 237-249.

FLAMMER, A., GROB, A., e LÜTHI, R. (1987b). Kontrollattribution bei Jugendlichen. Forschungsbericht 1987-4 (Forschungsbericht No. 1987-4). Psychologisches Institut.

FLAMMER, A., GROB, A., e LÜTHI, R. (1994). Berner Fragebogen zu den Einflussmöglichkeiten Jugendlicher (FEJ). No. 1994-1. Institut für Psychologie der Universität Bern.

FLAMMER, A., GROB, A., LÜTHI, R., e KAISER, F. G. (1989). Kontrollattributionen und Wohlbefinden von Schweizer Jugendlichen II. (Forschungsbericht No. 4). Institut für Psychologie der Universität Bern.

FLAMMER, A., NEUENSCHWANDER, M. P. e GROB, A. (1995). Sekundäre Kontrolle. Ein Vergleich mit verwandten Konzepten (Forschungsbericht N.° 1995-1). Institut für Psychologie, Universität Bern.

FLAVELL, J. H. (1977). *Cognitive development*. New Jersey: Prentice-Hall. (dt. Kognitive Entwicklung. Stuttgart: Klett, 1979).

FOPPA, K. (1986). "Typische Fälle" und der Geltungsbereich empirischer Befunde. *Schweizerische Zeitschrift für Psychologie, 45*, 151-163.

FORDYCE, M. W. (1983). A program to increase happiness: Further Studies. *Journal of Counselling Psychology, 30*, 483-398.

FREUD, S. (1921). Massenpsychologie und Ich-Analyse. In A. Freud, E. Bibring, W. Hoffer, E. Kris e O. Isakower (eds.), *Sigmund Freud: Gesammelte Werke*. Frankfurt a.M: Fischer, 73-238.

FREUD, S. (1923). Das Ich und das Es. In A. Freud, E. Bibring, W. Hoffer, E. Kris, e O. Isakower (eds.), *Sigmund Freud: Gesammelte Werte*. London: Imago, 239-289.

FREUD, S. (1940). Abriss der Psychoanalyse. In A. Freud, E. Bibring, W. Hoffer, E. Kris, e O. Isakower (eds.), *Sigmund Freud: Gesammelte Werte* . Frankfurt a.M: Fischer, 67-138.

FREY, H.-P., e HAUSSER, K. (1987). Entwicklungslinien sozialwissenschaftlicher Identitätsforschung. In H.-P. Frey, e K. Hausser (eds.), *Identität*. Stuttgart: Enke, 3-26.

FRIEDMAN, I. A., e FARBER, B. A. (1992). Professional self-concept as a predictor of teacher burnout. *Journal of Educational Research, 86*, 28-35.

FROMM, E. (1963). *Man for himself: An inquiry into the psychology of ethics*. Nova Iorque: Holt, Rineholt e Winston.

GEHRING, T. M., e FELDMAN, S. S. (1988). Adolescents' perceptions of family cohesion and power: A methodological study of the family system test. *Journal of Adolescent Research, 3*, 33-52.

GENDLIN, E. T. (1981). *Focusing. Technik der Selbsthilfe bei der Lösung persönlicher Probleme*. Salzburg: Müller.

GERGEN, K. J. (1984). Selbsterkenntnis und die wissenschaftliche Erkenntnis des sozialen Handelns. In S.-H. Filipp (ed.), *Selbstkonzept-Forschung*. Stuttgart: Klett, 75-95.

GERSTENMAIER, J. (1987). Identität von Erziehungsberatern. In H.-P. Frey, e K. Hausser (eds.), *Identität*. Stuttgart: Enke,

GIDDAN, N. S. (1988). Coping and identity development in college students. *Journal of College Student Psychotherapy, 2*, 33-58.

GOFFMANN, E. (1983). *Wir alle spielen Theater. Die Selbstdarstellung im Alltag.* München: Pieper. (engl. Orig. *The presentation of self in everyday life.* Nova Iorque: Doubleday e Co, 1959).

GOOSSENS, L., e SCHILLEBEEKS, A. (1994). Global versus domain-specific statuses in identity research: A comparison of two self-report measures. In H. Bosma (Ed.) Fourth Biennial Conference of the European Association for Research on Adolescence (EARA). Stockholm, Sweden.

GORRELL, J. (1990). Some contributions of self-efficacy research to self-concept theory. *Journal of Research and Development in Education, 23*, 73-81.

GRAUMANN, C. F. (1983). On multiple identities. *International Social Science Journal, 35*, 304-321.

GRIESE, H. M. (1982). *Sozialwissenschaftliche Jugendtheorien. Eine Einführung.* Basel: Beltz.

GROB, A. (1991). Der Einfluss bedeutsamer Lebensereignisse auf das Wohlbefinden und die bereichsspezifischen Kontrollmeinungen von Jugendlichen. *Schweizerische Zeitschrift für Psychologie, 50*, 48-63.

GROB, A., FLAMMER, A., e NEUENSCHWANDER, M. (1992). Kontrollattributionen und Wohlbefinden von Schweizer Jugendlichen III. Unveröffentlichter Forschungsbericht No. 1992-4. Psychologisches Institut der Universität Bern.

GROB, A., FLAMMER, A., e RHYN, H. (1995). Entwicklungsaufgaben als soziale Normsetzung: Reaktionen Erwachsener auf Lösungsmodi von Entwicklungsaufgaben Jugendlicher. *Zeitschrift für Sozialisationsforschung Erziehungssoziologie, 15*, 45-62.

GROB, A., LÜTHI, R., KAISER, F. G., FLAMMER, A., MACKINNON, A., e WEARING, A. (1991). Berner Fragebogen zum Wohlbefinden Jugendlicher (BFW). *Diagnostica, 37*, 66-75.

GROSSMANN, K. E., AUGUST, P., FREMMER-BOMBIK, E., FRIEDL, A., GROSSMANN, K., SCHEUERER-ENGLISCH, H., SPANGLER, G., STEPHAN, C., e SUESS, G. (1989). Die Bindungstheorie: Modell und entwicklungspsychologische Forschung. In H. Keller (ed.), *Handbuch der Kleinkindforschung.* Berlin: Springer, 31-55.

GROTEVANT, H. D., e ADAMS, G. R. (1984). Development of an objective measure to assess ego identity in adolescence: Validation and replication. *Journal of Youth and Adolescence, 13*, 419-438.

GROTEVANT, H. D., e Cooper, C. R. (1986). Individuation in family relationships. *Human Development, 29*, 82-100.

GUTTMAN, L. (1966). The basis for scalogram analysis. In S. A. Stouffer, L. Guttman, E. A. Suchman, P. F. Lazarsfeld, S. A. Star, e J. A. Clausen, eds., *Measurement and prediction.* Nova Iorque: Wiley, 60-90.

HAAN, N. (1974). The adolescents' ego model of coping and defense and comparisons with Q-sorted ideal personalities. *Genetic Pychology Monographs, 89*, 273-306.

HAAN, N. (1977). *Coping and defending processes of self-environment organization.* Nova Iorque: Academic Press.

HALL, J. A. (1984). Empirically based treatment for parent-adolescent conflict. *Social Casework, 65*, 487-495.

HANSBURG, H. G. (1980). *Separation disorder.* Nova Iorque: Robert E. Krieger Publishing comp.

HART, D. (1988). The adolescent self-concept in social context. In D. K. Lapsley, e F. C. Power (eds.), *Self, ego, and identity.* Nova Iorque: Springer, 71-90.

HARTER, S. (1982). The perceived competence scale for children. *Child Development, 53*, 87-97.

HARTER, S. (1983). Developmental perspectives on the self-system. In P. H. Mussen (ed.), *Handbook of child psychology.* Nova Iorque: John Wiley e Sons.

HARTMANN, H. (1960). *Ich-Psychologie und Anpassungsproblem.* Stuttgart: Klett.

HATTIE, J. (1992). *Self-concept.* Hillsdale: Erlbaum Ass.

HAUSER, S. T., BORMAN, E. H., JACOBSON, A. M., POWERS, S. I., e NOAM, G. G. (1991). Understanding family contexts of adolescent coping: A study of parental ego development and adolescent coping strategies. *Journal of Early Adolescence, 11*, 96-124.

HAUSSER, K. (1983). *Identitätsentwicklung.* Stuttgart: utb 1269.

HAVIGHURST, R. J. (1948). *Developmental task and education.* Nova Iorque: McKay.

HAVIGHURST, R. J. (1972). *Developmental task and education.* Nova Iorque: McKay.

HEADEY, B., HOLMSTRÖM, E., e WEARING, A. (1984). Well-being and ill-being: Different Dimensions? *Social Indicators Research, 14*, 115-139.

HEADEY, B., e WEARING, A. (1991). Subjective well-being: A stocks and flows framework. In F. Strack, M. Argyle, e S. Norbert (eds.), *Subjective well-being.* Oxford: Pergamon, 27-47.

HELMKE, A., SCHRADER, F.-W., e LEHNEIS-KLEPPER, G. (1991). Zur Rolle des Elternverhaltens für die Schulleistungsentwicklung ihrer Kinder. *Zeitschrift für Entwicklungspsychologie und Pädagogische Psychologie, 13*, 22.

HERZOG, W. (1991a). *Das moralische Subjekt. Pädagogische Intuition und psychologische Theorie.* Bern: Huber.

HERZOG, W. (1991b). Der 'Coping Man' ein Menschenbild für die Entwicklungspsychologie. *Schweizerische Zeitschrift für Psychologie, 50*, 9-23.

HERZOG, W. (1994). Pädagogische Psychlogie des Jugendalters. Vorlesungsskript. Universität Bern, Pädagogisches Institut.

HERZOG, W., BÖNI, E., GULDIMANN, J., e SCHRÖDER, I. (1994a). Familiäre Erziehung, Fremdbetreuung und generatives Verhalten. Forschungsbericht Band 1. Universität Bern, Abteilung Pädagogische Psychologie.

HERZOG, W., BÖNI, E., GULDIMANN, J., e SCHRÖDER, I. (1994b). Familiäre Erziehung, Fremdbetreuung und generatives Verhalten. Forschungsbericht Band 2. Universität Bern, Abteilung Pädagogische Psychologie.

HOFFMAN, J. A. (1984). Psychological separation of late adolescents from their parents. *Journal of Counselling Psychology, 31*, 170-178.

HOLMES, T. H., e RAHE, R. H. (1967). The social readjustment rating scale. *Journal of Psychosomatic Research, 11*, 213-218.

JACKSON, E. P., DUNHAM, R. M., e KIDWELL, J. S. (1990). The effects of gender and of family cohesion and adaptability on identity status. Fifth Biennial Conference on adolescent Research. *Journal of Adolescent Research, 5*, 161-174.

JACKSON, S., e BOSMA, H. (1990). Coping and self in adolescence. In H. Bosma, e S. Jackson (eds.), *Coping and self-concept in adolescence* . Berlin: Springer, 1-11.

JACOBI, J. (1991). *Die Psychologie von C. G. Jung*. Olten: Walter.

JAMES, W. (1890). *Principles of Psychology*. Nova Iorque: Holt (dt. *Psychologie*. Leipzig: Quelle e Meyer, 1909).

JANTSCH, E. (1992). *Die Selbstorganisation des Universums. Vom Urknall zum menschlichen Geist*. München: Hanser.

JERUSALEM, M., e SCHWARZER, R. (1991). Entwicklung des Selbstkonzepts in verschiedenen Lernumwelten. In R. Pekrun, e H. Fend (eds.), *Schule und Persönlichkeitsentwicklung*. Stuttgart: Enke, 115-128.

KATSCHNIG, H. (1980). *Sozialer Stress und psychische Erkrankung*. München: Urban e Schwarzenberg.

KEGAN, R. (1986). *Die Entwicklungsstufen des Selbst. Fortschritte und Krisen im menschlichen Leben*. München: Kindt.

KELLY, G. A. (1955). *The psychology of personal constructs*. Nova Iorque: Norton.

KELLY, J. G. (1979). Exploratory behavior, socialization, and the high school environment. In J. G. Kelly (ed.), *Adolescent boys in high school: Coping and adaptation*. Hillsdale: Erlbaum, 245-256.

KENNY, M. E. (1987). The extent and function of parental attachment among first-year college students. *Journal of Youth and Adolescence, 16*, 17-29.

KESSELRING, T. (1988). *Jean Piaget*. München: Beck.

KIHLSTROM, J. F., e CANTOR, N. (1984). Mental representations of the self. *Advances in Experimental Social Psychology, 17*, 1-47.

KLINGENSPOR, B. (1994). Geschlecht, soziale Identität und bulimisches Essverhalten. *Zeitschrift für Sozialpsychologie*, 108-125.

KOBAK, R. R., e SCEERY, A. (1988). Attachment in late adolescence: Working models, affect regulation, and representations of self and others. *Child Development, 59*, 135-146.

KOHLBERG, L. (1974). *Zur kognitiven Entwicklung des Kindes*. Frankfurt: Suhrkamp.

KOHLBERG, L. (1981). *Essays on moral development*. San Francisco: Harper e Row.

KRAMPEN, G. (1979). Differenzierungen des Konstrukts der Kontrollüberzeugen. Deutsche Bearbeitung und Anwendung der IPC-Skalen. *Zeitschrift für Experimentelle und Angewandte Psychologie, 26*, 573-595.

KRAMPEN, G. (1987). Entwicklung von Kontrollüberzeugungen. Thesen zu Forschungsstand und Perspektiven. *Zeitschrift für Entwicklungspsychologie und Pädagogische Psychologie, 19*, 195-227.

KRAMPEN, G. (1989). Perceived childrearing practices and the development of locus of control in early adolescence. *International Journal of Behavioral Development, 12*, 177-193.

KRANZ, W. (1955). *Die griechische Philosophie*. Birsfelden: Schibli-Doppler.

KRAPPMANN, L. (1982). *Soziologische Dimensionen der Identität. Strukturelle Bedingungen für die Teilnahme an Interaktionsprozessen*. Stuttgart: Klett.

KREUTER-SZABO, S. (1988). *Der Selbstbegriff in der humanistischen Psychologie von A. Maslow und C. Rogers*. Frankfurt a.M.: Lang.

KREUTZ, H. (1977). Der Einfluss von Eltern und Gleichaltrigen auf politische und ausbildungsbezogene Entscheidungen im Jugendalter. In G. Wurzbacher (ed.), *Die Familie als Sozialisationsfaktor*. Stuttgart: Enke, 93-167.

KROGER, J. (1988). A longitudinal study of ego identity status interview domains. *Journal of Adolescence, 11*, 49-64.

LABOUVIE, E. W. (1986). The coping function of adolescent alcohol and drug use. In R. K. Silbereisen, K. Eyferth,, e G. Rudinger (eds.), *Development as action in context* . Nova Iorque: Springer, 229-240.

LABOUVIE-VIEF, G., HAKIM-LARSON, J., e HOBART, C. J. (1987). Age, ego level, and the life-span development of coping and defense processes. *Psychology and Aging, 2*, 286-293.

LANGER, E. J. (1975). The illusion of control. *Journal of Personality and Social Psychology, 32*, 311-328.

LANGER, I. L. J. (1983). *The psychology of control*. Beverly Hills: Sage.

LAZARUS, R. S., e FOLKMAN, S. (1984). *Stress, appraisal, and coping*. Nova Iorque: Springer.

LAZARUS, R. S. (1966). *Psychological stress and the coping process*. Nova Iorque: McGraw-Hill.

LEMPERS, J. D., e CLAR-LEMPERS, D. S. (1992). Young, middle, and late adolescents' comparisons of the functional importance of five significant relationships. *Journal of Youth and Adolescence, 21*, 53-96.

LERNER, R. M., e SPANIER, G. N. (1980). *Adolescent development. A life-span perspective*. Nova Iorque: Mc Graw-Hill.

LERNER, R. M. (1985). Adolescent maturational changes and psychosocial development: A dynamic interactional perspective. *Journal of Youth and Adolescence, 14*, 355-372.

LEVENSON, H. (1972). Distinctions within the concept of internal-external control: Development of a new scale. In *Proceedings of the 80th Annual Convention of the PA*, 7, 261-262.

LEWIS, M., e BROOKS-GUNN, J. (1979). *Social cognition and the acquisition of self.* Nova Iorque: Plenum Press.

LIEBERT, R. M., e SPIEGLER, M. D. (1987). *Personality. Strategies and Issues.* Chicago: The Dorsey Press.

LIENERT, G. A. (1973). *Verteilungsfreie Methoden in der Biostatistik.* Meisenheim a.G.: Anton Hain Verlag.

LIESHOUT, V. C. F. M., AKEN, V. M. A. G., e SEYEN, V. E. T. J. (1990). Perspectives on peer relations from mothers, teachers, friends and self. *Human Development,* 33, 225-237.

LOEVINGER, J., e WESSLER, R. (1970). *Measuring ego development.* São Francisco: Jossey-Bass.

LOEVINGER, J. (1982). *Ego-development.* São Francisco: Jossey-Bass Publishers.

LUDWIG-KÖRNER, C. (1992). *Der Selbstbegriff in Psychologie und Psychotherapie.* Wiesbaden: Deutscher Universitäts Verlag.

LÜTHI, R. (1991). Bedeutsame Ereignisse als Entwicklungsaufgaben und Entwicklungsanlässe. *Schweizerische Zeitschrift für Psychologie, 50*, 5-8.

LÜTHI, R., GROB, A., e FLAMMER, A. (1989). Differenzierte Erfassung bereichsspezifischer Kontrollmeinungen bei Jugendlichen. In G. Krampen (ed.), *Diagnostik von Attributionen und Kontrollüberzeugungen* . Göttingen: Hogrefe, 124- .

MARCIA, J. E., e FRIEDMANN, M. F. (1970). Ego-identity status in college women. *Journal of Personality, 38*, 149-263.

MARCIA, J. E. (1964). Determination and construct validity of ego identity status. Unpublished doctoral dissertation, Ohio State University.

MARCIA, J. E. (1966). Development and validation of ego-identity status. *Journal of Personality and Social Psychology, 3*, 551-558.

MARCIA, J. E. (1967). Ego identity status: relationship to change in self-esteem, 'general maladjustement', and authoritarianism. *Journal of Personality, 35*, 119-133.

MARCIA, J. E. (1976). Identity six years after: A follow-up study. *Journal of Youth and Adolescence, 5*, 145-263.

MARCIA, J. E. (1980). Identity in adolescence. In J. Adelson (ed.), *Handbook of adolescent psychology.* Nova Iorque: Wiley, 159-187.

MARCIA, J. E. (1983). Some directions for the investigation of ego development in early adolescence. *Journal of Early Adolescence, 3*, 215-223.

MARCIA, J. E. (1988). Common processes underlying ego identity, cognitive/ moral development, and individuation. In D. K. Lapsley, e F. C. Power (eds.), *Self, ego, and identity.* Nova Iorque: Springer.

MARCIA, J. E. (1989). Identity and intervention. *Journal of Adolescence, 12*, 401-410.

MARCIA, J. E. (1993a). The ego identity status approach to ego identity. In J. E. Marcia, A. S. Waterman, D. R. Matteson, S. L. Archer, e J. L. Orlofsky (eds.), *Ego identity*. Nova Iorque: Springer.

MARCIA, J. E. (1993b). The status of the statuses: Research review. In J. E. Marcia, A. S. Waterman, D. R. Matteson, S. L. Archer, e J. L. Orlofsky (eds.), *Ego identity*. Nova Iorque: Springer.

MARKUS, H. (1977). Self-schemata and processing information about the self. *Journal of Personality and Social Psychology, 35*, 63-78.

MARKUS, H., e WURF, E. (1986). The dynamic self-concept: A social psychological perspective. *Annual Review of psychology, 38*, 299-337.

MARKUS, H. R., e KITAYAMA, S. (1991). Culture and the self: Implications for cognition, emotion, and motivation. *Psychological Review, 98*, 224-253.

MASLOW, A. A. (1962). *Towards a psychology of being*. Nova Iorque: Van Nostrand Reinhold.

MATTESON, D. D. (1974). Alienation versus exploration and commitment: Personality and family correlatives of adolescent identity statuses. Report from the project for youth research, Royal Danish school for educational studies. Copenhagen.

MATURANA, H. R. (1985). *Erkennen: Die Organisation und Verkpörperung von Wirklichkeit*. Braunschweig/Wiesbaden: Friedr. Vieweg e Sohn.

MEAD, G. H. (1988). *Geist, Identität und Gesellschaft*. Frankfurt a.M.: Suhrkamp (Engl. Original: Mind, self and society. Chicago: University of Chicago, 1934).

MEAD, M. (1981). *Jugend und Sexualität in primitiven Gesellschaften. Band 1: Kindheit und Jugend in Samoa*. München: dtv (1. Aufl. 1928).

MEEUS, W. (1992). Towards a psychosocial analysis of adolescent identity; an evaluation of the epigenetic theory (Erikson) and the identity status model (Marcia). In W. Meeus, M. de Goede, W. Kox, e K. Hurrelmann (eds.), *Adolescence, careers, and cultures* . Berlin: Walter de Gruyter, 55-75.

MEEUS, W. (1996). Meta-analysis about Identity status. 5th European Conference of Research on Adolescence. Liege.

MEILMAN, P. W. (1979). Cross-sectional age changes in ego identity status during adolescence. *Developmental Psychology, 15*, 230-231.

MICHALOS, C. A. (1979). Satisfaction and happiness. *Social Indicators Research, 8*, 385-422.

MICHALOS, C. A. (1985). Multiple discrepancies theory (MDT). *Social Indicators Research, 16*, 347-413.

MILLER, S. M., e SELIGMAN, M. E. P. (1982). The reformulated model of helplessness and depression: Evidence and theory. In R. W. J. Neufeld (ed.), *Psychological stress and psychopathology*. Nova Iorque: McGraw Hill, 149-178.

MINUCHIN, S. (1990). *Familie und Familientherapie. Theorie und Praxis struktureller Familientherapie*. Freiburg i.B.: Lambertus.

MONTADA, L. (1981). Kritische Lebensereignisse im Brennpunkt: Eine Entwicklungsaufgabe für die Entwicklungspsychologie? In S.-H. Filipp (ed.), *Kritische Lebensereignisse*. München: Urban e Schwarzenberg, 273-293.

MORIARTY, A. E., e TOUSSIENG, P.W. (1975). Adolescence in a time of transition. *Bulletin of the Menninger Clinic, 39*, 391-408.

MORIARTY, A., E., e TOUSSIENG, P.W. (1976). *Adolescent coping*. Nova Iorque: Grunde e Stratton.

MOSCOVICI, S. (1984). The phenomenon of social representation. In R. M. Farr, e S. Moscovici (eds.), *Social representations*. Cambridge: Cambridge University Press, 3-69.

MOUNOUD, P., e VINTER, A. (1985). A theoretical developmental model: Self-image in children. In V. L. Shulman, L. C. R. Restaino-Baumann, e L. Butler (eds.), *The future of Piagetian theory*. Nova Iorque: Plenum Press, 37-69.

MUMMENDEY, H. D. (1981). Selbstkonzept-Änderungen nach kritischen Lebensereignissen. In S.-H. Filipp (ed.), *Kritische Lebensereignisse*. München: Urban e Schwarzenberg, 252-269.

NEISSER, U. (1976). *Cognition and reality*. San Francisco: Freeman. (dt. *Kognition und Wirklichkeit*. Stuttgart: Klett, 1979).

NEISSER, U. (1986). Nested structure in autobiographical memory. In D. C. Rubin (eds.), *Autobiographical memory* . Cambridge: Cambridge University Press, 71-81.

NEUENSCHWANDER, M., e GROB, A. (1992). Entwicklung der Identität im Jugendalter. In *38. Kongress der Deutschen Gesellschaft für Psychologie (DGfP)*. Trier.

NURMI, J.-E. (1987). Age, sex, social class, and quality of family interaction as determinants of adolescents' future orientation: A developmental task interpretation. *Adolescence, 12*, 978-991.

NURMI, J.-E. (1991). How do adolescents see their future? A review of the development of future orientation and planning. *Developmental Review, 11*, 1-59.

NUSSBAUM, T., GRONER, R., e GRONER, M. (1989). *Systemanalyse des Unfallgeschehens im Strassenverkehr ahand des Log-Linearen Modell*. Bern: Schweizerische Beratungsstelle für Unfallverhütung.

OCHSE, R., e PLUG, C. (1986). Cross-cultural investigation of the validity of Erikson's theory of personality development. *Journal of Personality and Social Psychology, 50*, 1240-1252.

OFFER, D. (1984). Das Selbstbild normaler Jugendlicher. In E. Olbrich, e E. Todt (eds.), *Probleme des Jugendalters*. Berlin: Springer.

OFFER, D., OSTROV, E., e HOWARD, K. I. (1984). The self-image of normal adolescents. *New Directions for Mental Health Services, 22*, 5-17.

OLBRICH, E. (1981). Normative Übergänge im menschlichen Lebenslauf. Entwicklungskrisen oder Herausforderung. In S.-H. Filipp (ed.), *Kritische Lebensereignisse*. München: Urban e Schwarzenberg, 123-138.

OLBRICH, E. (1990). Coping and development. In H. Bosma, e S. Jackson (eds.), *Coping and self-concept in adolescence*. Nova Iorque: Springer, 35-47.

OOSTERWEGEL, A., e OPPENHEIMER, L. (1990). Concepts within the self--concept: A developmental study on differentiation. In L. Oppenheimer (ed.), *The self-concept*. Berlin: Springer, 9-21.

OPPENHEIMER, L., e OOSTERWEGEL, A. (1991). Discrepancies between and within domain-specific self-concepts: Their function in the regulation of affect. In *Eleventh biennial meetings of the International Society for the Study of Behavioural Development*. Minneapolis, U.S.A.:

ORLOFSKY, J. L. (1977). Sex-role orientation, identity formation, and self--esteem in college men and women. *Sex Roles, 3*, 561-575.

OERTER, R. (1978). Zur Dynamik von Entwicklungsaufgaben im menschlichen Lebenslauf. In R. Oerter (ed.), *Entwicklung als lebenslanger Prozess*. Hamburg: Hoffmann und Campe, 66-110.

OERTER, R. (1982). Jugendalter. In R. Oerter, e L. Montada (eds.), *Entwicklungspsychologie*. München: Urban, e Schwarzenberg.

ÖSTERREICH, R. (1981). *Handlungsregulation und Kontrolle*. München: Urban e Schwarzenberg.

PARKER, M. S. (1985). Identity and the development of religious thinking. In A. S. Waterman (ed.), *Identity in adolescence: Processes and contents. New directions for child development, No. 30*. São Francisco: Jossy-Bass.

PATTERSON, J. M., e MCCUBBIN, H. I. (1987). Adolescent coping style and behaviors: Conceptualization and measurement. *Journal of Adolescence, 10*, 163-186.

PEKRUN, R. (1991). Schulleistung, Entwicklungsumwelten und Prüfungsangst. In Pekrun, R. e Fend, H. (eds.). *Schule und Persönlichkeitsentwicklung*. Stuttgart: Enke, 164-180.

PEKRUN, R., e HELMKE, A. (1991). Schule und Persönlichkeitsentwicklung: Theoretische Perspektiven und Forschungsstand. In R. Pekrun, e H. Fend (eds.), *Schule und Persönlichkeitsentwicklung*. Stuttgart: Enke.

PERLS, F. (1989). *Grundlagen der Gestalt-Therapie*. München: Pfeiffer. (engl. Orig. The gestalt approach e eye witness to therapy. Palo Alto: Science and Behavior Books, 1973).

PERLS, F. S. (1987). *Das Ich, der Hunger und die Aggression*. Stuttgart: Klett. (engl. Orig. Ego, hunger, and aggression. Londres: Allen e Unwin, 1947).

PERVIN, L. A. (1967). A twenty-college study of student-college-interaction using TAPE (Transactional analysis of personality and environment): Rationale, reliability, and validity. *Journal of Educational Psychology, 58*, 290-302.

PETERMAN, F. (1982). Daten, Dimensionen,Verfahrensweisen. In Oerter, R., e Montada, L. Hrsg., *Entwicklungspsychologie*. München: Urban, e Schwarzenberg, 1017-1060.

PETERSON, C. C. (1987-1989). Conflict resolution strategies and adolescent identity development. *Psychology and Human Development, 2*, 67-75.

PHINNEY, J. S. (1992).The multigroup ethnic identity measure. A new scale for use with diverse groups. *Journal of Adolescent Research, 7*, 156-176.

PIAGET, J. (1926). *Das Weltbild des Kindes* . München: dtv/Klett-Cotta.

PIAGET, J. (1932). *Le jugement moral chez l'enfant*. Paris: Alcan. (dt. *Das moralische Urteil beim Kinde*. Stuttgart: Klett, 1986).

PIAGET, J. (1947). *La psychologie de l'intelligence*. Paris: Colin. (dt. *Psychologie der Intelligenz*. Stuttgart: Klett, 1984).

PIAGET, J. (1966). *La psychologie de l'enfant*. Paris: Presses Universitaires de France. (dt. Psychologie des Kindes. Stuttgart: Klett, 1987).

PIAGET, J., SINCLAIR, H., e BANG, V. (1968). *Epistémologie et psychologie de l'identité*. Paris: Presses Universitaires de France.

POMBENI, M. L., KIRCHLE, E., e PALMONARI, A. (1990). Identifikation with peers as a strategy to muddle through the troubles of the adolescent years. *Journal of Adolescence, 13*, 351-369.

POWERS, S. (1985). A Pascal program that assesses the interrater reliability of nominal scales. *Educational and psychological measurement, 45*, 613-614.

PROSHANSKY, H. M. (1978).The city and self-identity. *Environment and behavior, 10*, 147-169.

RASKIN, P. M. (1989). Identity status research: Implications for career counselling. *Journal of Adolescence, 12*, 375-388.

RASCH, G. (1960). *Probabilistic models for some intelligence and attainment tests*. Copenhagen: Nielsen, e Lydiche.

REESE, H.W., e OVERTON, W. F. (1970). Modelle der Entwicklung undTheorien der Entwicklung. In P. B. Baltes, e L. H. Eckensberger (eds.), *Entwicklungspsychologie der Lebensspanne*. Stuttgart: Klett, 55-86.

REICH, J. W., e ZAUTRA, A. (1981). Life events and personal causation: Some relationships with satisfaction and distress. *Journal of Personality and Social Psychology, 41*, 1002-1012.

RIEGEL, K. (1980). *Grundlagen der dialektischen Psychologie*. Stuttgart: Klett. (engl. Original Foundations of Dialectical Psychology, Ann Arbor).

ROGERS, C. R. (1951). *Client-centered therapy*. Boston: Houghton Mifflin.

ROGERS, C. R. (1961). *On becoming a Person. A therapist's view of psychotherapy*. Houghton Mifflin Co..

ROGERS, C. R. (1989). *Therapeut und Klient*. Frankfurt a.M.: Fischer.

ROSENBERG, M. (1979). *Conceiving the self*. Nova Iorque: Basic Books.

ROSENBERG, M. (1985). Self-concept and psychological well-being in adolescence. In R. L. Leahy (eds.) *The development of the self*. Orlando: Academic Press. Inc., 205-247.

ROSENBERG, M. (1986). Self-concept from middle childhood through adolescence. In J. Suls, e A. G. Greenwald (eds.) *Psychological perspectives on the self*. Hillsdale: Erlbaum, 107-135.

ROTHBAUM, F., WEISZ, J. R., e SNYDER, S. S. (1982). Changing the world and changing the self: A two-process model of perceived control. *Journal of Personality and Social Psychology, 42*, 5-37.

ROTHERAM-BORUS, M. J. (1989). Ethnic differences in adolescents' identity status and associated behavior problems. Special Issue: Adolescent identity: An appraisal of health and intervention. *Journal of Adolescence, 12*, 361-374.

ROTTER, J. B. (1954). *Social learning and clinical psychology*. Englewood-Cliffs: Prentice-Hall.

ROTTER, J. B. (1966). General expectancies for internal versus external locus of control of reinforcement. *Psychological Monographs, 80*.

RUTTER, M. (1983). Stress, coping, and development. Some issues and some questions. In N. Garmezy, e M. Rutter (eds.), *Stress, coping, and development in children*. Nova Iorque: Nova Iorque, 1-41.

SCHAIE, K. W. (1965). A general model for the study of developmental problem. *Psychological Bulletin, 64*, 92-107.

SCHWALLER, C. (1991). Entwicklungsaufgaben in der Wahrnehmung Jugendlicher. Dissertation, Psychologisches Institut der Universität Bern.

SEIFFGE-KRENKE, I. (1990). Developmental processes in self-concept and coping behaviour. In H. Bosma, e S. Jackson (eds.), *Coping and self-concept in adolescence*. Berlin: Springer, 49-68.

SELIGMAN, M. E. P. (1986). *Erlernte Hilflosigkeit*. (3 ed.). München: Urban e Schwarzenberg. (engl. Original: Helplessness. On depression, development and death. San Francisco: Freeman, 1975).

SELMAN, R. L., e BYRNE, D. (1980). Stufen der Rollenübernahme in der mittleren Kindheit eine entwicklungslogische Analyse. In R. Döbert, J. Habermas, e G. Nunner-Winkler (eds.), *Entwicklung des Ichs*. Königstein: Athenäum, Hain, Scriptor, Hanstein, 109-114.

SELMAN, R. L. (1984). *Die Entwicklung des sozialen Verstehens. Entwicklungspsychologische und klinische Untersuchungen*. Frankfurt a.M.: Suhrkamp. (engl. Orig. The growth of interpersonal understanding. Developmental and clinical analyses. Nova Iorque: Academic Press, 1980).

SELYE, H. (1956). *The stress of life*. Nova Iorque.

SHAVELSON, R. J., e BOLUS, R. (1982). Self-concept: The interplay of theory and methods. *Journal of Educational Psychology, 74*, 3-17.

SHAVELSON, R. S., e MARSH, H. W. (1986). On the structure of self-concept. In R. Schwarzer (ed.), *Anxiety and cognition* . Hillsdale: Erlbaum.

SHAVELSON, R. S., HUBNER, J. J., e STANTON, G. C. (1976). Self-concept: Validation of construct interpretation. *Review of Educational Research, 46*, 407-441.

SHERMAN, L. W. (1984). Development of childrens's perceptions of internal locus of control: A cross-sectional and longitudinal analysis. *Journal of Personality, 52*, 338-354.

SILBEREISEN, R. K., BOEHNKE, K., e CROCKETT, L. (1991). Zum Einfluss von Schulmilieu und elterlicher Erziehungshaltung auf Rauchen und Trinken im mittleren Jugendalter. In R. Pekrun, e H. Fend (eds.), *Schule und Persönlichkeitsentwicklung*. Stuttgart: Enke, 272-293.

SKINNER, E. A., e CHAPMAN, M. (1984). Control beliefs in an action perspective. *Human Development, 27*, 129-133.

SKINNER, E. A., CHAPMAN, M., e BALTES, P. B. (1988). Control, means-ends, and agency beliefs: A new conceptualization. *Journal of Personality and Social Psychology, 54*, 117-133.

SMETANA, J. G., e ASQUITH, P. (1994). Adolescents' and parents' conceptions of parental authority and personal autonomy. *Child Development, 65*, 1147--1162.

STEINHAUSEN, H.-C., OFFER, D., OSTROV, E., e HOWARD, K. I. (1988). Transcultural comparisons of self-image in German and United States adolescents. *Journal of Youth and Adolescents, 17*, 515-520.

STERN, D. (1992). *Die Lebenserfahrung des Säuglings*. Stuttgart: Klett.

STIERLIN, H. (1980). *Eltern und Kinder*. Frankfurt: Suhrkamp.

STIERLIN, H., LEVI, L. D., e SAVARD, R. J. (1980). Zentrifugale und zentripetale Ablösung in der Adoleszenz: Zwei Modi und einige ihrer Implikationen. In R. Döbert, J. Habermas, e G. Nunner-Winkler (eds.), *Entwicklung des Ichs*. Königstein: Athenäum, Hain, Scriptor, Hanstein.

STOUFFER, S. A. (1966). An overview of the contributions to scaling and scale theory. In Stouffer, S. A., Guttman, L., Suchman, E. A., Lazarsfeld, P. F., Star, S. A., e Clausen, J. A. Hrsg., *Measurement and prediction*. Nova Iorque: Wiley, 3-45.

SUPER, D. E. (1957). *The psychology of careers*. Nova Iorque: Harper e Row.

TENBRUCK, F. N. (1962). *Jugend und Vergesellschaftung. Eine Auseinandersetzung mit der Jugendsoziologie*. Frankfurt a.M.:

THOMAE, H. (1988). *Das Individuum und seine Welt*. Göttingen: Hogrefe.

THOMMEN, B., AMMANN, R., e VON CRANACH, M. (1988). *Handlungsorganisation durch soziale Repräsentation*. Bern: Huber.

TULVING, E. (1972). Episodic and semantic memory. In E. Tulving, e W. Donaldson (eds.), *Organization of memory* . Nova Iorque: Academic, 381-403.

TULVING, E. (1985). How many memory systems are there? *American Psychologist, 40*, 385-398.

TURNER, R. H. (1987). Articulating self and social structure. In K. Yardley, e T. Honess (eds.), *Self and identity: Psychosocial perspective*. Nova Iorque: John Wiley e Sons.

ULRICH, D. (1987). *Krise und Entwicklung. Zur Psychologie der seelischen Gesundheit*. München: Psychologie Verlags Union.

VAILLANT, G. E. (1977). *Adaptation to life*. Boston: Little, Brown.

VOLLRATH, M., TORGERSEN, S., e ALNAES, R. (In print). Personality as long--term predictor of coping. *Personality and Individual differences*.

WATERMAN, A. S., e GOLDMAN, J. A. (1976). A longitudinal study of ego identity development at a liberal arts college. *Journal of Youth and Adolescence, 5*, 361-369.

WATERMAN, A. S. (1982). Identity development from adolescence to adulthood: An extension of theory and a review of research. *Developmental Psychology, 18*, 341-358.

WATERMAN, A. S. (1985). Identity in the context of adolescent psychology. In A. S. Waterman (ed.), *Identity in Adolescence: Process and contents. New directions in child development*. San Francisco: Jossey-Bass, 5-24.

WATERMAN, A. S. (1988). Identity status theory and Erikson's theory: Communalities and differences. *Developmental Review, 8*, 185-208.

WATERMAN, A. S. (1993). Developmental perspectives on identity formation: From adolescence to adulthood. In J. E. Marcia, A. S. Waterman, D. R. Matteson, S. L. Archer, e J. L. Orlofsky (eds.), *Ego identity*. Nova Iorque: Springer.

WATERMAN, A. S., GEARY, P. S., e WATERMAN, C. K. (1974). Longitudinal study of changes in ego identity status from the freshman to the senior year at college. *Developmental Psychology, 10*, 387-392.

WATERMAN, C. K., BUEBEL, M. E., e WATERMAN, A. S. (1970). Relationship between resolution of the identity crisis and outcomes of previous psychosocial crises. *Proceedings of the 78th Annual Convention of the American Psychological Association, 5*, 467-468.

WATZLAWICK, P., BEAVIN, J. H., e JACKSON, D. D. (1990). *Menschliche Kommunikation*. Bern: Huber.

WEINER, B. (1977). An attributional model for educational psychology. In L. Shulman (ed.), *Review of research in education*. Itasca: Peacock, 179-209.

WEISZ, J. R., ROTHBAUM, F. M., e BLACKBURN, T. C. (1984a). Swapping recipes for control. *American Psychologist, 39*, 974-975.

WEISZ, J. R., ROTHBAUM, F. M., e BLACKBURN, T. C. (1984b). Standing out and standing in. *American Psychologist, 39*, 955-969.

WERFF, J. J. v. d. (1985). Individual problems of self-definition. An overview, and a view. *International Journal of Behavioral Development, 8*, 445-471.

WERFF, J., van der (1990). The problem of self-conceiving. In H. Bosma, e S. Jackson (eds.), *Coping and self-concept in adolescence*. Berlin: Springer, 13-33.

WERNER, H. (1980). *Comparative psychology of mental development*. Nova Iorque: International Universities Press, Inc.

WERTHEIMER, M. (1945). *Produktives Denken*. Frankfurt: Waldemar Kramer.

WHITBOURNE, S. K., e WEINSTOCK, C. S. (1982). *Die mittlere Lebensspanne. Entwicklungspsychologie des Erwachsenenalters*. München: Urban e Schwarzenberg. (engl. orig. Adult development. The differentiation of experience. Nova Iorque: Holt, 1979).

WHITBOURNE, S. K., ZUSCHLAG, M. K., ELLIOT, L. B., e WATERMAN, A. S. (1992). Psychosocial development in adulthood: A 22-Year sequential study. *Journal of Personality and Social Psychology, 63*, 260-271.

WHITE, R. W. (1959). Motivation reconsidered: The concept of competence. *Psychological Review, 66*, 297-333.

WILKS, J. (1986). The relative importance of parents and friends in adolescent decision making. *Journal of Youth and Adolescence, 15*, 323-334.

WITTE, E. H. (1989). *Sozialpsychologie*. München: Psychologie Verlags-Union.

WURZBACHER, G. (1977). Die Familie unter den Aspekten eines lebenslangen Sozialisationsprozesses des Menschen. Hypothesen, Fragestellungen, Folgerungen. In G. Wurzbacher (ed.), *Die Familie als Sozialisationsfaktor*. Stuttgart: Enke.

WYLIE, R. C. (1974). *The self-concept. A review of methodological considerations and measuring instruments*. Lincoln: University of Nebraska Press.

WYLIE, R. C. (1989). *Measures of self-concept*. Nova Iorque: University of Nebraska Press.

WYLIE, R. C., MILLER, P. J., COWLES, S. S., e WILSON, A. W. (1979). *The self-concept. Theory and research on selected topics*. Lincoln: University of Nebraska Press.

Títulos editados nesta colecção:

1. *Quem não Arisca não Petisca*, Maria João Sousa e Brito
2. *Freud & Companhia*, José Martinho
3. *Orofobias... Marias... e Outros Mistérios*, Jaime Milheiro
4. *Sexualidade e Psicossomática*, Jaime Milheiro
5. *Pessoa e a Psicanálise*, José Martinho
6. *Antropologia e Filosofia*, Tito Cardoso e Cunha